한·중 사동표현의 대조 연구

저 이문화

한글파크

　이 책은 저자가 2016년에 연세대학교에서 쓴 박사 논문을 수정 보완한 결과물이다. 한국의 대학에서 학부부터 시작하여 박사 학위를 취득하기까지 10년이 걸렸으니 청춘의 시간을 한국어 교육에 바친 셈이다. 공부를 하면 할수록 한국어 교육에 빠져들었는데, 특히 한·중 대조 연구에 대해 관심이 많았다. 항상 한·중 문법 범주에서 가장 어려운 것이 무엇일까, 이에 대해 연구한다면 나와 같은 한국어 학습자에게 조금이라도 도움이 되지 않을까 하는 생각을 했고 결국 사동 범주를 논문 주제로 선택하게 되었다. 그런데 한국어와 중국어의 사동표현에 대해 이론적 측면에서는 대조분석이 이루어져 왔으나 실제 언어 사용 양상을 통해 대응 관계를 분석한 연구는 드물었다. 따라서 저자가 직접 구축한 한·중 병렬말뭉치 자료를 활용하여 한국어 사동표현과 중국어 사동표현이 각각 일상생활에서 다양하게 사용되고 있는 모습과 그 대응 양상을 밝히는 것을 연구 목적으로 삼게 되었다.

　연구에서는 유사한 규모의 신문과 드라마 병렬말뭉치로 이루어진 약 170만 어절 규모의 병렬말뭉치에서 한국어 사동표현 용례 8,191개, 중국어 사동표현 용례 7,188개를 추출한 뒤 한국어 및 중국어 사동표현의 유형과 격틀 구조를 분석하고 그들 간의 대응 관계를 기술하였다. 그 결과 양 언어의 사동표현이 단순한 일대일의 대응 관계가 아니라 다대다의 복잡한 대응 관계를 이루고 있음을 논증하였다. 뿐만 아니라 두 언어의 사동표현은 상대 언어의 사동표현에만 대응되지 않고 피동표현, '대응 없음'까지도 다양하게 대응되는 것을 알 수 있었다. 한·중, 중·한의 양방향 분석 결과를 종합하여 사동표현의 유형과 격틀 구조에 따른 상대 언어의 표현의 특성, 공통점과 유사점을 검토한 결과 사동 범주 간의 대응보다 '대응 없음'으로 대응되는 경향이 가장 높음을 발견하였다. 한·중 사동표현의 유형뿐만 아니라 격틀 구조까지 양방향으로 대조하여 사동 대조의 전반적 논의를 이끈 점이 본 연구의 의의라고 할 수 있다.

　논문이 완성되고 중국 대학에서 강사로 자리 잡기까지 여러 스승님들의 격려와 도움이 있었다. 강현화 선생님께 먼저 깊은 감사를 드리고 싶다. 부족한 사람을 제자로 받아 주시고 석사과정 때부터 현재에 이르기까지 아낌없이 많은 사랑으로 보살펴 주시고 키워 주셨다. 선생님의 가르침으로 한국어 교육이라는 전공과 진로를 확신할 수 있었고 훌륭하신 선생님을 뵈며 교수로서의 꿈을 키우게 되었다. 학문적 지식뿐만 아니라 인생살이에서도 항상 사랑을 담아 조언을 많이 베풀어 주셨다. 또한 학문적 자세를 가지고 학자로서의 역량을 키울 수 있도록 조언과 충고를 해 주신 존경하는 유현경 선생님, 최은규 선생님께도 진심 어린 깊은 감사를 드리고 싶다. 힘들 때마다 항상 의미 있는 조언과 격려를 해 주신 한송화 선생님, 강승혜 선생님, 원미진 선생님, 김한샘 선생님께도 깊이 감사드린다. 그리고 언제든지 도움을 아끼지 않았던 후배 정효진과 조영보에게도 감사 인사를 전한다. 마지막으로 부족한 논문을 책으로 출판해 주신 한글파크 관계자 여러분께 감사를 표하고 싶다. 앞으로 더욱 더 성실히 노력해서 부족함을 채우고 한국어 교육에 진지하게 임하는 좋은 연구자와 교육자가 될 것을 다짐한다.

차 례

한 · 중 사동표현의 대조 연구

지금까지 한국어와 중국어의 사동표현에 대해 주로 이론적 측면에서 대조분석이 이루어져 왔으나 실제 언어 사용 양상을 통해 대응 관계를 분석한 연구는 드물었다. 이에 본 연구는 직접 구축한 한 · 중 병렬말뭉치 자료를 활용하여 한국어 사동표현과 중국어 사동표현이 각각 일상생활에서 다양하게 사용되고 있는 모습과 그 대응 양상을 밝히고자 한다. 본 연구에서는 유사한 규모의 신문과 드라마 병렬말뭉치로 이루어진 약 170만 어절 규모의 병렬말뭉치에서 한국어 사동표현 용례 8,191개, 중국어 사동표현 용례 7,188개를 추출한 뒤 한국어 및 중국어 사동표현의 유형과 격틀 구조를 분석하고 그들 간의 대응 관계를 기술하였다.

1장에서는 본 연구의 목적과 필요성을 밝혔다. 또 연구 자료와 연구 대상, 연구 방법 및 연구 절차에 대하여 상세히 소개하였다. 그리고 한 · 중 사동표현에 대한 기존 연구를 개괄하고 문제점을 제시하였다.

2장에서는 연구의 배경을 소개하고 한국어 학계와 중국어 학계의 기존 연구를 통하여 각 언어의 사동표현의 유형과 격틀을 살펴보았으며 양 언어의 사동표현의 유형과 격틀 구조를 종합적으로 정리하였다. 그리고 이를 바탕으로 본 연구에서 활용할 한 · 중 사동표현의 유형과 격틀 구조 분석의 틀을 제시하였다.

3장에서는 약 170만 어절 말뭉치에서 쓰인 한국어 사동표현 8,191개 용례, 중국어 사동표현 7,188개 용례를 추출하였다. 동일한 규모의 글말과 입말의 말뭉치로부터 한국어 및 중국어 사동표현의 유형과 격틀 구조를 분석하여 비교하였다. 분석 결과를 기술할 때에는 특히 입말과 글말 각각에서 고빈도로 사용된 사동사를 비교하여 제시하였다. 한국어 교재의 사동사 목록과도 비교하여 교재에 포함되지 않은 사동사 또한 분류하여 제시하였다.

4장에서는 한·중 대조 방향으로 제1사동, 제2사동, 제3사동의 유형과 격틀에 따라 대응되는 각각의 중국어 표현을 분석해 보았다. 특히 한국어의 사동 유형, 격틀과 중국어의 대응 표현 간에 어떤 상관성이 있는지, 그 원인은 무엇인지에 대해 고찰해 보았다. 한국어 사동표현은 중국어 유표지 사동과 무표지 사동뿐만 아니라 중국어 피동표현으로 대응되기도 하고 '대응 없음'도 있었다. 분석 결과 한국어 제1사동, 제2사동, 제3사동 각각은 중국어 표현과의 대응 양상에 있어서 일정한 경향성이 있음을 확인하였다. 또한 글말과 입말에 따라 대응 양상에 차이가 존재하는지도 살펴보았다.

　5장에서는 중·한 대조 방향으로 중국어 유표지 사동(讓, 使, 令, 叫, 把, 給)의 유형과 구조에 따라 대응되는 각각의 한국어 표현을 분석해 보았다. 특히 중국어의 사동 유형, 구조와 한국어의 대응 표현 간에 어떤 상관성이 있는지, 그 원인은 무엇인지에 대해 살펴보았다. 중국어 사동표현은 한국어 사동표현과 피동표현뿐만 아니라 한국어 '대응 없음'으로 대응되기도 하였다. 중국어 유표지 '讓, 使, 令, 叫, 把, 給' 사동은 각각의 한국어 대응 표현이 비교적 일정하게 나타났다. 또한 글말과 입말에 따라 대응 양상에 차이가 존재하는지도 살펴보았다.

　6장에서는 4장과 5장에서 살펴본 양방향의 대응 관계를 종합하여 병렬말뭉치에 나타난 한국어 사동표현과 중국어 표현의 대응 양상, 중국어 사동표현과 한국어 표현의 대응 양상을 분석하였다. 한·중 대조에서 한국어 사동표현과 대응되는 중국어 표현은 주로 '사동표현, 피동표현, 대응 없음'으로 나타났고 중·한 대조에서 중국어 사동표현과 대응되는 한국어 표현도 '사동표현, 피동표현, 대응 없음'으로 똑같은 대응 관계를 밝혔다. 이에 덧붙여 글말과 입말에 따라 대응 양상에 차이가 존재하는지도 살펴본 결과 글말과 입말에 따른 대응 양상의 차이도 알 수 있었다. 중국어 사동표현에는 유표지 사동과 무표지 사동의 두 가지가 존재하므로 한·중 대조는 중·한 대조보다 더 복잡하고 다양한 양상이 나타났다. 격틀 대조에서도 중국어 사동표현의 대조보다 한국어 사동표현의 격틀이 더 복잡하고 다양한 종류가 있음을 확인하였다.

본 연구는 대조 연구에 말뭉치를 활용한 실증적인 연구이며 이를 통하여 한국어 사동표현에 대응되는 중국어 표현과 중국어 사동표현에 대응되는 한국어 표현을 양방향으로 분석하고자 하였다. 그 결과 양 언어의 사동표현이 기존의 연구 결과처럼 단순한 일대일의 대응관계가 아니라 다대다의 복잡한 대응관계를 이루고 있음을 논증하였다. 뿐만 아니라 양 언어의 사동표현은 상대 언어의 사동표현에만 대응되지 않고 피동표현, '대응 없음'까지도 다양하게 대응되는 것을 알 수 있었다. 한·중, 중·한의 양방향 분석 결과를 종합하여 사동표현의 유형과 격틀 구조에 따른 상대 언어의 표현의 특성, 공통점과 유사점을 검토한 결과 사동 범주 간의 대응보다 '대응 없음'으로 대응되는 경향이 가장 높음을 발견하였다. 유형 대조뿐만 아니라 격틀 구조까지 대조하여 사동 대조의 전반적인 논의를 이끌 수 있었던 점은 본 연구의 의의라고 할 수 있다.

핵심이 되는 말: 한국어 사동표현, 중국어 유표지 사동, 중국어 무표지 사동, 한국어 피동표현, 중국어 피동표현, 신문 병렬말뭉치, 드라마 병렬말뭉치, 병렬말뭉치

① 서론

1.1 연구의 필요성 및 목적

본 연구는 병렬말뭉치에 나타난 실제적 언어 자료를 통해 한국어 사동표현과 대응되는 중국어 표현 및 중국어 사동표현과 대응되는 한국어 표현의 양상과 해당 양상에 드러나는 문법적 특성을 고찰하는 것을 목적으로 한다.

첨가어인 한국어와 고립어인 중국어는 언어 체계가 다르지만 양 언어 모두 사동표현의 문법 범주가 존재하는데, 한국어 사동표현과 중국어 사동표현은 양 언어에서 모두 가장 어려운 문법 범주 중 하나에 속한다. 양 언어의 사동표현은 유형이 다양할 뿐 아니라 형태 구조에 있어서도 복잡하기 때문이다. 이러한 점은 양 언어를 배우는 학습자들이 사동표현을 배우거나 활용함에 있어서 많은 어려움을 야기할 수 있다. 한국어를 배우는 중국인 학습자에게 한국어 사동사는 한국어 피동사와 형태가 동일한 경우가 많아 혼란을 주기도 한다. 또한 중국어는 격 조사가 발달하지 않았기 때문에 중국인 학습자들이 한국어 사동문의 격틀 구조를 파악하는 데 어려움을 겪는다. 예를 들어 한국어의 '보이다'는 피동사일 뿐 아니라 사동사로도 사용되는데, 사동사로 쓰이면 해당 문장의 격틀은 'NP1이 NP2에게 NP3을 보이다'로 실현되고, 피동사로 쓰이면 그 격틀은 'NP1이 보이다'로 실현되므로, 이를 구분해야만 피동사인지, 사동사인지 판단할 수 있기 때문이다.

사동표현 학습의 어려움은 중국어를 배우는 한국어 학습자에게도 나타난다. 한국어 사동표현에 비해 중국어 사동표현은 그것을 실현시키는 문법적 범주가 명확하지 않기 때문에 중국어를 배우는 한국인 학습자에게 부담이 될 수 있다. 예를 들면 중국어 사동표현은 '유표지'와 '무표지' 사동이 있는데, '유표지' 사동표현은 표지가 명확하여 구별이 뚜렷한 데 비해, '무표지' 사동표현은 학자마다 다르게 제시되어 왔다. 이렇듯 한국어를 배우는 학습자들은 사동표현의 학습과 활용에 있어서 많은 어려움에 노출된다. 무엇보다 한국어 사동표현을 중국어로 번역할 때나 중국어 사동표현을 한국어로 번역하는 데 있어서 대응되는 사동표현 중 어떤 사동 유형으로 나타내야 하는지 결정하는 것이 쉽지 않다. 이러한 점으로 미루어볼 때, 한 · 중 사동이나 중 · 한 사동의 대응관계는 일대일 관계가 아닌 다대다 관계로 나타날 가능성이 높다고 할 수 있다.

이런 의미에서 양 언어의 복잡한 사동표현을 대조적인 관점에서 기술하고 분석하는 일은 언어 학습과 교육의 관점에서 중요하고 의미 있는 일이다. 실제로 외국어를 배울 때나 외국어로 의사소통을 함에 있어 학습자들은 머릿속에서 모국어를 목표 언어(target language)인 외국어로 번역하는 과정을 겪게 된다. 특히 어려운 어휘나 문법을 배우거나 활용할 때, 먼저 모국어와 대응되는 표현을 찾아보고 말하는 과정을 거치게 된다. 따라서 외국인 학습자에게는 어휘와 문법의 학습에 있어서 목표 언어와 모국어 간의 대응관계 및 대응 규칙을 먼저 이해하는 것이 중요하다.

외국어 학습에서 대조분석에 대한 중요성은 많은 학자들에 의해 논의되어 왔다. 허용 외(2005)는 모든 외국어는 모국어의 필터를 통해서 학습된다고 보았는데, 학습자의 모국어와 학습 대상 언어 간의 공통점보다 차이점이 많으면 많을수록 언어를 습득하는 데 어려움이 발생한다고 하였다. 따라서 외국어를 교육하는 교사가 학습자들의 모국어와 학습 대상 언어 간의 차이점과 유사점을 이해하고 이를 교수 · 학습에 효율적으로 이용하면 간섭이나 오류를 예측함으로써 언어 교육의 효과를 높일 수 있다고 주장하였다. 이와 같은 맥락에서 허용 · 김선정(2013)은 외국어 교육과 관련된 대조분석의 효용성을 언급하였는데, 크게 교사와 학습자, 연구자의 관점으로 구분해 볼 수 있다. 즉, "교사들에게는 외국어 교육이나 제2언어 교육 현장에서 실제적인 도움을 줄 수 있고, 학습자들에게는 학습 정보의 제공과 함께 의사소통 전략을 선택하는 데 도움을 줄 수 있으며, 연구자들에게는 외국어나 제2언어 교육에 있어서 학습자의 특성에 관한 연구의 근거를 제공해줄 수 있다."라고 하였다. 이 외에도 외국어 또는 제2언어 교재를 구성하거나 평가하는 데에도 기초적인 자료를 제공하거나 도움을 줄 수 있음을 시사하였다. 신자영(2010)에서는 병렬말뭉치를 이용한 대조 연구는 모국어 화자가 직관에 의존하여 진행된 대조 연구에 실증적 자료가 될 수 있음을 언급하였다. 대조언어학의 연구 대상은 주로 언어 간 어휘, 문법 등 다양한 언어 현상에 대한 차이로 대조언어학은 이 차이를 면밀하게 기술하는 데 목적을 둔다. 그중에서도 외국어 교육이나 번역학과 같은 실용적 목적의 대조분석 연구에서는 말뭉치의 활용이 중요한 역할을 한다고 주장하였다. 따라서 실제 말뭉치 자료를 통해 한·중 사동표현이 체계적으로 어떻게 대응되는지 그 양상을 살펴보는 것은 의미가 있는 일이라 하겠다. 즉, 한국어를 중국어로 전환하거나 중국어를 한국어로 전환함에 있어서 어떠한 차이가 발견되는지 특히 일상생활에서 실제적인 쓰임이 어떠한지를 고찰함으로써 구체적으로 왜 그런 대응 양상이 나타나는지 알 수 있다. 아울러 이는 중국인 한국어 학습자나 한국인 중국어 학습자의 학습 효과를 높일 수 있고, 교사 역시 대조언어학적 지식을 통해 효과적인 학습과 습득을 이끌어낼 수 있다는 점에서도 중요성을 갖는다.

그간의 대조분석 연구는 주로 소규모 자료에 근거한 이론적 연구에 기대어 온 것이 사실이다. 최근 한·중과 중·한 사동표현 대조에 관한 연구가 증가하고 있는 추세이기는 하나 대규모의 글말과 입말 자료를 이용한 연구는 아직까지는 거의 없다. 특히 본 연구의 방법론인 한·중 신문 병렬말뭉치와 드라마 병렬말뭉치를 대상으로 한·중 및 중·한 사동표현을 대조하는 연구는 아직 시도된 바가 거의 없다. 기존 연구는 주로 이론적인 관점에서 접근한 대조 연구인 까닭에, 그 대조 방식과 예문 자료를 분석함에 있어 한·중 사동표현과 중·한 사동표현의 일대일 대응 관계에만 초점을 두어 왔다. 예를 들어 최길림(2007)에서는 "한국어 사동문을 중국어로 번역할 때 중국어의 사동 범주로 대응되는지와 구체적으로 어떤 표현으로 대응되는지를 검토하면서 각각의 한국어 예문들을 번체자 중국어로 번역 제시한다."고 하였다. 이러한 일대일 번역식 대조 연구는 제한적인 문법적 특징으로 나타날 수 있을 뿐 아니라, 실제 사용 양상과 다를 수 있다. 따라서 이러한 부분을 보완하기 위해서는 실제 언어생활에서 자주 사용하는 다양한 예문을 통해 분석하는 절차가 필요하다. 강현화·이미혜(2011)은 한국어 교수에 필요한 문어 문법과 구어 문법의 연구에서 문어 문법은 문어 자료에서의 사용 빈도나 장르에 근거한 것이 바탕이 되어야 하며, 구어 문법은 구어 자료에 기반한 구어 표현 덩어리의 교수에 주의를 기울여야 한다고 하였다. 또한 현재 국내 연구는 이 부분에 있어 충분히 진행되지 못하고 있음을 언급하였다.

이에 따라 본 연구에서는 문어 자료인 신문 병렬말뭉치와 구어 자료인 드라마 병렬말뭉치를 토대로 약 170만 어절의 한·중 병렬말뭉치를 구축하고 이를 통해 양방향으로 대조분석을 진행함으로써, 한국어 사동표현과 이에 대응되는 중국어 표현, 그리고 중국어 사동표현과 이에 대응되는 한국어 표현을 분석하고자 한다. 특히 사동표현의 대응 양상을 글말과 입말의 경우로 구분하여 제시함으로써 사동표현 관련 의사소통 교육에 실질적으로 도움이 되는 기반 자료를 제공하게 될 것이다.

1.2 연구 자료 및 대상

1.2.1 연구 자료

본 연구에서 분석한 자료는 약 170만 어절의 한·중 병렬말뭉치로 각각 83만 어절에 해당하는 동일 규모의 신문기사와 드라마 대본으로 구성된다. 전체 병렬말뭉치는 한국어 신문기사 원본과 한국어 드라마 대본 원본 그리고 이것의 대응 번역본인 중국어 신문기사와 중국어 드라마 대본으로 구성되었다.

〈그림 1〉 연구 자료

'한·중 신문 병렬말뭉치'는 〈표 1〉과 같이 〈중앙일보〉와 〈조선일보〉의 기사로 이루어졌으며 약 837,271어절로 구성되었다. 말뭉치의 균형성을 위해 신문 영역별로 뉴스, 경제, 문화, 연예, 체육 등 5개의 분야로 구성하였으며 각각의 어절 수를 14만 어절부터 19만 어절로 제한하였다.[1]

〈표 1〉 한·중 신문 병렬말뭉치

신문 출처	분야	어절 수
〈중앙일보〉 〈조선일보〉	뉴스	160,892
	경제	180,328
	문화	140,740
	연예	165,253
	체육	190,058
총 어절 수	837,271	

다음 〈그림 2〉는 〈중앙일보〉와 〈조선일보〉의 한국어 기사와 이의 대역본인 중국어 기사를 병렬말뭉치로 구축해 놓은 예시이다.

---

1) 문화 분야는 〈중앙일보〉의 유학 한국 영역과 〈조선일보〉의 문화 영역을 포함한다. 연예 분야는 〈중앙일보〉의 한류·유행 영역과 〈조선일보〉의 오락생활 영역을 포함한다.

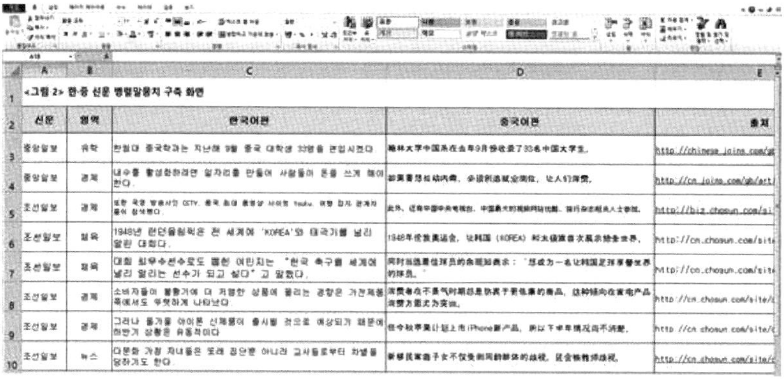

〈그림 2〉 한 · 중 신문 병렬말뭉치 구축 화면

본 연구에서 사용한 드라마 병렬말뭉치는 일상생활을 소재로 하는 36 편의 드라마 중에서 대화 부분의 대본으로 구성되었으며 총 어절 수는 약 83만 어절이다. 본 연구에서는 구어의 언어 특성을 연구하기 위해 드라마 대본을 분석하였으므로 대본에 제시된 무대 배경 설명 등 실제로 발화되지 않는 비구어적 요소는 포함시키지 않았다.

〈표 2〉 한 · 중 드라마 병렬말뭉치

드라마		편수	드라마		편수
〈풀하우스〉	KBS2 (2004)	16	〈달자의 봄〉	KBS2 (2007)	22
〈미안하다 사랑한다〉	KBS2 (2004)	16	〈꽃보다 남자〉	KBS2 (2009)	25
〈쾌걸춘향〉	KBS2 (2005)	17	〈내 여자 친구는 구미호〉	SBS (2010)	16
〈내 이름은 김삼순〉	MBC (2005)	16	〈오! 마이 레이디〉	SBS (2010)	16
〈환상의 커플〉	MBC (2006)	16	〈49일〉	SBS (2011)	20
〈눈의 여왕〉	KBS2 (2006)	16	〈부탁해요 캡틴〉	SBS (2012)	20
〈아이엠샘〉	KBS2 (2007)	16	〈추적자〉	SBS (2012)	16
〈커피프린스1호점〉	MBC (2007)	18	〈개인의 취향〉	MBC (2010)	16
〈착한 남자〉	SBS (2000)	20	〈공부의 신〉	KBS2 (2010)	16
〈나쁜 남자〉	SBS (2010)	17	〈다섯 손가락〉	SBS (2012)	30
〈신사의 품격〉	SBS (2012)	20	〈드림하이〉	KBS2 (2012)	1~2
〈영광의 재인〉	KBS2 (2011)	1	〈학교 2013〉	KBS2 (2012)	1
〈연애조작단〉	tvN (2013)	1	〈이웃집 꽃미남〉	tvN (2013)	1

〈제빵왕 김탁구〉	KBS2 (2010)	1	〈보스를 지켜라〉	SBS (2011)	1
〈시티헌터〉	SBS (2011)	1	〈보고 싶다〉	MBC (2012)	1
〈시크릿가든〉	SBS (2010)	1	〈여인의 향기〉	SBS (2011)	1
〈마왕〉	KBS2 (2007)	1	〈여왕의 교실〉	MBC (2013)	1
〈그 겨울 바람이 분다〉	SBS (2013)	1	〈나인〉	tvN (2013)	1
총 어절 수			833,356		

드라마 대본은 실제 구어 자료와 구별하여 준구어 자료로 분류되기도
한다. 서상규·한영균(1999)에서는 미리 작성된 스크립트를 바탕으로
하여 이루어진 발화를 모은 준구어 자료들은 실제 공연, 방송이나 상영
된 매체의 재녹취 작업, 녹화된 자료와의 대조를 통하여 얻어지게 되므
로 '구어'의 한 종류로 다룰 수 있으며 소설 따위의 문학 작품 등에 나타
나는 대화들도 엄밀히 본다면 '구어'의 한 종류로 간주할 수 있다고 하
였다. 이에 따라 본 연구에서는 드라마 자료가 입말(구어)을 대표하는
것으로 간주하며 신문기사는 글말(문어)을 대표하는 것으로 간주한다.

1.2.2 연구 대상

본 연구에서는 위와 같은 실제적 언어 자료를 통해 한국어 사동표현
의 유형, 격틀에 따른 중국어 대응 표현, 중국어 유표지 사동의 유형과
구조에 따른 한국어 대응 표현의 양상과 특징을 알아보고자 한다. 이를
위해 본 연구는 약 170만 어절의 한·중 병렬말뭉치에서 추출한 8,191
개의 한국어 사동표현 예문과 7,188개의 중국어 유표지 사동 예문을 분
석 대상으로 한다. 본 연구 대상인 한·중 사동표현의 유형과 격틀 구
조는 다음과 같다.

■ 한·중 사동표현의 유형:
  – 한국어 제1사동(-이-, -히-, -리-, -기-, -우-, -구-, -추-),
    제2사동(-시키다), 제3사동(-게 하다/도록 하다)
  – 중국어 유표지 사동표현: 讓 사동, 使 사동, 令 사동, 叫 사동, 把 사동, 給 사동

> ■ 한·중 사동표현의 격틀 구조:
> - 제1사동 격틀: NP1이 NP2를 V, NP1이 NP2에게 NP3을 V, NP1이 NP2에 NP3을 V, NP1이 NP2를 NP3으로 V
> - 제2사동 격틀: NP1이 NP2를 N−시키다, NP1이 NP2에게 NP3을 N−시키다, NP1이 NP2에 NP3을 N−시키다, NP1이 NP2를 NP3으로 N−시키다
> - 제3사동 격틀: NP1이 NP2가 V−게 하다, NP1이 NP2를 V−게 하다, NP1이 NP2에게 NP3을 V−게 하다, NP1이 NP2가 NP3을 V−게 하다, NP1이 NP2를 NP3을 V−게 하다, NP1이 NP2로 하여금 NP3을 V−게 하다, NP1이 NP2를 NP3에 V−게 하다
> - 중국어 사동 구조: NP1+讓/使/令/叫/把/給+NP2+V+NP3, NP1+讓/使/令/叫/把/給+NP2+V, NP1+讓/使/令+NP2+VA

이상이 본 연구에서 다룬 한·중, 중·한 사동표현 유형과 격틀 구조이다. 그리고 한국어 사동표현 격틀과 중국어 사동표현 구조는 같은 의미이다.

1.3 연구 방법 및 절차

1.3.1 연구 방법

본 연구는 먼저 Editplus3, U−tagger, U−taggerCorrector 프로그램을 사용하여 말뭉치에서 한국어 사동표현의 형태를 분석하였다. 특히 대규모 말뭉치 자료를 분석해야 하기 때문에 형태로 먼저 분석하는 것이 합당하다고 보았다. 그러나 같은 형태이어도 모두 사동표현이 아닌 것이 존재할 수 있다. 따라서 본 연구는 다음과 같이 『표준국어대사전』에 근거하여 사동표현이 아닌 동형의 형태들을 제외시켰다.

1.3.1.1 형태 분석

먼저 한국어 사동표현의 분석 방식을 살펴본다. 본 연구에서는 사동표현과 피동표현이 가지는 동형의 접사 '-이-, -히-, -리-, -기-'는 각각을 구분하였고 피동을 제외한 사동만 처리하였다. 다음으로 같은 형태의 사동사 동음이의어는 이를 구분하여 처리하였다. 아래와 같이 '얼리다'는 사동사 외에도 다양한 동음어가 존재하는데, 본 연구는 이를 구분하여 사동사로서의 '얼리다'만을 대상으로 하였다. 아래의『표준국어대사전』을 보면 '얼리다'는 '얼리다[1], 얼리다[2], 얼리다[3]' 3가지로 나타난다. 본 연구에서는 그 가운데 사동사가 아닌 '얼리다[1], 얼리다[2]' 2가지는 모두 제외했고 '얼리다[3]'만 사동사로 처리했다.『표준국어대사전』에서 '얼리다'에 대한 검색 결과는 다음과 같다.

'얼리다'에 대한 검색 결과:

얼리다[1]　　「동사」
【(…과)】('…과'가 나타나지 않을 때는 여럿임을 뜻하는 말이 주어로 온다)
「1」'어울리다'의 준말.
「2」【…에】하늘에 떠 있는 연이 서로 얽히게 되다.

얼리다[2]　　「동사」
【…을 (…과)】【…을 …에】('…과'가 나타나지 않을 때는 여럿임을 뜻하는 말이 목적어로 온다)
어울리게 하다.

얼-리다[3]　　「동사」
【…을】
액체나 물기가 있는 물체를 찬 기운에 의해 고체 상태로 굳어지게 하다. '얼다'의 사동사.
【<얼우다<용가>←얼-+-우-】

1.3.1.2 의미 분석

사동사가 다양한 의미 항목을 가질 때, 사동의 의미가 약화되는 경우가 있다. 아래와 같이 『표준국어대사전』의 '맡기다'를 살펴보면 의미 항목 1과 의미 항목 2는 의미가 변별되며 의미 항목 2는 의미 항목 1에 비해 사동성이 다소 약화된다. 예를 들어 아래의 『표준국어대사전』에서 '맡기다'를 살펴보면 「1」맡기다, 「2」맡기다, 「3」맡기다'가 있는데 그들의 의미에 차이가 있다. 「1」맡기다'는 '어떤 일에 대한 책임을 지고 담당하다'라는 뜻이고 「2」맡기다'는 '어떤 물건을 받아 보관하다'라는 뜻이다. 「3」맡기다'는 '주문 따위를 하다'라는 뜻이다. 그러나 이러한 구분은 결국 문맥별로 의미 판정을 요구하는 작업이므로 본 연구에서는 이를 따로 구분하지 않고 동형의 경우 모두 같은 사동사로 처리하였다. 『표준국어대사전』에서 '맡기다'에 대한 검색 결과는 다음과 같다.

'맡기다'에 대한 검색 결과:

맡-기다   「동사」

【…에/에게 …을】

「1」 어떤 일에 대한 책임을 지고 담당하게 하다. '맡다'의 사동사.

「2」 어떤 물건을 보관하게 하다. '맡다'의 사동사.

「3」 주문 따위를 하다. '맡다'의 사동사.

다음으로 사동문에 해당하는 원래의 주동문의 서술어가 '형용사', '자동사', '타동사'인지에 따라 사동사 간의 의미에는 차이가 있을 수 있다. 우선 주동문의 서술어가 '형용사'에서 파생된 사동사의 경우에는 '상태 변화'의 의미로 해석된다. 이러한 이유로 '높이다, 넓히다, 괴롭히다, 낮추다, 늦추다'와 같은 '형용사 → 사동사'의 꼴들은 실제 이들의 중국어 대당 표현의 경우, '괴롭히다'의 경우에는 '대응 없음'과 많이 대응되었고 그 외에는 모두 중국어 '무표지 사동'과 고빈도로 뚜렷하게 대응되는 특징을 보인다. 이에 대해서는 추후 자세히 기술하기로 한다. '자동사 →

사동사'의 경우에도 유사한 결과가 나타난다. '죽이다, 늘리다, 살리다, 웃기다, 옮기다'에 대한 중국어 대당 표현은 '무표지 사동'이 많았고 '살리다, 웃기다, 옮기다'는 '대응 없음'으로 나타났다.

따라서 사동의 의미가 두드러지는 '타동사 → 사동사'의 유형과는 달리 형용사나 자동사에서 파생된 사동사는 '사동의 의미' 면에서 차이가 있으며 이는 결국 중국어 병렬말뭉치에서의 상이한 대응으로 나타난다 하겠다.

마지막으로 제3사동의 '-게 하다'의 사동을 구분하는 방법을 제시하겠다. 본 연구에서는 이현주 · 김계성 · 이상조(1996)의 '-게 하-' 구성에서 사동문과 비사동문의 분리 방법을 따라 사동표현이 아닌 '-게 하다'를 제외시켰다. 그 자세한 절차는 다음과 같다.

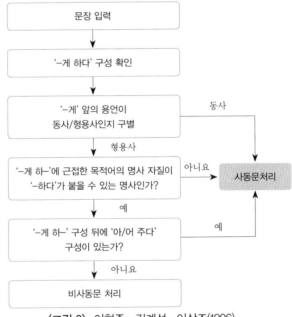

〈그림 3〉 이현주 · 김계성 · 이상조(1996)

'-게 하다' 사동표현의 분석 방법은 먼저 '-게' 앞에 오는 용언이 동사나 형용사인지 먼저 구별하여 동사인 경우에는 사동표현으로 처리하고 형용사일 경우 사동 구성이 아닌 '부사어+본용언(하다)'는 사동표현에서 분리하여 처리하였다. 두 번째로는 '-게 하-' 구성에서 근접한 목적어의 명사 자질이 '-하다'가 붙을 수 없으면 사동표현으로 처리하였다. 또한 근접한 목적어의 명사 자질이 '-하다'가 붙을 수 있는 경우에는 '-게 하-' 구성 뒤에 '아/어 주다' 구성이 있으면 사동표현으로 처리하고 아니면 비사동표현으로 처리하였다(이현주·김계성·이상조, 1996). 다음 예문 분석을 통해 이러한 사동표현 판별 절차를 살펴보겠다.

(1) ㄱ. 때만 되면 트위터에 등장하는 공인들의 경박함은 **우리를 안타깝게 한다**. 〈중앙일보 뉴스〉
　　　隨時出現在推特的公衆人物的輕薄讓我們爲之嘆息。

　예문 (1)에서는 '-게 하-' 구성에서 근접한 목적어인 '우리'의 자질이 '-하다'가 붙을 수 없기 때문에 사동표현으로 처리하였다. 또한 '-도록 하다' 구성에서는 『외국인을 위한 한국어 문법 2』에 따라 사동표현이 아닌 것을 제외시켰다. 다음 예를 통하여 살펴보겠다.

(2) ㄱ. 현대자동차는 주재원 9명을 두바이로, 가족들은 한국으로 피신하**도록 했다**. 〈중앙일보 경제〉
　　　現代汽車讓9名派駐埃及的工作人員到迪拜, 讓家屬們回國。
　　ㄴ. 그때 나서**도록 하**겠습니다. 〈여인의 향기 1회〉
　　　到時候, 我會挺身而出的。

　예문 (2ㄱ-ㄴ)은 모두 '-도록 하다'의 예문이지만 나타내는 의미가 다르다. 예문 (2ㄱ)은 '-도록 하다'가 사동표현으로 사용된 경우이고 예문 (2ㄴ)은 '-도록 하다'가 사동표현으로 사용된 경우가 아니다. 예문 (2ㄴ)은 말하는 사람이 직접 나서서 어떤 행위를 할 것이라는 의지를 나타내고 있는 문장으로 사동표현이 아니다.

이상 한국어 사동표현의 분석 방법을 구체적인 예시와 함께 살펴보았다. 한편, 본 연구에서 중국어 유표지 사동표현을 판단하는 방법으로는 『現代漢語八百詞』와 『現代漢語詞典』에서 제시한 유표지 사동 의미에 따라 판단하였다. 예를 들면 '讓/叫/把/給'이 '~하게 하다'라는 사동 의미가 아닌 일반 동사로 사용된 경우나 피동 의미로 사용된 경우는 모두 제외하였다.[2)]

이상으로 추출한 문장을 여러 차례에 걸친 수작업을 통해 직접 확인하고 분석하였다. 이와 같은 과정을 거쳐 한국어 사동표현과 중국어 사동표현 각각에 대하여 상대 언어의 대응 표현을 추출할 수 있었다. 다음은 한국어 사동표현을 기준으로 하였을 때 대응되는 중국어 사동표현을 추출한 예시 화면이다.

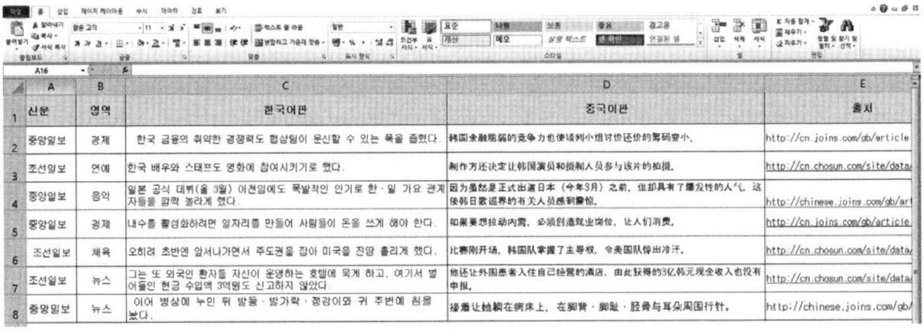

	A	B	C	D	E
1	신문	영역	한국어판	중국어판	출처
2	중앙일보	경제	한국 금융의 취약한 경쟁력도 협상팀이 운신할 수 있는 폭을 좁혔다.	韩国金融脆弱的竞争力也使谈判小组讨价还价的筹码变小。	http://cn.joins.com/gb/article
3	조선일보	연예	한국 배우와 스태프도 영화에 참여시키기로 했다.	制作方还决定让韩国演员和摄制人员参与该片的拍摄。	http://cn.chosun.com/site/data/
4	중앙일보	음악	일본 공식 데뷔(올 3월) 이전임에도 폭발적인 인기로 한·일 가요 관계자들을 깜짝 놀라게 했다.	因为虽然是正式出道日本（今年3月）之前，但却具有了爆发性的人气，这使韩日歌谣界的有关人员感到震惊。	http://chinese.joins.com/gb/art
5	중앙일보	경제	내수를 활성화하려면 일자리를 만들어 사람들이 돈을 쓰게 해야 한다.	如果要想拉动内需，必须创造就业岗位，让人们消费。	http://cn.joins.com/gb/article
6	조선일보	체육	오히려 초반엔 앞서나가면서 주도권을 잡아 미국을 진땀 흘리게 했다.	比赛刚开场，韩国队掌握了主导权，令美国队惊出冷汗。	http://cn.chosun.com/site/data/
7	조선일보	뉴스	그는 또 외국인 환자를 자신이 운영하는 호텔에 묵게 하고, 여기서 벌어들인 현금 수입액 3억원도 신고하지 않았다.	他还让外国患者入住自己经营的酒店，由此获得的3亿韩元现金收入也没有申报。	http://cn.chosun.com/site/data/
8	중앙일보	뉴스	이어 병상에 누인 뒤 발등·발가락·정강이와 귀 주변에 침을 놨다.	接着让她躺在病床上，在脚背・脚趾・胫骨与耳朵周围行针。	http://chinese.joins.com/gb/

〈그림 4〉 한국어 사동표현에 대응되는 중국어 사동표현을 추출한 예시 화면

1.3.1.3 격틀 구조 분석

『연세 현대 한국어사전』과 『표준국어대사전』에 따라 병렬말뭉치에서 분석한 한국어 제1사동, 제2사동, 제3사동의 격틀에 대해 분석하겠다. 각 격틀에서 NP1은 사동주, NP2는 피사동주, V는 행위이다. NP3은 행

---

2) 이상의 중국어 유표지 사동은 일반 동사의 의미로도 사용된다. '讓'는 '사양하다, 양보하다', '叫'는 '외치다, 부르다', '把'는 '처치'의 의미로서 '해 버리다', '給'는 '주다'는 의미로 사용된다. 또한 '把'를 제외하고는 모두 피동의 의미도 나타낼 수 있다. 본 연구에서는 이러한 경우를 제외하고 각각의 표지가 사동의 의미로 사용된 경우로 제한하여 예문을 추출하였다.

위에 따라 문장에서의 역할이 달라서 행위의 목적어도 될 수도 있고 부사어도 될 수 있다. 여기에서 주의해야 할 점은 한국어 사동표현에 출현한 부사어가 모두 NP3이 아니라는 점이다. NP3은 행위가 반드시 필요하고 사전에 표시되어야 하는 부사어이다. 다음『연세 현대 한국어사전』에 제시된 '먹이다, 참여시키다' 격틀의 대표적인 예이다.

(3) ㄱ. '먹이다'의 격틀: 1이 2[에게/에] 3을 먹이다
　　예) **엄마는 가족에게** 영양가 있는 **음식을 먹이**려고 항상 신경을 쓰신다.
　　ㄴ. '참여시키다'의 격틀: 1이 2를 3에 참여시키다
　　　　(1, 2 : 사람 명사, 3 : 일/모임…)
　　예) **우리는 그를 편집 팀에 참여시키**기로 결정했다.

『연세 현대 한국어사전』격틀의 1, 2, 3이 본 연구에서는 'NP1, NP2, NP3'으로 쓰인다. 사전의 예문 (3ㄱ-ㄴ)에서 'NP1'은 각각 '엄마, 우리', 'NP2'는 각각 '가족, 그', 'NP3'은 각각 '음식, 편집 팀'이다. 그중 예문 (3ㄱ)의 'NP3'은 목적이고 예문 (3ㄴ)의 'NP3'은 '참여시키다' 행위가 반드시 필요한 부사어이다.

　한편, 중국어 사동표현의 구조는 한국어 격틀보다 간단하기 때문에 판단하기 쉽다. 즉, 'NP1+讓/使/令/叫/把/給+NP2+V+NP3, NP1+讓/使/令/叫/把/給+NP2+V, NP1+讓/使/令+NP2+VA' 3가지이다. 여기에서 주의해야 할 점은 '把' 사동 구조의 V와 NP3은 다른 유표지 사동과 다르다는 점이다. 다시 말하면 '把' 사동 구조의 V는 다른 구조의 V와 달리 복합동사이다. 복합동사는 인과 관계를 나타내는데 두 번째 동사가 첫 번째 동사의 결과를 나타내는 경우도 있기 때문에 '결과 보어'로 많이 출현한다. 그래서 두 번째 동사는 상태 동사인 형용사도 된다. 따라서 'NP1+把+NP2+V+NP3'의 NP3은 목적어가 아니고 필수적인 부사어이다. 연구에서 한·중, 중·한 대조의 결과를 체계적으로 도출하

기 때문에 '把' 사동 구조에 V가 반드시 필요한 NP3만 표시했다. 왜냐하면 한국어 격틀에서 부사어인 'NP3'은 사전에 표시되어 있고 양 언어의 대조분석 기준이 통일되어야 하기 때문이다.

1.3.2 연구 절차

본 연구에서는 위와 같은 연구 방법을 바탕으로 병렬말뭉치에 나타난 실제적 언어 자료를 통해 한국어 사동표현과 대응되는 중국어 표현, 중국어 사동표현과 대응되는 한국어 표현의 양상과 특징을 알아보고자 한다. 이를 위해 본 연구에서는 약 170만 어절의 한·중 병렬말뭉치에서 추출한 8,191개의 한국어 사동표현 예문과 7,188개의 중국어 사동표현 예문을 분석 대상으로 한다. 본 연구의 병렬말뭉치 분석을 통해 선정된 한·중 사동표현 예문은 먼저 신문과 드라마 각각의 글말과 입말의 범주에서 어떠한 사동표현 유형이 주로 사용되는지 각각의 사용 빈도를 추출하여 확인한다. 한국어 사동표현은 세 가지 유형으로 분석되며, 접미사를 통해 어휘적 사동을 이루는 '제1사동', '-시키다' 구성의 '제2사동', '-게 하다' 구성의 '제3사동'으로 구분한다. 중국어 사동표현은 표지가 있는 유표지 사동과 표지가 없는 무표지 사동으로 구분하며, 유표지 사동의 하위 유형으로는 '讓' 사동, '使' 사동, '令' 사동, '叫' 사동, '把' 사동, '給' 사동의 6가지 사동표현을 분석의 기준으로 삼는다.

둘째, 한·중 사동표현으로 제시된 격틀을 분석한다. 격틀 분석은 형태만으로 한국어 사동표현을 구별하기 힘들 때 의미 판단에 도움을 줄 수 있다. 전은희 외(2001)에서는 격문법(Case Grammar)은 언어의 의미에 초점을 맞추어 언어의 문법성을 규명하고 분석의 결과로 언어의 의미를 도출해 내는 문법으로 이 방법은 동사구와 명사구 사이의 의미적 관계를 기술해 주기 때문에 비교적 형식이 자유로운 한국어를 처리하는 데 유용한 방법이라고 하였다. 예를 들어 동일한 형태를 갖는 '-이-, -히-, -리-, -기-' 피동사와 사동사는 동사 자체만으로는 구별이 안 되지만 해당 동사가 쓰인 문장의 격틀로는 쉽게 구별할 수 있다는 것이다.

본 연구에서는 한국어 사동표현과 중국어 사동표현의 유형과 격틀을 분석하고 상호 대응 관계와 양상을 밝히기 위해 다음과 같은 절차로 연구를 진행하고자 한다.

〈그림 5〉 본 연구의 절차

지금까지 본 연구의 목적과 필요성을 밝히고 한·중 사동표현에 대한 기존 연구를 개괄하였으며 연구 자료와 연구 대상, 연구 방법 및 연구 절차에 대하여 상세히 소개하였다. 제2장에서는 본 연구의 이론적 배경이 되는 대조언어학과 병렬말뭉치 연구에 대한 기본 개념과 교육적 함의를 서술한다. 그리고 기존 연구를 구체적으로 검토한 결과와 병렬말뭉치 분석을 토대로 본 연구의 분석틀이 되는 한국어 사동표현의 유형과 격틀, 중국어 사동표현의 유형과 구조를 객관적으로 제시할 것이다. 제3장에서는 이러한 분석틀을 기준으로 한·중 사동표현의 유형과 격틀을 구체적으로 밝히고자 한다. 이 장에서는 말뭉치 분석 결과를 토대로, 한국어 사동표현의 유형과 격틀에 대한 계량적 분석 결과를 먼저 제시하고 이어서 중국어 사동표현의 유형과 격틀에 대한 분석 결과를 기술할 것이다. 제4장에서는 한국어 사동표현을 기준으로 각각의 사동표현에 대응되는 중국어 표현의 양상과 특징을 알아보고 유사점과 차이점을 밝히겠다. 더 나아가 말뭉치 분석 결과를 토대로 어떤 사동표현이 입말에서 혹은 글말에서 더 자주 쓰이는지를 분석하고 그 이유에 대해 논의할 것이다. 제5장에서는 중국어 유표지 사동표현을 기준으로 이에 대응되는 한국어 표현의 양상과 특징을 살펴보고 그 경향을 서술할 것이다. 여기에서도 역시 각 분석 결과에 대하여 글말과 입말을 구별하여 대조함으로써 그들 간에 어떤 유사점과 차이점이 있는지를 찾아 대응 경향성을 밝히고 분석 결과가 갖는 의미에 대해 논의할 것이다. 제6장에서는 한국어 사동표현과 중국어 사동표현에서 각각의 언어를 기준으로 했을 때 대응 양상이 어떻게 나타나는지 양방향으로 각각의 결과를 비교 분석함으로써 한·중 사동표현 대조분석과 중·한 사동표현 대조분석의 공통점과 차이점을 상술하고자 한다. 제7장은 결론으로서 본 연구에서의 전체적인 논의를 요약·정리하며, 기존 연구와의 비교 분석을 통해 본 연구의 의의 및 한계점을 서술하고자 한다.

1.4 앞선 연구

사동표현의 한·중, 중·한 대조분석과 관련된 본격적인 연구사 검토에 앞서, 먼저 한국어 학계와 중국어 학계에서 그동안 사동표현과 관련한 논의가 크게 어떠한 방향으로 이루어져 왔는지를 개관해 보고자 한다.

먼저 한국어 사동표현에 관한 기존 연구는 크게 국어학 연구, 한국어교육학 연구, 대조언어학 연구의 세 분야로 나눌 수 있으며 이 중 국어학 연구가 가장 큰 비중을 차지하고 있고 그다음으로 대조언어학, 한국어교육학 연구의 순서를 보인다. 먼저 국어학 분야에서 사동표현과 관련된 연구들은 주로 순수 국어학의 측면에서 다루어져 왔으며 사동의 형태나 통사, 의미 등에 관한 연구가 주를 이룬다.[3] 그러나 한국어 교육

---

3) 사동의 유형과 관련한 연구는 최현배(1937/1961), 김석득(1971), 서정수(1975), 양동휘(1979), 권재일(1991), 양정석(1992), 남기심·고영근(1985/1993), 김제열(1995), 김형배(1995), 서정수(1996), 이정택(1996), 이현주·김계성·이상조(1996), 김성주(1997), 류성기(1998), 김성주(2003), 박철우(2004), 국립국어원(2005ㄱ), 김형배(2005), 김기혁(2009), 이관희(2010) 등이 있다.

의 관점에서는 외국인 한국어 학습자들을 대상으로 사동표현을 교육할 때 문법적인 측면보다 사동표현의 실제적인 사용 양상을 알아보고 학습자의 모국어와 대응되는 관계를 살펴보는 것이 중요하다고 볼 수 있다. 이런 맥락에서 본 연구는 실제 구어와 문어 자료로 구성된 병렬말뭉치로 기존 연구의 결과를 자세히 확인해 보고 그에 대응되는 중국어 표현을 밝혀내고자 한다.

또한 한국어 교육을 위한 사동표현 연구들은 주로 교재, 교육 방안, 모국어와의 대조분석의 세 가지 방향으로 진행되어 왔다.[4] 이들 연구는 외국인 학습자와 교사를 위한 연구들로서 교육 현장에서 한국어의 교수·학습에 도움이 되는 연구들이라고 할 수 있다. 그러나 해당 연구들은 실제 언어생활에서의 사동표현의 실현 양상보다는 이론적 측면에 무게를 두거나 교재에 나타난 사동표현을 분석하여 효율적인 교수 방안을 모색하는 데에 주력하는 경향이 있었다. 그러나 보다 나은 교수 방안을 마련하기 위해서는 교재 자체에 대한 분석 외에도 교재에 나타난 사동표현이 실제로 일상생활에서 얼마나 사용되는지를 확인할 필요가 있다. 특히 특정 사동표현이 글말에서 널리 쓰이는지 혹은 입말에서 널리 쓰이는지도 확인할 필요가 있다.

대조언어학적인 관점에서 한국어 사동표현을 다루고 있는 연구로는 중국어, 영어, 이탈리아어, 독일어, 일본어, 태국어, 스리랑카어, 인도네시아어 등과 비교 분석한 연구가 있다.[5] 그 가운데 한·중 대조 분야

---

4) 한국어 교육과 관련한 연구는 박연옥·박동호(2008), 김명권(2009), 한봉(2010), 김형복(2011), 전전령(2011), 유양(2012), 초곤(2012), 이탁군(2012), 곽연(2013), 서종학·강수경(2013), 혁미평(2013), 주원사(2014), 조용(2015), 상무훤(2015) 등이 있다.

5) 한국어 사동과 중국어 사동을 대조분석한 연구로는 金海月(2007), 최길림(2007), 韓鋭華(2007), 왕례량(2009), 徐春蘭(2009), 朴恩石(2010), 김봉민(2012), 孫穎(2012), 최유발·김은주(2014), 노금송(2014), 장내천(2015) 등이 있다. 한국어와 영어 사동의 대조분석과 관련한 연구로는 홍기선(2003) 등이 있다. 한국어와 이탈리아어, 독일어, 일본어, 태국어, 스리랑카어, 인도네시아어 사동의 대조분석과 관련한 연구로는 각각 니콜라프라스키니(2009), 이재술(2002), 김건희(1999)/김미혜(2010), 정환승(2004), 말하리 궈꿀러(2011), Donna Burhan(2010) 등이 있다.

가 가장 활발하게 연구되고 있어 본 연구와 직접적인 관련이 있으므로 따로 구체적으로 살펴보고자 한다.

두 번째로 중국어 사동표현에 관한 기존 연구는 크게 중국어에 대한 사동 연구 및 대조언어학적 분석의 두 가지 방향으로 분류 가능하다. 그러나 중국어 사동표현에 대한 연구가 주를 이루며, 상대적으로 대조언어학의 관점에서 시도되고 있는 연구는 그다지 많지 않다.[6] 그 가운데 중국어 사동표현과 대조분석을 진행하는 대상 언어로서 한국어가 가장 많이 연구되었으며 그다음은 영어, 몽골어, 태국어의 순서를 보인다.[7]

이상으로 한국어와 중국어 학계에서의 사동표현에 대한 연구의 흐름을 살펴보았다. 다음은 본 연구와 밀접한 연관이 있는 한 · 중 사동표현과 중 · 한 사동표현의 대조분석을 진행하고 있는 연구들을 보다 구체적으로 나열한 것이다.

첫째, 한 · 중 사동표현 대조를 언급한 연구로는 최길림(2007), 韓鋭華(2007), 金海月(2007), 왕례량(2009), 徐春蘭(2009), 한봉(2010), 전전령(2011), 孫穎(2012), 김봉민(2012), 혁미평(2013), 주원사(2014), 노금송(2014), 최규발 · 김은주(2014) 등이 있다. 먼저 최길림(2007)은 한국어 사동 격틀을 통하여 한국어 사동문과 중국어 사동문의 대응 양상을 살펴보고 韓鋭華(2007)은 접미사 사동문을 연구 대상으로 삼고 한국어 접미사 사동문 동사의 특질, 범주, 사동문 참여자의 성질, 유형 및 문형에 대하여 연구를 진행하고 두 언어 사이의 대응 관계를 검토하였다. 金海月(2007)에서는 유형론과 대조언어학의 관점에서 말뭉치 및 소규모의 한 · 중 번역된 뉴스와 소설에서 추출한 예문을 통해 한 · 중 사동표현의 문장 성분과 구조에 대해 분석하여 대조하였다. 왕례량(2009)에

---

6) 중국어 사동과 관련한 연구는 譚景春(1997), 范曉(2000), 劉永耕(2000), 朴美貞(2002), 周紅(2004), 宛新政(2004), 郭姝慧(2004), 李艷嬌(2014) 등이 있다.

7) 중국어와 한국어 사동을 대조분석한 연구로는 朴恩石(2010), 楊一(2010), 徐英愛(2011), 朱張毓洋(2012), 朴連玉(2012) 등이 있으며 중국어와 영어, 몽골어, 태국어 사동을 대조분석한 연구로는 각각 郗得才(2014), 德力格爾瑪(2009), 李華維(2015) 등이 있다.

서는 사동사의 일곱 가지 구조와 '-게 하다'의 세 가지 구조 그리고 '-시키다'의 한 가지 구조를 기준으로 예문을 추출하고 중국어와 대조하였다. 徐春蘭(2009)에서는 통사론, 의미론, 화용론적으로 한·중 사동을 분석하여 비교를 진행하였다. 한봉(2010)은 한국어 사동표현을 중국어 사동표현과 형태, 통사, 의미의 세 가지 측면에서 대조분석하여 이를 토대로 중국어권 학습자를 위한 한국어 사동표현의 교수 방안과 수업 모형을 제시하였다. 전전령(2011)에서는 한국어의 파생적 사동문과 중국어의 사동문을 비교 분석한 후에 교육 방안을 제시하였다. 孫穎(2012)에서는 형태론, 통사론, 의미론적 관점에서 한·중 사동표현을 기술하고 비교와 대조를 통해 기능 관계에서의 각 언어 사동법의 차이성과 상호 상관성을 살펴보았다. 김봉민(2012)에서는 결합가 이론을 이용하여 한·중 사동사의 결합가 유형과 의미적 결합가, 통사적 결합가, 화용적 결합가 등 측면에서 한·중 사동사를 대조하였으며 혁미평(2013)에서 한·중 사동의 유형을 대조하여 살펴본 후에 교재 분석, 교수 지도안까지 언급하였다. 주원사(2014)에서는 한·중 사동표현을 대조함에 있어 제1사동만 최길림(2007)을 따라 격틀로 대조를 하였고 제2사동, 제3사동은 예문만 분석한 후에 비교하는 형식을 취하고 있다. 노금송(2014)에서는 한·중 사동문 구조와 의미 유형을 기술하면서 그들의 특성을 살펴보았다. 최규발·김은주(2014)는 한국어와 중국어에서 사동의 실현 방법의 특징을 찾아 기술하고 비교와 대조를 통해 양국 언어의 사동법의 차이성과 상관성을 살펴본다고 하였다.

둘째, 중·한 사동표현 대조를 언급한 연구로는 朴恩石(2010), 楊一(2010), 徐英愛(2011), 朱張毓洋(2012), 朴連玉(2012) 등이 있다. 朴恩石(2010)에서는 중·한 사동구조 특징을 분석함으로써 둘 사이의 차이점과 공통점을 연구하였다. 楊一(2010)에서는 통사론, 의미론, 화용론의 측면에서 각 한·중 사동문의 예문을 간단하게 분석하고 중·한 방향으로 한·중 사동을 대조시킨 후에 오류 분석을 하였다. 이 연구의 제목은 "한·중 사동문의 대조분석"이라 명함으로써 한국어를 기준으로 한 중국어 대조분석의 방향임을 드러내고 있으나 실제 연구 방법에서는 중국어를 기준으로 한 한국어 대조분석을 진행하였다는 한계가 발견된다. 徐英愛(2011)은 통사적으로 중국어 '使' 구문과 한국어 사동표현을 분석한 후에 대조하였고 朱張航洋(2012)에서는 통사적, 의미적, 화용적 측면에서 중·한 사동에 대해 분석하였다. 朴連玉(2012)에서는 중국어 사동과 한국어 사동의 실현에 있어서 중국어와 한국어의 유사점과 차이점에 대해 살펴보았다.

이상의 기존 연구를 살펴보았을 때 중·한 대조의 관점보다 한·중 대조의 관점에서 연구를 진행한 논문의 수가 더 많음을 알 수 있다. 그 이유는 중국어 사동 범주는 한국어 사동 범주만큼 뚜렷이 유형화되지 않기 때문에 한국어를 기준으로 삼고 중국어와 대조한 연구가 더 많이 나타난다는 것을 추론해 볼 수 있을 것이다. 최근에 한·중 대조 혹은 중·한 대조 연구가 활발한 것은 사실이지만 주로 이론적인 접근을 통해 대조분석이 진행되어 왔다. 기존 연구를 분석했을 때 공통적으로 다음과 같은 문제점이 발견된다.

첫 번째 문제점은 실증적인 자료를 기반으로 분석한 결과가 아니라는 점이다. 앞서 살펴보았듯이 기존 연구들의 대조 자료는 대부분 실생활과 멀리 떨어진 사전이나 소설에서 예문을 차용하였다. 이러한 자료는 실제 언어 자료의 다양성이 떨어지기 때문에 일상생활에서 실제적인 대조 양상을 밝히는 데 한계가 있다. 최근에는 말뭉치를 통해 예문을 제시하고 있는 연구들도 증가하였는데 예컨대, 한·중 대조의 접근을 취하고 있는 김봉민(2012)에서는 21세기 세종 계획 말뭉치, 북경대학 중문과의 현대 중국어 말뭉치(北京大學中文系現代漢語語料庫), 사전 및 학술 논문이나 저서에서 예문을 추출하여 사용하였다. 金海月(2007)에서도 말뭉치와 소규모의 한·중 번역된 뉴스와 소설에서 예문을 추출하여 사용하였으나 여기에서 사용된 예문들은 논증을 위해 말뭉치에서 필요한 예문을 뽑은 것이지 전체 말뭉치의 모든 사동표현을 추출하여 해당 용례 전부를 대상으로 전면적이고 체계적으로 분석한 것이 아니다. 이와 같이 최근 한 · 중 사동표현 대조 연구는 비교적 활발하게 이루어지고 있음에도 불구하고 대규모 병렬말뭉치를 분석한 연구는 찾기 어렵고 한국어 사동표현이 실제 생활에서 사용되는 양상과 대응되는 중국어 표현을 밝히는 연구는 아직 없다. 또한 글말과 입말 말뭉치를 적정하고 동일한 규모로 구축한 병렬말뭉치를 사용한 사동표현의 대조 연구는 이루어지지 않았다. 따라서 본 연구에서는 병렬말뭉치에 나타난 실제적 언어 자료를 가지고 한 · 중과 중 · 한 사동표현의 유형과 특징 및 대응 양상을 구체적으로 살펴보고자 한다.

두 번째 문제점은 예문만을 통하여 주관적이고 일대일로 대조하는 방식이다. 즉, 한국어 예문을 먼저 제시하고 그를 중국어로 번역해서 서로 대조한다는 것이다. 그 까닭은 지금까지의 연구는 주로 일대일 번역식 대조 연구 방식을 취했기 때문이다. 예를 들어 최길림(2007)에서 한국어 사동문이 중국어로 번역될 때 중국어의 사동표현으로 대응될 수 있는지, 그리고 어떻게 대응되는지를 검토하고 각각의 한국어 예문들을 중국어로 번역할 때는 번체자 한자를 써서 나타내었다. 이러한 일대일 번역식 대조 방법은 연구의 결과가 제한적인 문법적 특징으로 나타날 수 있어 실제 사용 양상과 다를 수 있다는 한계가 있다. 이를 보완하고 한 · 중 사동의 일부라는 관계를 밝히기 위해서는 실제 병렬 번역된 자료를 전면적으로 분석하고 언어생활에서 자주 사용하는 다양한 사동의 용례를 통계적으로 밝힘으로써 그들 간에 실제 대조 양상을 객관적으로 보여 주는 연구 접근이 필요하다.

세 번째 문제점은 한국어 사동표현의 유형과 격틀을 분석한 후 중국어 표현과 대조시키거나 중국어 사동표현의 유형과 구조를 분석한 후 한국어 표현과 대조한 연구는 많이 이루어지지 않았다는 것이다. 한국어는 조사가 발달한 언어라서 격 조사에 따라 의미가 달라지기 때문에 한국어 사동표현의 격틀은 사동표현의 유형과 함께 중요한 요소이다. 본 연구에서는 이러한 부분을 보완하기 위해 한국어 사동표현과 중국어 사동표현의 유형을 분석할 뿐 아니라 사동표현의 격틀 또한 분석하여 대응 양상과 그러한 대응 양상의 이유도 밝혀내겠다.

네 번째 문제점은 기존 연구에서 밝히지 못했던 대응 관계가 존재한다는 점이다. 예를 들어 확실히 대응되지 않는 관계를 '?, *'로 표시한다는 것이다. 또한 경향이 어떠한지 구체적으로 분석하지 않고 대응 여부만을 'ㅇ, ×'로 표시하는 정도로 제시하고 있다는 점이다. 이 경우에 대응 여부는 파악할 수 있지만 실제로 얼마나 많이 사용되는지 그리고 상대 언어에서 어떤 표현으로 주로 대응되는지 그 빈도를 파악하기는 어렵다. 빈도가 실생활의 사용 양상을 그대로 투영하는 것은 아니지만 중국인 한국어 학습자나 한국인 중국어 학습자의 경우에 실생활에서 자주 사용되는 사동표현을 먼저 학습한다면 보다 효과적으로 의사소통을 향상시킬 수 있다. 더욱이 한국어 사동표현은 중국어 무표지 사동과 대응되는데 그 구체적인 대응 양상에 대해서는 연구되지 않았다. 실제로는 중국어 유표지 사동보다 무표지 사동이 더 많이 사용되는 경향이 있지만 대조분석을 통해 이러한 경향성을 밝힌 연구는 많지 않다. 본 연구의 분석은 이러한 점들을 보완하기 위하여 한국어 사동표현과 중국어 표현과의 대응 양상을 구체적으로 밝히고 그 결과를 대조하고자 한다.

다섯 번째 문제점은 완전한 대조분석을 위하여 양방향을 같이 대조시켜야 한다는 점이다. 지금까지 한·중 대조와 중·한 사동대조는 어느 한 언어를 기준으로 한 방향으로만 대조 연구를 진행해왔다. 강현화 외(2003)에 따르면 대조분석 시 기준 언어는 학습자의 모국어가 되며 대비되는 언어는 학습자의 목표 언어가 된다. 그러나 완전한 대조분석을 위해서는 반대의 경우 학습자의 목표 언어가 기준 언어가 되고 학습자의 모국어가 대조할 언어가 되는 대조분석도 함께 이루어져야 한다고 하였다. 그러므로 본 연구에서는 양 언어의 대조 관계를 체계적이고 객관적으로 살펴보기 위하여 양방향으로 연구를 진행하고자 하며 유사점과 차이점을 검토함으로써 대조분석 결과를 제시하고자 한다.

② 이론적 배경

2.1 병렬말뭉치

2.1.1 병렬말뭉치 개념

대조언어학, 외국어 교육 등의 분야에서는 병렬말뭉치에 기반한 연구에 최근 많은 관심을 가지고 있다. 또한 병렬말뭉치를 구축하여 이를 언어 대조 연구, 언어 교육에 활용하는 것은 세계적인 흐름으로 볼 수 있다. 유현경·황은하(2010)은 병렬말뭉치(parallel corpus, 對列語料/對應語料)란 한 언어의 원문 텍스트(original text)와 그 텍스트에 대한 하나 이상의 다른 언어로 번역된 텍스트(translation)를 문단, 문장, 단어 등의 언어 단위로 정렬하여(align) 구축한 말뭉치라고 정의하고 있으며 민경모(2010)에서는 둘 이상의 언어로 된 동일 내용의 텍스트 쌍을 의미하는 것으로 보았다. 즉, 원본 텍스트(source texts)가 하나 또는 그 이상의 언어로 번역된 동일 내용의 텍스트(translated texts)를 가질 때 이 둘(또는 그 이상)을 쌍으로 구성한 것을 병렬말뭉치라고 한 것이다. 이상의 논의를 바탕으로 본 연구에서 분석 도구로 사용한 한·중 병렬말뭉치는 '한국어 텍스트'를 원본 텍스트로 하며 그것의 번역 텍스트인 '중국어 텍스트'로 구축된 말뭉치이다.[8]

2.1.2 병렬말뭉치 구축 현황

한국에서 병렬말뭉치 연구는 1998년부터 시작되었으며 대표적으로는 '21세기 세종계획 특수말뭉치 소분과 병렬말뭉치 과제'가 있다. 지금까지 한국과 중국에서 구축된 병렬말뭉치 자료는 공개 자료와 비공개 자료로 구분할 수 있다. 공개 병렬말뭉치로는 유현경·황은하(2010)에서 언급된 세종 한·영, 한·일, 한·러, 한·불, 한·중 병렬말뭉치 및 王克菲(2004)에서 언급된 중·영, 중·일 병렬말뭉치 등이 있으며 비공개 병렬말뭉치는 개인의 필요에 따라 개별적으로 개인 연구를 진행하기 위해 구축된 말뭉치를 의미한다. 즉, 한영균(2009)에서의 한·일 말뭉치, 김명관(2007)의 불·한 말뭉치, 안인경 외(2007)의 한·독 말뭉치, 손정(2007)에서의 중·한/한·중 말뭉치, 황은하 외(2002)/김운 외(2008)에서의 한·중 말뭉치, 노용균(2008)에서의 중·한 병렬말뭉치 등이 있다.[9]

이상과 같이 한국어와 다른 언어를 한 쌍으로 하는 병렬말뭉치는 총 13개가 발견되며 이 중 공개 병렬말뭉치는 7개, 비공개 병렬말뭉치는 6개이다. 공개 말뭉치는 일반적인 목적을 가지고 주로 기관에서 구축하기 때문에 구축 시간이나 규모, 구성 등에 대한 자세한 정보를 알 수 있지만 비공개 말뭉치는 개인적인 특정 목적과 관심을 가지고 개별적으로 구축하기 때문에 말뭉치에 대한 기본 정보들이 구체적으로 제시되지 않은 경우가 많다. 또한 이상의 병렬말뭉치에서는 한국어를 기준 언어로 삼아 한국어 원본과 이에 대응하는 외국어 번역본으로 구축된 경우가 많으며 대부분 문어 위주로 구성되어 있다. 지금까지 공개된 병렬말

---

8) 본 연구에서 구축한 한·중 병렬말뭉치의 예문은 다음과 같다.
   한국어 텍스트(원본): 국민 여러분께서 갈망하는 쇄신 국회의 모습을 보여 드리지 못한 데 정말 죄송하다.
   중국어 텍스트(번역): 非常抱歉没有讓國民看到他們所渴望的國會新面貌。
9) 유현경·황은하(2010)에서 황은하 외(2002)/김운 외(2008), 노용균(2008)을 재인용하였다.

뭉치 가운데 100만 어절 이상의 한·중 병렬말뭉치는 발견하기 어렵다. 본 연구에서 구축한 말뭉치 역시 병렬말뭉치로서 비공개 한·중 병렬말뭉치이다. 한·중 사동표현의 대응 양상을 분석하기 위한 특정 목적을 위한 것으로서 신문과 드라마의 두 장르로 구성하였으며 그 규모는 총 170만 어절에 이른다.

2.1.3 병렬말뭉치의 유용성

민경모(2010)은 1980년부터 언어공학 분야에서 병렬말뭉치가 이용되기 시작하면서 병렬말뭉치에 대한 관심이 높아지기 시작되었다고 언급하였으며 이후 사전학, 언어 교육, 대조언어학, 번역학 등에서도 병렬말뭉치가 효율적으로 활용되어 상당한 연구 성과를 거둠으로써 그 가치를 인정받기 시작하였다고 한 바 있다. 유현경·황은하(2010)에서도 한·영, 한·일, 한·중 병렬말뭉치는 대조분석, 외국어 교육, 외국어로서의 한국어 교육 등의 언어학계의 관심과 함께 한·영, 한·일, 한·중 기계번역의 수요에서 비롯된 것이라고 하였다.

대조분석은 양 언어의 유사점과 차이점을 설명하기 위하여 두 개 혹은 그 이상의 언어를 체계적으로 비교하는 학문 분야이다. 안동환 역(2008)에서 병렬말뭉치는 단순히 번역 등가어를 검색하기 위해서뿐만 아니라 새로운 언어 학습 자료 및 활동의 개발을 위해서도 사용된다. 즉, 두 언어에서 추출된 자료들은 학생들이 이해 및 생산 연습과제를 만드는 데 사용되는데 학생들은 이러한 연습과제로부터 각 언어의 사용 규칙을 추론해 내고, 그룹 토의를 통해 적절한 번역 등가어를 제안할 수도 있다는 것이다. 이와 같이 말뭉치 기반의 응용 번역학과 외국어 학습은 급속히 팽창하는 연구 분야로서 앞으로의 응용 잠재력을 생각할 때, 그 전망과 가치가 크다고 하였다. 무엇보다 말뭉치 기반 응용 연구는 효과적인 훈련기법들을 개발하는 데 말뭉치의 잠재성을 이용하고 대조분석 및 외국어 학습과 같은 인접 분야들도 언어 쌍의 특정적인 차이점과 등가어에 관한 새로운 자료를 얻기 위해 번역 말뭉치를 이용할 수 있다고 하였다.

신자영(2010)은 병렬말뭉치를 이용한 대조 연구가 모국어 화자의 직관에 의존한 대조 연구에 실증적 자료를 뒷받침해 줄 수 있다고 하였다. 흔히 대조언어학의 연구 대상은 언어 간 어휘, 문법 등 다양한 언어 현상으로 이에 대한 차이를 면밀하게 기술하는 데 대조언어학의 목적을 두는데 외국어 교육과 번역학과 같은 실용적 목적의 대조분석 연구에서는 말뭉치의 활용이 중요한 역할을 한다는 것이다. 특히 말뭉치를 이용한 대조 연구는 모국어 화자가 직관에 의존하여 진행한 대조 연구에 실증적 자료를 뒷받침해 줄 수 있어 대조 연구에 기술적 정확성을 높이고 양적인 차원의 연구를 가능하게 한다는 점에서 기여하는 바가 크다.

서상규·한영균(1999)에서는 책으로 된 기존 사전이 갖지 못하는 정보들 간의 연관성을 갖추고 관련 분야, 즉, 정보 과학, 기계 번역의 기초로 활용되는 전자 사전의 개발에서도, 다양하고 실제적인 언어 현상을 반영하는 말뭉치를 필요로 한다고 하였으며, 안인경 외(2007)에서는 병렬말뭉치가 일반 사전 기반 번역에서 생길 수 있는 오류를 바로잡거나 문체적 개선을 이룰 수 있는 장점을 가진다고 언급하였다. 이뿐 아니라 병렬말뭉치 기반 번역은 기존의 사전을 통해서는 알 수 없는 다양한 문맥 정보와 연어 관계를 찾는 데 있어서도 도움을 줄 수 있다고 밝혔다. 예를 들어 한 문화권에 고유하게 존재하는 대상을 가리키는 명칭을 다른 문화권의 언어로 옮길 때는 직접 대응하는 등가어가 없기 때문에 그대로 차용을 하거나 일종의 풀어쓰기를 통한 번역이 필요한데 병렬말뭉치는 문화 특유의 어휘에 대한 번역 본보기를 보여주므로 문화 특유의 명칭에 대한 비교를 해 보고 더 나은 것을 선택할 수 있을 뿐 아니라 사전에 아직 수록되지 않은 어휘의 경우에도 본보기를 얻을 수 있다고 하였다.

2.2 대조분석

대조언어학은 언어학의 많은 연구 분야 중의 하나로 최근에 와서 비로소 자리를 잡게 되었지만 응용언어학 내에서는 대단히 중요한 자리를 차지하고 있으며 특히 외국어 교육을 위해서는 절대적으로 필요한 연구 분야라 할 수 있다(강현화 외, 2003). 완전한 대조분석은 양 언어를 양방향으로 서로 대조시키는 것을 말한다. 대조분석 시 반드시 기준 언어를 설정해야 하는데 분석에 앞서 언어 간 상호 대조 가능성을 염두에 두어야 한다. 보통 기준 언어는 학습자의 모국어가 되며 대비되는 언어는 학습자의 목표 언어가 된다. 그러나 완전한 대조분석을 위해서는 반대의 경우 즉, 학습자의 목표 언어가 기준 언어가 되고 학습자의 모국어가 대조할 언어가 되는 대조분석도 함께 이루어져야 한다(강현화 외, 2003).

대조언어학은 계통론적 접근이나 유형론적 접근과는 다른 관점에서 언어들을 비교하여 유사점과 차이점을 분석하는데 언어들 간의 차이점이 유사점만큼이나 중요하게 다루어지고 언어 교육이나 번역 등의 실용적인 분야에 활용된다는 점에서 그러하다고 할 수 있다(허용, 2005). 대조언어학은 두 개 이상 언어의 구조나 체계를 대조시켜 분석한다. 대상이 되는 두 언어는 음운론, 형태론, 통사론, 의미론 등 언어학의 모든 분야에서 대조분석되며, 문화 영역까지 포괄한다. 연구자의 관심에 따라 이론적인 측면에 연구의 중심을 두거나, 언어 교육과 번역 등의 실용적인 측면을 더욱 강조할 수도 있는데 대조언어학은 순수 이론 언어학에서보다는 응용언어학 분야에서 그 중요성과 역할이 부각되고 가장 큰 효용성은 외국어 교육에의 활용에 있다고 할 수 있다(허용, 2005).

2.2.1 대조분석의 절차

김종록(1991)에서는 4가지 대조분석 원칙에 대해 공시태성의 원칙, 단계성의 원칙, 등가성의 원칙, 동일성의 원칙의 네 가지 원칙을 제시한 바 있다. 각각의 원칙을 살펴보면 공시태성의 원칙은 대조의 자료를 공시적인 자료로 한정하고 단계성의 원칙은 대조의 자료를 동일한 등급의 난이도로 대조하며 등가성의 원칙은 의미나 지시가 상호 대등하거나 대응되는 표현을 대조하고 동일성의 원칙은 동일한 목적으로 동일한 방법으로 동일한 대조 방향으로 대조한다는 뜻이라고 하였다.

대조분석의 첫 단계에서는 대조의 자료를 동등하게 선택하는 것이 중요하다(강현화 외, 2003). 대조의 자료를 동등하게 선택한다는 말은 대상 표현을 찾아야 한다는 말과 같다. 즉, 서로 다른 언어들 간에 같은 내용을 서로 어떻게 달리 표현하는가 하는 관점에서 접근해야 한다는 것이다. 실제 분석의 시작은 분석자나 모국어 화자에 의한 가장 적절한 번역 대응을 얻어서 이를 바탕으로 상호 대응하는 형식으로 추출해 나간다는 것이다. 화이트만(1976)은 대조분석의 절차를 아래의 네 단계로 설명하였다.[10]

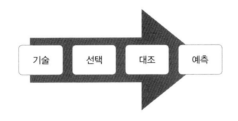

- 기술: 비교 분석하고자 하는 언어에 대해 기술한다.
- 선택: 대조하기 위한 항목을 선정한다.
- 대조: A언어의 구조를 B언어의 같은 부분의 구조에 비교한다.
- 예측: 두 언어 구조의 유사성과 상이성의 대조로 오류 및 난이도를 측정한다.

강현화 외(2003)은 언어를 대조하기 위해서는 언어를 대조하는 이유가 먼저 명시되어야 하며, 언어 간 대비 분석 시 해당 언어들이 가지는

---

10) 강현화 외(2003)에서 재인용하였다.

여러 영역 중 구체적으로 어떤 요소를 대조할 것인가 하는 대조분석의 대상을 한정해야 한다고 하였다. 아울러 한정된 범위의 요소들을 어느 정도의 범위에서 분석할 것이냐 하는 분석의 범위를 제한하고, 구체적으로 어떤 이론에 기대어 어떠한 방법으로 분석할 것이냐 하는 분석 방법에 대한 명시가 있어야 할 뿐 아니라 마지막으로 분석한 내용의 결과를 어떻게 이용할 것이냐 하는 분석 결과의 활용 가능성에 대한 언급도 있어야 한다고 하였다. 이에 근거하여 본 연구에서는 완전한 한·중 대조분석을 위하여 한·중, 중·한 대조를 하도록 하겠다. 이와 관련한 대조분석 절차는 다음과 같이 제시한다.

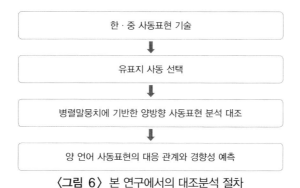

〈그림 6〉 본 연구에서의 대조분석 절차

2.2.2 대조분석의 의의

대조분석은 제2언어 교재를 구성하는 기초를 제공하며 제2언어 교재 제시에 도움을 준다(강현화 외, 2003). 대조분석을 기초로 하여 교사는 교재에서 무엇을 강조할 것인가를 정하여 제시하고 다음 연습 문제로 내용을 보충하고 또한 오류 발생 시 대조분석으로 오류 수정을 실시할 수 있으며 학습자의 이해를 도울 수 있다고 하였다. 초기 학습자는 먼저 모국어로 생각하고 제2언어로 표현하려고 하기 때문에 모국어의 간섭을 극복하기 위해 두 언어의 차이를 인식해야 한다고 하였다. 뿐만 아니라 성인과 아동 학습자의 간섭의 정도가 다르며 성인 학습자가 더 많은 모국어 간섭을 받고 발음 체계에 있어서 더욱 심한 간섭을 받기 때문에 대조분석 지식은 학습자의 어려움을 이해하는 데 도움을 줄 수 있다고 하였다. 마지막으로 대조분석은 제2언어 평가에 도움을 준다고 하였다. 대조분석은 평가 항목의 선택과 선다형 문제의 문항들의 근거를 제공하는데 이러한 평가를 먼저 한 후 그 다음에 틀린 문제를 중심으로 오류 분석에 근거한 평가를 내릴 수 있다고 하였다.

허용 · 김선정(2013)에서도 외국어 교육과 관련된 대조분석의 효용성을 언급하였는데 먼저 교사들에게는 외국어 교육 또는 제2언어 교육을 하는 데 도움을 줄 수 있다는 것과 두 번째로 외국어 또는 제2언어를 배우는 학습자들에게는 학습 정보를 제공하고 의사소통 전략을 선택하는 데 도움을 줄 수 있다는 점을 강조하였다. 마지막으로 연구자들에게는 외국어 또는 제2언어 습득에서 나타나는 학습자의 특성에 관한 연구에 근거를 제공하며 외국어 또는 제2언어 교재를 구성하는 데 기초 자료를 제공한다는 점을 언급하였다.

2.3 한 · 중 사동표현

본 절에서는 본 연구에서 밝히고자 하는 한 · 중 사동표현의 정의, 실현 방법, 유형 및 격틀에 대해서 제시할 것이다. 사동표현의 실현 방법, 사동표현의 유형, 사동표현의 격틀에 대해 학자마다 다른 의견을 가지고 있으므로 먼저 기존 연구에서 제시한 양 언어의 사동표현의 유형과 격틀에 대해 살펴본 후 본 연구에서의 양 언어 사동표현의 유형과 격틀을 제시하고자 한다.

2.3.1 사동표현의 실현 방법

본 연구에서 분석 대상으로 하는 한국어 사동표현과 중국어 사동표현의 정의는 동일하다. 이는 사동주가 피사동주에게 어떤 행위를 하게 하거나 어떤 상태 변화를 일으키게 하는 것을 의미한다. 유장옥(2004)는 한국어의 사동을 '어떤 동작·원인·상황을 일으키는 것과 같은 사동주가 사동주의 동작·영향을 받는 피사동주로 하여금 어떤 동작을 하게 하거나 어떤 상태로 되게 하거나 어떤 상황에 놓이게 하는 것'으로 정의하였으며, 朴美貞(2002)는 중국어의 사동을 '사동주가 어떠한 작용을 하여 피사동주에게 어떤 행위를 하게 하거나 피사동주를 어떠한 상태에 이르게 하는 것'이라고 정의하였다. 사동은 동일한 문법 범주에 속하지만 양 언어의 문법 체계에 따라 실현되는 방식은 상이하다고 할 수 있다. 여기서는 한국어와 중국어의 사동표현이 문법적으로 구체적으로 실현되는 방법을 살펴보고자 한다.

먼저 한국어 사동표현을 살펴본다. 최현배(1937/1961)에서는 한국어의 사동을 '-이-', '-히-', '-리-', '-기-', '-우-', '-추-', '-구-', '-애-(없애)'의 접미사 사동, '-시키다'로 만든 사동, 그리고 '-게 하다' 사동으로 분류하였으며 각각을 첫째, 두째(둘째), 세째(셋째) 사동으로 이름 짓고 각각의 특징에 대해 기술한다고 하였다. 먼저 제1사동은 용언 어간에 접미사 '-이-, -히-, -리-, -기-, -우-, -구-, -추-, -애-'가 붙어 실현되기 때문에 '접미사동', '단형 사동', '파생 사동', '짧은 사동'이라 부르기도 한다. 제2사동은 '체언+시키다'의 구성으로 이루어진 사동표현이다. 보통 '체언+하다'로 이루어진 서술어에서 '하다'를 '시키다'로 대치하면 '체언+시키다'의 사동표현이 된다. 예를 들어 '일하다'는 '일시키다'가 되는 것이다. 이런 까닭에 제2사동을 '시키다' 사동이라 부르기도 한다. 제3사동은 주동문의 서술어에 '-게, -도록'을 붙이고 그 뒤에 보조 동사 '하다, 만들다'를 써서 이루는 생산적인 사동표현이다. 예를 들어 '입다'는 '입게 하다' 혹은 '입게 만들다'로 사동표현을 구성할 수 있으며, '편리하다'는 '편리하도록 하다' 혹은 '편리하도록 만들다'로 사동 표현을 구성하게 된다. '-도록 하다'와 '-도록 만들다'에 비해 '-게 하다' 또는 '-게 만들다'를 첨가하여 이루는 사동은 보다 생산적인 표현이라고 할 수 있다. 제3사동은 '-게 하다' 사동, '장형 사동'이라 부르기도 한다.

다음으로 중국어 사동표현을 살펴본다. 크게는 '유표지'와 '무표지' 사동이 존재한다. 范曉(2000)에서는 사동을 크게 '顯性致使文'(현성사동)과 '隱形致使文'(은성사동) 두 가지로 분류하였다. '顯性致使文'(현성사동)은 사동 의미가 분명하게 드러나는 것으로서 형식적 표지가 있는 문형, 즉, '유표지' 사동을 의미한다. 반면 '隱形致使文'(은성사동)은 사동 의미가 명확하게 드러나지 않으며 형식적 표지도 없기 때문에 '무표지' 사동으로 볼 수 있다. 중국어의 '유표지' 사동으로는 '讓' 사동, '使' 사동, '令' 사동, '叫' 사동, '把' 사동, '給' 사동이 있으며 중국어의 '무표지' 사동으로는 '겸어사동', '得 사동', '어휘 사동' 등이 있다.[11] 중국어의 '무표지' 사동 중 '겸어사동'은 겸어 앞의 술어와 겸어 뒤의 술어 사이에는 밀접한 인과 관계가 성립되기 때문에 표지가 없어도 사동의 의미를 나타낼 수 있다. 중국어의 '무표지 사동'을 보면 첫째, '겸어문'은 'NP1+V1+NP2+V2'의 형식을 취하는데 문장에서 V1은 사동 행위를 나타내고 V2는 피사동 행위를 나타내게 된다.[12] 둘째, '得 구문'의 경우에

---

11) '得' 사동은 문법 기능은 주로 '정도보어'로 쓰이고 유표지 사동처럼 그 자체가 사동 의미가 있는 것이 아니다. 그래서 '得'는 사동표현인지 아닌지를 판단할 때 '得'로 판단할 수 없고 그의 구조와 의미에 의해 판단해야 한다. 중국어 무표지 사동은 '구조나 의미'로 판단하는 것과 같은 특징을 갖고 있기 때문에 '무표지' 사동에 속한다.

12) 朴美貞(2002)에서는 V1은 올 수 있는 동사들을 제시한다고 하였다. 즉, '要, 要求, 要挾, 役使, 引誘, 誘惑, 責成, 責令, 招呼, 召集, 支使, 指導, 指派, 指使, 指示, 指引, 制止, 囑, 囑咐, 囑托, 阻攔, 阻擾, 阻止, 哀求, 拜托, 逼, 逼迫, 逼使, 布置, 促使, 催, 催促, 打發, 帶領, 調, 調唼, 叮囑, 動員, 吩咐, 鼓動, 鼓勵, 喊, 號召, 護送, 教道, 教唆, 介紹, 禁止, 警告, 懇求, 勒令, 領導, 率領, 命令, 驅使, 派, 派遣, 聘, 聘請, 迫使, 祈求, 乞求, 啓發, 請, 請求, 求, 驅使, 勸, 勸道, 勸誡, 勸說, 勸誘, 勸阻, 惹, 煽動, 使得, 示意, 授命, 授權, 授意, 慫恿, 唆使, 提醒, 推擧, 推薦, 托, 托付, 威逼, 委派, 委托, 限令, 脅迫, 選, 選擧, 選派, 選用, 嚴禁, 嚴令, 央求, 嗾使' 등이다.

는 모두 사동을 나타내는 것은 아니며 '得' 뒤의 보어가 주술구로 이루어진 경우에만 사동 의미를 가지게 된다. 또한 이런 문장은 보통 '把'를 써서 변화시킬 수 있다. 이런 사동표현은 'A+V1+得+B+C'의 형식을 이루는데 A와 B는 주로 명사성 성분이고 B와 C는 주술구를 이룬다. 이때 C는 B를 설명하게 되는 구조를 이루는 것이다. 셋째, '어휘 사동'의 경우는 어휘적 사동법을 사용하여 실현시키는 것이다. 朴美貞(2002)에서는 어휘 사동을 3가지로 분류한다고 하였는데 즉, '兼類詞'로 만든 사동법, '放/加/弄+형용사/동사'로 만든 복합동사의 사동법, '동사+결과보어' 구조의 복합동사의 사동법이라고 하였다. 중국어는 어휘적 사동의 경우 형태 변화가 없기 때문에 목적어의 여부로 사동사인지 아닌지를 판별할 수 있다. 주동문의 술어를 이루는 자동사와 형용사가 목적어를 수반하는 경우에 형태상의 변화를 가지지 않고 사동사로 판단된다. 다시 말하면 '兼類詞'라는 것은 한 어휘가 형태 변화 없이 주동문의 술어를 이루는 자동사(혹은 형용사)와 사동문의 술어를 이루는 사동사 역할을 겸하는 경우를 의미한다. 일반적인 경우에는 자동사나 형용사로 기능하며 목적어가 올 수 없어 사동 의미가 없지만 목적어를 가지는 경우에 한하여 사동 의미가 나타나는 것이다. 이를 객관적으로 판단하기 힘들기 때문에 기존 연구들에서는 대부분 譚景春(1997)이 제시한 '兼類詞' 목록을 따르고 있다.[13]

---

13) 譚景春(1997)에서 제시한 '兼類詞'의 목록은 다음과 같다.

첫째, 자동사와 겸류인 사동사는 '暴露, 變, 沉, 動搖, 凍, 斗, 斷, 斷絕, 惡化, 發, 發揮, 發展, 翻, 分裂, 分散, 腐化, 改變, 改善, 改進, 骨碌, 滾, 化, 轟動, 緩和, 緩解, 渙散, 荒, 荒廢, 荒疏, 晃, 恢復, 活動, 集合, 加强, 加重, 減輕, 減少, 降低, 降, 結束, 解散, 捲, 聚集, 開, 開展, 虧, 擴大, 擴充, 立, 落, 麻痺, 迷惑, 滅, 滅亡, 半息, 平定, 氣, 軟化, 折, 實現, 縮小, 疏散, 提高, 停, 停止, 通, 統一, 退, 瓦解, 彎, 熄, 響, 消, 搖, 搖晃, 搖動, 轉, 增加, 增强, 振作' 등이다.

둘째, 형용사와 겸류인 사동사는 '安定, 便利, 充實, 饞, 純潔, 端正, 惡心, 餓, 發達, 煩, 煩惱, 繁榮, 方便, 肥, 豐富, 富裕, 感動, 鞏固, 孤立, 固定, 規范, 寒磣, 壞, 活躍, 集中, 堅定, 堅强, 健全, 緊, 開闊, 渴, 空, 苦, 寬, 累, 涼, 麻煩, 滿, 滿足, 密切, 勉强, 明確, 模糊, 暖, 暖和, 便宜, 平, 平定, 平整, 普及, 清醒, 熱, 濕潤, 濕, 松, 疏松, 爲難, 委屈, 溫, 溫暖, 穩定, 穩固, 嚴格, 勻, 嚴肅, 冤枉, 振奮, 鎭定, 正, 壯, 壯大, 滋潤' 등이다.

2.3.2 사동표현 유형

한 · 중 사동표현의 유형과 실현 방법은 다르지만 동일한 개념을 뜻하는데 사동주가 어떠한 작용을 하여 피사동주에게 어떤 행위를 하게 하거나 피사동주를 어떠한 상태에 이르게 하는 것을 의미한다. 본 연구는 더 나아가 원인과 결과를 나타내는 두 상황을 하나의 복합적인 상황으로 표현하는 것도 사동의 범주로 보았다. 한국어 사동표현의 유형과 관련된 연구를 살펴보면 최현배(1937/1961), 김석득(1971), 서정수(1975, 1996), 송석중(1978), 남기심 · 고영근(1985/1993), 임유종(1990), 권재일(1994), 이상억(1999), 김성주(2003), 국립국어원(2005ㄱ), 최길림(2007), 金海月(2007), 왕례량(2009), 楊一(2010), 한봉(2010), 전전령(2011), 孫穎(2012), 朴連玉(2012), 朱張毓洋(2012), 혁미평(2013), 이문화(2014) 등이 있으며 각 연구들은 사동표현의 유형에 대해 견해와 입장이 다르다. 이를 간략하게 정리하면 다음의 6가지로 제시할 수 있다.

첫째, 한국어 사동표현을 접미사 사동(제1사동), '시키다' 사동(제2사동), '-게 하다' 사동(제3사동) 3가지 유형으로 분류하는 연구이다. 이를 언급한 연구는 최현배(1937/ 1961), 김석득(1971), 서정수(1975), 국립국어원(2005ㄱ), 최길림(2007), 왕례량(2009), 徐英愛(2011), 孫穎(2012), 이문화(2014), 주원사(2014) 등이 있다.[14]

둘째, 제1사동과 제2사동의 유형을 '단형 사동'(파생 사동), 제3사동의 유형을 '장형 사동'(통사 사동)으로 주장한 연구이다. 이를 언급한 것으

---

14) 대표적인 연구는 최현배(1937/1961)에서 한국어의 사동을 '-이-', '-히-', '-리-', '-기-', '-우-', '-추-', '-구-', '-애-(없애)'의 접미사 사동, '-시키다'로 만든 사동, 그리고 '-게 하다' 사동으로 분류하고 각각 첫째, 두째(둘째), 세째(셋째) 입음법으로 이름 짓고 각각의 특징에 대해 기술하였다. 최길림(2007)에서는 제1사동('-이-', '-히-', '-리-', '-기-', '-우-', '-추-', '-구-', '-애-'), 제2사동(-시키다), 제3사동(-게 하다)로 분류하였다. 이문화(2014)에서는 제1사동['-이-', '-히-', '-리-', '-기-', '-우-', '-추-', '-구-', '-애-(없애)'], 제2사동(-시키다), 제3사동[-게(끔) 하다, -게(끔)만들다, -도록 하다, -도록 만들다]로 분류하였다.

로는 송석중(1978), 임유종(1990), 전전령(2011) 등이 있다.[15]

셋째, 한국어 사동표현을 어휘 사동, 형태 사동, 통사 사동 3가지 유형으로 분류한 연구이다. 이를 언급한 것으로는 권재일(1991), 金海月(2007), 楊一(2010), 朱張毓洋(2012), 노금송(2014) 등이 있다.[16]

넷째, 한국어 사동표현을 접미사 사동문('-이-'류, '-시키-'류), 통사 사동문('-게 하-'), 어휘 사동문('보내다') 3가지로 분류한 것이다. 이를 언급한 연구로는 朴連玉(2012) 등이 있다.[17]

다섯째, 한국어 사동표현을 접미사 사동과 '-게 하다' 사동 2가지로 분류한 것이다. 이에 대한 연구로는 남기심·고영근(1985/1993), 서정수(1996) 등이 있다.[18]

여섯째, 한국어 사동표현을 접미사 사동, '-게 하다' 사동, '-시키다' 사동, 특수 어휘 사동(보내다, 움직이다) 등 4가지로 분류한 것이다. 이와 관련한 연구로는 김성주(2003), 한봉(2010), 혁미평(2013) 등이 있다.[19]

한편, 중국어 사동표현의 유형과 관련한 연구를 살펴보면 劉永耕

---

15) 대표적인 연구로 임유종(1990)에서는 단형 사동이란 사동 접미사를 동사 뒤에 삽입한 사동 형이고, 장형 사동이란 동사 어간에 '-게 하다/만들다'가 첨가되는 사동을 말한다. 전전령(2011)은 한국어 사동문을 파생적 사동문(접미사 사동+시키다)과 통사적 사동문(-게 다)으로 분류하였다.

16) 대표적인 연구로 권재일(1991)에서는 '어휘적 사동법', '형태적 사동법', '통사적 사동법' 3가지 유형을 제시한다고 하였다. 金海月(2007)에서는 한국어 사동은 통사적, 형태적, 어휘적으로 분류한다고 하였다. 즉, 통사적 사동은 '-게 하다, -시키다'이고 형태적 사동은 접미사 사동이고 어휘적 사동은 '시키다' 등이다.

17) 대표적인 연구로 朴連玉(2012)에서는 한국어 사동표현을 접미사 사동문('-이-'류, '-시키-'류), 통사적 사동문('-게 하-'), 어휘적 사동문('보내다') 3가지 유형을 주장한다고 하였다.

18) 다섯째 대표적인 연구로 남기심·고영근(1985/1993)은 사동사에 의한 사동법과 '-게 하다'에 의한 사동법 2가지로 제시한다고 하였다. 즉, 전 사동은 접미사 사동(제1사동)이다. 즉, 사동사는 주동사인 자동사나 타동사, 또는 형용사에 사동의 접미사 '-이-, -히-, -리-, -기-, -우-, -추-, -구-' 등이 붙어서 이루어진 타동사라고 한다. 후 사동은 '-게 하다' 사동이다. 즉, 주동사에 어미 '-게'를 붙이고 보조동사 '하다'를 써서 사동의 뜻을 나타낸다는 것이다. 서정수(1996)에서는 한국어 사동은 접미 사동법, 보조 사동법으로 나눈다고 하였다. 보조 사동법 또는 긴꼴 사동법은 동사에 '-게 만들다', '-게 하다'를 첨가하여 생산적인 사동법이라고 제시하였다.

(2000), 范曉(2000), 朴美貞(2002), 최길림(2007), 韓鋭華(2007), 金海月(2007), 한봉(2010), 楊一(2010), 전전령(2011), 朱張航洋(2012), 혁미평(2013), 주원사(2014) 등이 대표적이다. 이들 연구에서 제시된 사동표현의 범주는 각기 다른데 이를 다시 정리하면 다음과 같이 3가지로 분류할 수 있다.

첫째, 중국어 사동표현을 '유표지 사동'과 '무표지 사동'의 2가지로 분류한다. 이와 관련된 연구로는 劉永耕(2000), 范曉(2000), 韓鋭華(2007), 楊一(2010), 전전령(2011), 朱張航洋(2012), 주원사(2014) 등이 있다.[20]

둘째, 중국어 사동표현을 '어휘적 사동'과 '통사적 사동' 2가지로 분류한다. 이를 언급한 연구로는 朴美貞(2002), 최길림(2007), 혁미평(2013) 등이 있다.[21]

셋째, 중국어 사동표현을 '使', '兼語', '把', '得', '倒置' 5가지로 분류한 것으로서 이와 관련된 연구로는 金海月(2007)이 있다.[22]

---

19) 대표적인 연구로 김성주(2003)에서는 사동의 유형으로는 어휘 사동, 형태적 사동, '(-)시키-' 사동, 통사적 사동으로 나눈다고 하였다. 한봉(2010)에서 한국어 사동표현은 '접미사' 사동표현, '-게 하-' 사동표현(게 하다만), '-시키-' 사동표현, 특수어휘 4가지로 분류하였다.

20) 대표적인 연구로 范曉(2000)은 사동문을 '유표지'와 '무표지' 사동으로 구분하고 전자는 '使'자 구문, 'V使'자 구문, '使動' 구문, '把'자 구문의 4가지이고, 후자는 '使令' 구문, 'V得' 구문, '使成' 구문 3가지로 분류한다고 하였다. 楊一(2010)은 중국어 '유표지' 사동은 '使, 令, 叫, 讓' 등으로 만든 사동문이라고 하였다. '무표지' 사동은 '得 구문', '兼語', '把', '倒置', '어휘' 5가지로 분류한다고 하였다. 전전령(2011)에서 중국어 '유표지' 사동은 '使, 令, 叫, 讓, 給' 등의 동사로 만든 사동 의미의 문장이라고 하였다. '무표지' 사동은 '兼類詞', '인과 관계의 복합구조' 2가지로 나눈다고 하였다. 朱張航洋(2012)에서는 중국어 사동표현을 크게 유표지 사동과 무표지 사동으로 분류하고, 즉, 유표지 사동은 '使, 令, 叫, 讓' 등의 동사로 문장의 사동 의미를 표현하는 것이라고 했다. 무표지 사동은 문장의 구조를 통하여 사동 의미를 표현하는 것이라고 하였다. 무표지 사동의 유형은 '兼語', '把', '動賓', '倒置', '動補' 5가지를 제시한다고 하였다.

21) 대표적인 연구로 朴美貞(2002)에서 중국어 사동표현 방법을 '어휘적인 사동법'과 '통사적인 사동법'으로 크게 나눈다고 하였다. 어휘적 사동도 3가지로 분류한다고 하였다. 즉, '兼類詞'로 만든 사동법이고 '放/加/弄+형용사/동사'로 만든 복합동사의 사동법이다. 그리고 '동사+결과보어' 구조의 복합동사의 사동법이다. 통사적 사동은 '兼語', '動結', '得', '把' 구문이다.

앞서 언급한 바와 같이 한국어 사동표현과 중국어 사동표현에 대해 학
자마다 다른 분류 기준을 가지고 있음을 알 수 있다. 한국어 사동표현
에 대한 기존 연구에서는 주로 첫 번째 기준에 의거하여 연구하고 있음
이 발견된다. 즉, 최현배(1937/1961)에서 분류한 제1사동, 제2사동, 제
3사동 3가지 기준이다. 중국어 사동표현에 대한 기존 연구의 경우에는
학자들이 '유표지'와 '무표지' 사동을 분류한 원리는 동일하지만 각 분류
내용에는 차이를 보인다. 따라서 본 연구는 대규모 말뭉치를 통해 한·
중 사동표현의 실제 사용 모습과 대응 관계를 체계적이고 전면적으로
보여 주기 위하여 한국어 사동표현의 경우에는 최현배(1937/1961)을 기
준으로 연구한 이문화(2014)에 따라 연구할 것이다. 중국어 사동표현의
경우에는 范曉(2000)의 유표지 사동의 분류 체계를 받아들여 기존 연
구에서의 유표지 사동을 종합해서 다음과 같이 〈표 3〉을 기준으로 연구
를 진행하고자 한다.

〈표 3〉 본 연구에 한·중 유표지 사동표현의 유형

한국어 사동표현		중국어 사동표현
제1사동	-이-	'讓' 사동
	-히-	'使' 사동
	-리-	'슈' 사동
	-기-	'叫' 사동
	-우-	'把' 사동
	-추-	'給' 사동
	-구-	
	-애-	
제2사동	-시키다	

---

22) 대표적으로 중국어 사동표현 범주에 언급한 연구로 金海月(2007)에서 중국어 사동표현을
    '使', '兼語', '把', '得', '倒置' 5가지 구문으로 분류한다. '使' 사동 구문은 '使, 叫, 讓, 슈'을
    포함한다고 하였다.

제3사동	-게 하다	'讓' 사동 '使' 사동 '令' 사동 '叫' 사동 '把' 사동 '給' 사동
	-게 만들다	
	-도록 하다	
	-도록 만들다	

지금까지 한국어 사동표현과 중국어 사동표현의 기존 연구를 살펴보았다. '유표지'와 '무표지' 사동의 관점에서 보면 한국어의 사동표현은 모두 유표지 사동이나 중국어의 사동표현은 '유표지'와 '무표지' 사동의 2가지가 있다고 할 수 있다.[23] 대조분석에서는 양 언어에서 '등가어'를 선정하여 동일한 항목을 대조하므로 본 연구에서는 한국어 유표지 사동과 중국어 유표지 사동을 등가어로 선정하여 각각의 유표지 사동표현을 기준으로 상대 언어와 어떻게 대응되는지 살펴보겠다. 이에 따라 양 언어의 유표지 사동을 살펴보면 중국어 유표지 사동보다 한국어 유표지 사동이 더 복잡하고 유형도 많다는 것을 알 수 있다. 즉, 한국어 사동표현은 '-이-, -히-, -리-, -기-, -우-, -구-, -추-, -애-'의 제1사동과 '-시키다'의 제2사동, 그리고 '-게 하다/만들다'의 제3사동이 모두 유표지 사동표현에 해당되는 반면 중국어 유표지 사동표현으로는 '讓' 사동, '使' 사동, '令' 사동, '叫' 사동, '把' 사동, '給' 사동이 있다.

2.3.3 사동표현 격틀

먼저 한국어 사동표현의 격틀을 언급한 연구는 서정수(1987), 양정석(1992), 이현주 외(1996), 박철우(2004), 金海月(2007), 최길림(2007), 한동진(2008), 왕례량(2009) 등이 있는데 학자마다 제시한 한국어 사동표현의 격틀에는 차이가 있다. 한국어 사동표현과 중국어 사동표현을 대조함에 있어서 대부분의 학자들이 양정석(1992)에 따라 연구해왔으나

---

23) 楊一(2010)은 한국어 동사 어근에다 접미사나 '-게 하다'를 첨가하거나, '-하다'를 '-시키다'로 치환하면 사동성을 갖게 할 수 있어서 한국어 사동은 유표지 사동이라고 주장하였다.

학자마다 사용하는 '조사'의 기본형을 제시하는 방식이나 구조에서의 명사성분의 기호를 제시함에 있어서는 각각 다른 제시 방식을 취하고 있다. 이들을 통일하기 위하여 본 연구에서는 명사구(Noun Phrase)의 영어 약자 기호인 'NP, NP1, N, N1'는 'NP1, NP2, NP3'으로 표시하였다. 그리고 '이/가', '을/를'과 같은 조사는 'NP1, NP2, NP3'에 따라 표시하였다. 아래 〈표 4〉는 기존 연구에서 사동표현의 격틀 유형을 어떻게 제시하였는지 정리한 것이다.[24]

〈표 4〉 한국어 사동표현 격틀의 유형

사동	한국어 사동표현의 격틀	양정석	이현주 외	서정수	최길림	박철우	한동진	金海月	왕례량	韓銳華	朱張毓洋
제1사동	NP1이 NP2를 V	○			○			○	○	○	○
	NP1이 NP2에게 NP3을 V	○			○				○	○	○
	NP1이 NP2에 NP3을 V	○			○				○	○	
	NP1이 NP2를 NP3으로 V	○			○				○	○	
	NP1이 NP2를 NP3을 V	○			○				○		
	NP1이 NP2에게 S게/도록 V	○									
	NP1이 NP2에 V							○			
	NP1이 NP2에게 V							○			
제2사동	NP1이 NP2를 N-시키다				○	○	○				
	NP1이 NP2에게 N-시키다				○	○	○		○		
	NP1이 NP2에게 NP3을 N-시키다				○	○	○		○		
	NP1이 NP2에 N-시키다						○				
	NP1이 NP2에 NP3을 N-시키다						○				
	NP1이 NP2를 NP3으로 N-시키다						○				
	NP1이 NP2와 N-시키다						○				
제3사동	NP1이 NP2가 V-게 하다		○	○	○						
	NP1이 NP2를 V-게 하다		○	○	○				○		
	NP1이 NP2에게 NP3을 V-게 하다		○	○	○				○		

제3사동							
NP1이 NP2이 NP3을 V-게 하다	○	○	○				
NP1이 NP2를 NP3을 V-게 하다	○	○					
NP1이 NP2에게 V-게 하다		○			○		
NP1이 NP2로 하여금 NP3을 V-게 하다	○						
NP1이 NP2를 NP3에 V-게 하다				○			
NP1이 NP2를 NP3에서 V-게 하다				○			

24) 국어학에서 언급한 사동표현 격틀의 연구와 한·중 대조에서 언급한 사동표현 격틀의 연구는 다음과 같다.

첫 번째로 서정수(1987)에서는 '-게 하다' 사동문의 구조는 'NP1가 NP2에게(을/가) (NP3을) AVst게 하-Ending'로 제시한다고 하였다. 양정석(1992)에서 접미사 사동문의 형식은 'NP이 NP를 V, NP이 NP에게 NP를 V, NP이 NP에 NP를 V, NP이 NP를 NP로 V, NP이 NP를 NP를 V, NP이 NP에게 S게/도록 V' 6가지로 나누어 각 문장 형식을 갖는 사동사에 대해 설명하였다. 이현주 외(1996)에서는 제시한 '-게 하다'의 구조는 '(사동주)이/가 (피사동주)을/를, (사동주)이/가 (피사동주)이/가, (사동주)이/가 (피사동주)에게 (목적어)을/를, (사동주)이/가 (피사동주)로 하여금 (목적어)을/를, (사동주)이/가 (피사동주)을/를 (목적어)을/를, (사동주)이/가 (피사동주)이/가 (목적어)을/를' 6가지이다. 박철우(2004)에서는 (시키)의 제1유형은 'Ny가 Nx에게 W N1를 시키-', 제2유형은 'Ny가 Nx를 N2시키-', 제3유형은 'Ny가 Nx를 N3시키-'로 연구한다고 하였다.

두 번째로 왕례량(2009)에서 제1사동은 양정석(1992)에 따라서 연구하였고, 제3사동의 구조는 'NP이 NP에게 NP를 V게 하다, NP이 NP를 V게 하다, NP이 NP에게 V게 하다' 3가지로, 제2사동의 구조은 'NP이 NP에게 NP를 시키다'로 분류한다고 하였다. 韓鋭華(2007)에서는 한국어 접미사 사동문은 'NP1 NP2을/를 VP, NP1 NP3에게(한테) NP2을/를 VP, NP1 NP2을/를 NP3에/로 VP, NP2을/를 NP3에(게)/로 VP' 4가지로 나눈다고 하였다. 金海月(2007)에서는 접미사 사동의 구조는 'N(가) N(를/에게/여) V(결과서술어)'로, '-게 하다' 사동의 구조는 'N(가) N(를/에게/에/가) V(결과서술어)'로, '-시키다'의 사동 구조는 'N(가) N(에게) V(결과서술어)'로 제시한다고 하였다. 최길림(2007)에서는 제1사동의 구조는 양정석(1992)에 따라 분석하고, 제2사동의 구조는 박철우(2004)에 따라 분류하고, 제3사동의 구조는 'NP1은 NP2가 V게 하다, NP1이 NP2를 V게 하다, NP1이 NP2에게 NP3을 V게 하다, NP1이 NP2를 NP3에 V게 하다, NP1이 NP2를 NP3에서 V게 하다' 5가지로 분류한다고 하였다. 朱張航洋(2012)에서는 한국어 사동표현의 형식은 'NP1가/이 NP2을/를 VP, NP1가/이 NP2에게(한테/게) NP3을/를 VP' 2가지로 나눈다고 하였다. 한동진(2008)에서는 '-시키다'의 유형을 제시한다고 하였다. 'NP이 NP를 N시키다, NP이 NP에게 N시키다, NP이 NP에게 NP를 N시키다, NP이 NP에 N시키다, NP이 NP에 NP를 N시키다, NP이 NP를 NP로 N시키다, NP이 NP와 N시키다'이다.

위 표에서 알 수 있듯이 학자에 따라 제시하고 있는 한국어 사동표현의 제1사동, 제2사동, 제3사동의 격틀은 모두 다르다. 학자들의 상이한 분석 결과는 실제 자료에서 어떤 분포를 보이고 있는지, 제1사동, 제2사동, 제3사동에서는 어떤 격틀이 가장 많이 사용되는지 말뭉치를 통하여 확인할 필요성을 발견하게 한다.

다음으로 중국어 사동표현의 구조를 언급한 연구로는 金海月(2007), 韓鋭華(2007), 朱張毓洋(2012), 주원사(2014) 등이 있다. 학자들은 중국어 유표지 구조 유형에 대한 분석은 동일하지만 통일된 기호를 사용하고 있지 않다. 예를 들면 문장 구조를 제시함에 있어 명사구 성분을 'N1, A, NP1, S' 등 각각 다른 기호를 사용하고 있다. 본 연구는 한·중 대조와 중·한 대조의 양 측면으로 결과를 체계적으로 분석하기 위하여 한국어 사동과 중국어 사동의 구조 유형을 제시할 때 모두 'NP1, NP2, NP3'으로 통일하여 명사구 성분을 제시하였다. 아래 〈표 5〉는 기존 연구에서 학자들이 중국어 유표지 사동의 구조 유형을 제시한 것이다.[25]

---

25) 韓鋭華(2007)에서 중국어 유표지 사동의 구조는 'NP1+使(令, 叫, 讓 등)+NP2+V2'이고, 무표지 사동의 구조 'NP1+V1+NP2+V2, NP1+V+NP2, NP1+V1+V2+NP2' 3가지를 제시한다고 하였다. 朱張毓洋(2012)에서는 유표지 사동의 구조는 'NP1+使(令, 叫, 讓)+NP2+V2'이고 무표지 사동의 구조는 'NP1+VP1+NP2+VP2, NP1+VP+NP2' 2가지로 분류한다고 하였다. 金海月(2007)에서는 유표지 사동의 구조는 'A+使(令, 叫, 讓)+P+VP, A+把+B+VP' 2가지로, 무표지 사동의 구조는 'A+得+B+VP, A+V1得+B+V2P, A+V1得+B+V2P, A+VC+B(述結), 致事+V+役事(사동사)' 5가지로 나눈다고 하였다. 손영(2012)에서는 중국어 유표지 사동의 구조는 'S+使(令, 叫, 讓)+O+VP'로 제시한다고 하였다. 최길림(2007)에 언급한 중국어 사동의 구조는 'N1+把+N2+V, N1+給+N2+V+C, N1+使+N2+V+C, N1+叫+N2+V+C, N1+讓+N2+V' 5가지를 제시한다고 하였다. 주원사(2014)에서 중국어 유표지의 구조는 'N1+使+N2+V, N1+叫+N2+V, N1+讓+N2+V, N1+給+N2+V, N1+令+N2+V, N1+把+N2+V'를 언급한다고 하였다. 전전령(2011)에서 'N1+使+N2+V, N1+叫+N2+V, N1+讓+N2+V, N1+給+N2+V, N1+令+N2+V, N1+把+N2+V' 6가지 중국어 유표지 사동의 구조를 제시한다고 하였다.

<표 5> 중국어 사동표현 구조의 유형

중국어 사동	구조 유형	전전령	韓鋭華	주원사	金海月	손영	최길림
유표지 사동	NP1+讓+NP2+V+NP3	○	○	○	○	○	○
	NP1+使+NP2+V+NP3	○	○	○	○	○	
	NP1+令+NP2+V+NP3	○	○	○	○	○	○
	NP1+叫+NP2+V+NP3	○	○	○	○	○	○
	NP1+把+NP2+V+NP3	○		○	○		○
	NP1+給+NP2+V+NP3	○		○			○

위 표에서 알 수 있듯이 기존 연구에서 학자들이 언급한 중국어 유표
지 사동의 구조가 조금 차이가 있는 것을 알 수 있다. 이 구조들이 실
제 글말과 입말에서 어떻게 사용되며 출현하는지 그 사용 양상을 살펴
볼 필요가 있다.

본 연구는 이러한 기존 연구를 보완하고자 170만 어절의 한·중 병렬
말뭉치를 기반으로 한국어 사동표현 8,191개 구문과 중국어 유표지 사
동표현 7,188개 구문을 분석하였다. 말뭉치를 통해 한국어 사동표현의
유형을 '제1사동', '제2사동', '제3사동'으로 분류하고 중국어 사동표현의
유형을 '讓' 사동, '使' 사동, '令' 사동, '叫' 사동, '把' 사동, '給' 사동으로
분류한 뒤 각각의 유형에 대한 격틀 구조를 분석하였다.

먼저 한국어 사동표현을 분석할 때 『표준국어대사전』과 『연세 현대 한
국어사전』을 참고하여 격틀 분석을 수행하였다.[26] 분석한 결과는 다음과
같이 정리할 수 있었다.

---

26) 『연세 현대 한국어사전』과 관련한 정보는 연세대학교 언어정보연구원에서 다음과 같이 제
시하였다.(안의정·황은하, 2010)
  ① 1945년 광복 이후부터 현재(2005년)까지의 현대 국어를 기술하는 언어 사전이다. 〈연
  세 한국어사전〉의 정신을 계승하는 순수 언어 사전으로서 기술 사전을 지향한다. 또 표
  제어 선정에서부터 뜻풀이 방식, 형태·통어적 및 화용적 정보를 제공하는 방식을 〈연
  세 한국어사전〉에서 한걸음 나아가 발전적인 모습으로 제시한다.

<표 6> 본 연구에서 제시한 한국어 사동표현 격틀의 유형

번호	제1사동	제2사동	제3사동
K1	NP1이 NP2를 V	NP1이 NP2를 N-시키다	NP1이 NP2가 V-게 하다
K2	NP1이 NP2에게 NP3을 V	NP1이 NP20에게 NP3을 N-시키다	NP1이 NP2를 V-게 하다
K3	NP1이 NP2에 NP3을 V	NP1이 NP2에 NP3을 N-시키다	NP1이 NP2에게 NP3을 V-게 하다
K4	NP1이 NP2를 NP3으로 V	NP1이 NP2를 NP3으로 N-시키다	NP1이 NP2가 NP3을 V-게 하다
K5	-	-	NP1이 NP2가 NP3을 V-게 하다
K6	-	-	NP1이 NP2로 하여금 NP3을 V-게 하다
K7	-	-	NP1이 NP2를 NP3에 V-게 하다

　말뭉치에서 출현한 한국어 제1사동의 격틀은 K1(NP1이 NP2를 V), K2(NP1이 NP2에게 NP3을 V), K3(NP1이 NP2에 NP3을 V), K4(NP1 이 NP2를 NP3으로 V)이다. 따라서 기존 연구에서 제시되었던 격틀 가운데 'NP1이 NP2를 NP3을 V, NP1이 NP2에게 S게/도록 V, NP1 이 NP2에 V, NP1이 NP2에게 V'는 출현하지 않았다. 말뭉치에서 출현 한 제2사동 격틀은 K1(NP1이 NP2를 N-시키다), K2(NP1이 NP2에게 NP3을 N-시키다), K3(NP1이 NP2에 NP3을 N-시키다), K4(NP1이 NP2를 NP3으로 N-시키다)이다. 따라서 기존 연구에서 제시되었던 격

틀 가운데 'NP1이 NP2에게 N-시키다, NP1이 NP2에 N-시키다, NP1이 NP2와 N-시키다'는 출현하지 않았다. 말뭉치에서 출현한 제3사동 격틀은 K1(NP1이 NP2가 V-게 하다), K2(NP1이 NP2를 V-게 하다), K3(NP1이 NP2에게 NP3을 V-게 하다), K4(NP1이 NP2가 NP3을 V-게 하다), K5(NP1이 NP2가 NP3을 V-게 하다), K6(NP1이 NP2로 하여금 NP3을 V-게 하다), K7(NP1이 NP2를 NP3에 V-게 하다)이다. 따라서 기존 연구에서 제시되었던 격틀 가운데 'NP1이 NP2에게 V-게 하다, NP1이 NP2를 NP3에서 V-게 하다'는 나타나지 않았다.

말뭉치에서 출현한 중국어 사동표현의 구조에 대해 다음과 같이 정리하였다.

〈표 7〉 본 연구에서 제시한 중국어 사동표현 구조의 유형

번호	중국어 유표지 사동표현 구조
C1	NP1+讓/使/令/叫/把/給+NP2+V+NP3
C2	NP1+讓/使/令/叫/把/給+NP2+V
C3	NP1+讓/使/令+NP2+VA

기존 연구에서 제시했던 구조가 말뭉치에서 모두 출현하였으며 본 연구는 기존 연구보다 더 자세히 분류하였다. 왜냐하면 6장에서 한·중과 중·한 대조분석 결과 격틀 구조의 대응 양상을 양방향으로 비교하기 때문이다. 다시 말하면 중국어 유표지 사동 구조는 한국어 사동표현의 격틀과 같이 자세히 분석하였다. 중국어 유표지 사동의 구조는 C1(NP1+讓/使/令/叫/把/給+NP2+V+NP3), C2(NP1+讓/使/令/叫/把/給+NP2+V), C3(NP1+ 讓/使/令+NP2+VA)이다.

이상으로 말뭉치 분석을 통해 제시하는 한국어 사동표현의 격틀과 중국어 사동표현의 구조를 정리하였다. 본 연구에서 이를 한·중 사동표현의 분석틀로 삼고 연구를 진행하겠다. 3장에서는 신문과 드라마 병렬 말뭉치의 자료를 토대로 한국어 사동표현의 유형과 격틀 및 중국어 사동표현의 유형과 구조가 어떻게 제시되었는지 빈도와 비율 분석 및 입말과 글말의 장르 분석을 통해 구체적인 연구를 진행하기로 한다.

❸ 병렬말뭉치에서의 사동표현 분석

이 장에서는 2장에서 제시한 분석틀을 기준으로 말뭉치에서 나타난 15,379개 한·중 사동표현의 유형과 격틀을 구체적으로 밝히고자 한다. 말뭉치 분석 결과를 토대로 한국어 사동표현의 유형과 격틀에 대한 계량적 분석 결과를 먼저 제시하고 이어서 중국어 사동표현의 유형과 구조에 대한 분석 결과를 기술할 것이다. 분석 결과를 기술할 때에는 말뭉치와 한국어 교육용 교재에 출현한 사동사를 분석하여 비교함으로써 교재에 나타나지 않는 사동사를 분류하여 제시하겠다. 특히 입말과 글말에서 각각 고빈도로 사용되는 사동사들을 비교하여 밝히겠다.

3.1 한국어 사동표현 분석

3.1.1 유형 분석

본 절에서 신문과 드라마 병렬말뭉치에 나타난 한국어 사동표현은 다음 〈그림 7〉과 같다.

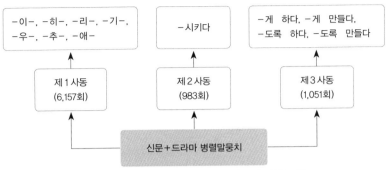

<그림 7> 병렬말뭉치에 나타난 한국어 사동표현

위 그림에서 보듯이 신문과 드라마 병렬말뭉치에 나타난 한국어 사동표현은 제1사동, 제2사동, 제3사동이 있다. 실제 생활에서는 세 유형의 한국어 사동표현을 모두 다양하게 사용한다. 다음은 각 사동표현의 예이다.

(4) ㄱ. 과거 국가들은 한 뼘이라도 영토를 **넓히**기 위해 치열하게 경쟁했다. 〈중앙일보 뉴스〉

ㄴ. 한림대 중국학과는 지난해 9월 중국 대학생 33명을 **편입시켰다**. 〈중앙일보 유학〉

ㄷ. 대학 새내기들의 풋풋한 사랑과 당시 시대상을 담아 같은 시기 대학을 다녔던 관객들에게 애틋한 추억을 **떠올리게 했다**. 〈조선일보 연예〉

예문 (4ㄱ)은 제1사동의 예문으로서 형용사 '넓다' 뒤에 접미사 '-히-'가 첨가되어 '넓히다'가 사용되었다. 이와 같이 주동문의 술어를 이루던 형용사와 자동사가 대당 사동문을 구성하면서 접미사 '-이-, -히-, -리-, -기-, -우-, -구-, -추-, -애-'와 결합해서 사동사가 된 것이다. 예문 (4ㄴ)에서는 제2사동의 예문으로서 이 사동표현은 서술어 '편입하다'의 '-하다'를 '-시키다'로 교체한 것이다. 예문 (4ㄷ)에서는 제3사동의 예문이다. 서술어 '떠올리다' 뒤에 '-게 하다'를 결합해서 만든 것이다. '-게 하다'에서처럼 '-게 만들다, -도록 하다/만들다'도 서술어와 결합해서 사동 의미를 낼 수 있다.

위와 같이 말뭉치에서 출현한 한국어 사동표현에 대해 분석한 결과는 제1사동 6,157회, 제2사동 983회, 제3사동 1,051회이다. 그들 간의 빈도 비율은 다음과 같다.

〈그림 8〉 말뭉치에 나타난 사동표현의 빈도 비율

말뭉치에서는 한국어 제1사동이 가장 많이 나타났다. 제2사동과 제3사동은 비슷한 비율로 출현하였다. 더 나아가 신문과 드라마 병렬말뭉치에서 각 한국어 사동표현이 어떻게 사용되는지에 대해 확인할 필요가 있다. 특히 비슷한 비율로 출현한 제2사동과 제3사동은 과연 글말과 입말에서도 비슷하게 나타나는지를 밝혀야 한다.

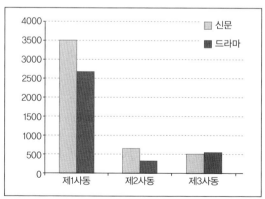

〈그림 9〉 신문과 드라마에 나타난 사동표현의 사용 빈도

분석 결과에 의하면 동일한 말뭉치 규모에서 드라마보다 신문 병렬말

뭉치에서 사동표현이 더 많이 나타났다. 즉, 입말보다 글말에서 사동표현이 더 많이 사용된다고 할 수 있다. 특히 드라마보다 신문 병렬말뭉치에서의 제1사동과 제2사동의 출현 빈도가 더 높게 나타났으며 제3사동은 신문이나 드라마에서 비슷한 빈도로 나타났다. 따라서 제2사동과 제3사동의 총 빈도가 비슷하지만 글말과 입말에서 사용 양상의 차이를 보인다. 또 한 가지 주목할 부분은 신문이나 드라마에서 모두 제1사동이 다른 사동에 비해 훨씬 많이 사용된다는 것이다. 이는 대학 부속 한국어 교육 기관에서 발간한 한국어 교재의 사동 문법에서 대부분 '사동사'만 자세하게 기술한 것과도 관련된다. 본 연구에서는 제1사동, 제2사동, 제3사동의 각각의 유형을 구체적으로 고찰할 뿐 아니라 교재에 제시된 사동사 목록과 본 연구의 말뭉치에서 추출된 사동사 목록과의 비교를 통해 교재에서는 나타나지 않고 말뭉치에서만 나타난 사동사 목록을 제시하고자 한다.

3.1.1.1 제1사동

실제 자료에서 출현한 제1사동의 접미사는 '-이-, -히-, -리-, -기-, -우-, -추-, -애-'가 있다. 말뭉치에서 어떤 사동사가 출현하는지, 출현한 사동사들이 글말과 입말에서는 어떤 차이점이 있는지도 밝히겠다. 다음 각 대학교 교재의 사동 문법 부분에 제시된 사동사를 분석함으로써 실제 교육되고 있는 사동사 목록을 확인하고 교수 학습에 활용할 수 있는 사동사 목록을 입말과 글말 환경에 따라 분리하여 추출하고자 한다. 이를 다음 예문을 통하여 살펴보기로 한다.

(5) ㄱ. 일본 네티즌들은 자국 축구팀의 선전과 함께 한국 남자 대표팀의 영국 격파에 다소 복잡한 **반응을 보였다.** 〈조선일보 체육〉
ㄴ. 기자 300여명이 취재하는 등 일본 언론도 높은 **관심을 보였다.** 〈조선일보 연예〉

ㄷ. 하지만 인터뷰를 하면서는 청순한 여자의 트레이드 마크인 '소리 없는 미소'를 짓는 대신 "하하하" 소리 내서 자주 웃는 모습을 **보여 주었다**. 〈조선일보 연예〉

ㄹ. 현재와 미래의 경기 상황을 **보여 주**는 경기 동행 · 선행지수 순환 변동치는 동시에 마이너스를 기록했다. 〈중앙일보 경제〉

ㅁ. 그러지 말고 신발하고 배낭 한 번만 **보여 줘**. 〈49일 20회〉

ㅂ. 다른 거 **보여 드릴**게요. 〈쾌걸춘향 9회〉

신문의 예문 (5ㄱ-ㄹ)을 통해서 '보이다/보여 주다'의 대상은 '반응, 관심, 모습, 상황' 등이다. 그중 추상 명사인 '반응, 관심, 상황'과 구체 명사인 '모습' 등이 나타났다. 사동사의 형태도 '보이다', '보여 주다' 등으로 출현하였다. 드라마 예문 (5ㅁ-ㅂ)에서는 '보여 주다'의 형태로 나타났고 그의 대상은 '신발하고 배낭, 다른 거'와 같은 '구체 명사'로 출현한 것이 발견된다. 이를 통하여 글말과 입말에서의 차이를 알 수 있다.

위와 같이 실제 자료에서 출현한 제1사동사에 대해 분석한 결과는 다음과 같다.

〈표 8〉 말뭉치에서 나타난 사동사

제1사동	병렬말뭉치에서의 사동사
-이-	보이다, 선보이다, 높이다, 줄이다, 붙이다, 들이다, 숙이다, 녹이다, 죽이다, 끓이다, 먹이다, 속이다, 썩이다, 녹이다, 욕보이다, 기울이다
-히-	넓히다, 좁히다, 굽히다, 주저앉히다, 덥히다, 괴롭히다, 맞히다, 입히다, 앉히다, 식히다, 가라앉히다, 갈아입히다, 어지럽히다, 묵히다, 썩히다, 익히다
-리-	올리다, 늘리다, 돌리다, 날리다, 되살리다, 부풀리다, 굴리다, 불리다(부르다), 살리다, 울리다, 알리다, 말리다, 물리다(무르다), 물리다(물다), 들리다
-기-	남기다, 넘기다, 벌거벗기다, 옮기다, 맡기다, 웃기다, 안기다, 벗기다, 숨기다, 굶기다, 신기다, 씻기다
-우-	띄우다, 메우다, 불태우다, 세우다, 키우다, 채우다, 비우다, 태우다, 재우다, 씌우다, 피우다, 덮어씌우다, 깨우다
-추-	낮추다, 늦추다
-애-	없애다

위 표에 제시된 사동사는 말뭉치에서 출현한 사동사이다. 그 가운데 200회 이상 고빈도로 사용된 사동사는 '보이다, 선보이다, 높이다, 줄이다, 올리다, 늘리다, 살리다, 세우다, 키우다' 등이다. 한국어 교육에 있어서 고빈도로 사용된 사동사뿐 아니라 저빈도로 출현하였고 글말과 입말에서의 쓰임 차이를 보여 주는 사동사를 한국어 교육 현장에서 사용 경향을 설명할 필요가 있다. 다음으로 말뭉치에서 나타난 사동사와 한국어 교육 기관에서 발간한 교재에서 제시한 사동사의 목록을 비교하기 위하여 연세대학교, 서울대학교, 고려대학교, 경희대학교, 이화여자대학교, 서강대학교, 성균관대학교에서 발간한 한국어 교재의 사동 문법에 제시된 사동사를 살펴보았다. 위의 교재에 제시된 사동사를 정리하면 다음과 같다.[27]

〈표 9〉 교재에서 나타난 사동사

제1사동	교재에서의 사동사
-이-	끓이다, 녹이다, 높이다, 먹이다, 보이다, 붙이다, 속이다, 죽이다, 줄이다
-히-	넓히다, 눕히다, 밝히다, 앉히다, 업히다, 익히다, 읽히다, 입히다, 잡히다, 좁히다
-리-	걸리다, 날리다, 놀리다, 늘리다, 돌리다, 들리다, 말리다, 물리다, 벌리다, 살리다, 알리다, 얼리다, 울리다
-기-	감기다, 남기다, 맡기다, 벗기다, 숨기다, 신기다, 씻기다, 안기다, 옮기다, 웃기다
-우-	깨우다, 끼우다, 돋우다, 비우다, 새우다, 씌우다, 재우다, 지우다, 채우다, 키우다, 피우다
-추-	낮추다, 늦추다, 맞추다
-구-	돋구다, 떨구다, 솟구다

27) 본 연구에서 분석한 대학교의 교재는 다음과 같다.
   경희대학교 국제교육원(2007), 『한국어 고급 2』, 경희대학교 출판국.
   고려대학교 한국어문화교육센터(2010), 『재미있는 한국어 4』, 교보문고.
   서강대학교 한국어교육원(2007), 『서강 한국어 5A』, 도서출판 하우.
   서울대학교 어학연구소(2000), 『한국어 3』, 문진미디어.
   성균관대학교 성균어학원(2006), 『배우기 쉬운 한국어 3』, 성균관대학교 출판부.
   연세대학교 한국어학당(2007), 『연세 한국어 3-2』, 연세대학교 출판부.
   이화여자대학교 언어교육원(2011), 『이화 한국어 3-1』, 이화여자대학교 출판부.

분석 결과에 의하면 각 교재에서 제시한 사동사의 목록은 많은 차이가 있고 이 7개 대학교의 교재에 가장 많이 출현한 사동사는 '먹이다, 앉히다, 알리다, 울리다, 살리다, 웃기다, 맡기다, 재우다'이다. 또한 교재에 제시된 사동사 중 '떨구다, 끼우다, 맞추다'는 『표준국어대사전』에서는 사동사로 제시되고 있지 않았다.

앞에서 살펴보았듯이 말뭉치에서의 고빈도 사동사는 '보이다, 선보이다, 높이다, 줄이다, 올리다, 늘리다, 살리다, 세우다, 키우다'이다. 교재에서 가장 많이 나타난 사동사는 '먹이다, 앉히다, 알리다, 울리다, 살리다, 웃기다, 맡기다, 재우다'이다. 이를 통하여 교재에서 많이 나타난 사동사 가운데 '살리다'만 말뭉치에서 고빈도로 사용된 것을 확인하였다. 심지어 실제 생활에서 고빈도로 사용된 '선보이다, 올리다, 세우다'의 사동사는 한국어 교재에서는 찾을 수가 없다. 이러한 분석 결과를 통해 말뭉치에서 사동사가 교재에서의 사동사보다 더 풍부하고 다양하게 나타났다는 것을 알 수 있다. 따라서 한국어 교재에 제시한 사동사의 제한성이 있다는 것도 밝혔다. 그런데 교재는 학습자가 한국어를 배우는 데 중요한 자료와 도구라는 점에서 실생활에서 자주 사용하는 사동사를 제시하지 않고 많이 사용되지 않는 사동사를 제시한다면 한국어 학습자가 사동사를 배우거나 표현할 때 어려움을 가질 수 있다. 그러므로 실제 생활에서 자주 사용하는 사동사를 한국어 교재에 제시해야 한국어 학습자들이 일상생활에서 의사소통할 때 오류나 어려움을 줄일 수 있다. 아래에서 말뭉치와 교재에 나타난 사동사의 비교 결과를 제시하겠다.

〈표 10〉 말뭉치와 교재에서의 사동사 비교 결과

제1사동	교재에 제시한 사동사	교재에 나타나지 않은 사동사
-이-	끓이다, 녹이다, 높이다, 먹이다, 보이다, 붙이다, 속이다, 죽이다, 줄이다	들이다, 썩이다, 쓰이다(씌우다), 선보이다, 기울이다, 숙이다, 덧붙이다
-히-	넓히다, 눕히다, 맞히다, 밝히다, 앉히다, 업히다, 익히다, 읽히다, 입히다, 잡히다, 좁히다	굽히다, 식히다, 묵히다, 덥히다, 주저앉히다, 괴롭히다, 갈아입히다, 어지럽히다

-리-	걸리다, 날리다, 놀리다, 늘리다, 돌리다, 들리다, 말리다, 물리다, 벌리다, 살리다, 알리다, 얼리다, 울리다	올리다, 굴리다, 되살리다, 부풀리다, 불리다(부르다)
-기-	감기다, 남기다, 맡기다, 벗기다, 숨기다, 신기다, 씻기다, 안기다, 옮기다, 웃기다	넘기다, 벌거벗기다
-우-	깨우다, 끼우다, 돋우다, 비우다, 새우다, 씌우다, 재우다, 지우다, 채우다, 키우다, 피우다	메우다, 띄우다, 앞세우다, 세우다, 태우다, 불태우다
-구-	돋구다, 떨구다, 솟구다	
-추-	낮추다, 늦추다, 맞추다	
-애-		없애다

위 표를 보면 말뭉치에서는 나타나지만 교재에서는 제시하고 있지 않는 사동사가 많다. 더 나아가 말뭉치 분석을 통해 드러난 고빈도 사동사가 글말과 입말에서 사용한 경향성을 보면 다음과 같다.

- **글말에서 많이 쓰인 사동사**: 보이다/보여 주다, 선보이다, 높이다, 줄이다, 올리다, 늘리다, 남기다, 낮추다, …
- **입말에서 많이 쓰인 사동사**: 죽이다, 괴롭히다, 살리다/살려주다, 알리다/알려주다, 키우다, …

글말에서 많이 쓰인 사동사는 신문이라는 글의 특성상 많이 쓰이는 것으로 판단할 수 있다. 예를 들어 '보이다/보여 주다'의 대상은 '어떤 현상이나 변화'와 관련한 '추상 명사'와 '구체 명사'이다. 그중 '추상 명사'의 사용 빈도가 비교적으로 높게 나타났다. '선보이다'의 대상은 '모습, 실력, 연출, 무대' 등이 많이 나타났다. '줄이다, 높이다, 낮추다'의 대상은 '수치나 분량, 값이나 비율'과 관련되는 것이다. '올리다'의 대상은 '사진, 댓글, 수치'와 관련되는 것이 많이 나타났다. '늘리다'와 같은 경우 행위의 대상은 '수나 분량, 시간' 등이 많이 출현하였다. '남기다'의 대상은 주로 '글, 인상, 기록' 등으로 많이 나타났다.

한편, 입말에서는 많이 쓰인 사동사는 드라마의 특성상 많이 쓰이는 것으로 판단할 수 있다. 예를 들어 '죽이다'의 대상은 대부분 '사람' 등 생명과 관련한 것이다. '괴롭히다'의 대상은 '사람'으로 많이 나타났고 '살리다/살려주다'의 대상은 '목숨' 등으로 많이 출현하였다. '알리다/알려주다'의 대상은 주로 '소식' 등으로 많이 쓰이고 '키우다'의 대상은 '사람, 식물, 동물' 등으로 많이 출현하였다.

지금까지 실제 자료에 출현한 한국어 제1사동에 대해 알아보았다. 제1사동은 전체 말뭉치에 가장 고빈도로 쓰이기 때문에 각각의 사동사에 대해 구체적으로 살펴보았다. 이와 관련하여 말뭉치와 교재에서 나타난 사동사를 찾아내서 비교하였다. 특히 고빈도로 출현한 사동사가 글말과 입말에서 사용되는 경향성을 자세히 분석하였다. 한국어 교재에서는 글말과 입말을 구별하여 사동사를 제시하거나 설명하고 있지 않다. 그러나 본 연구에서 분석한 것처럼 사동사의 글말과 입말에 사용되는 경향의 차이를 한국어 학습자에게 제시한다면 한국어 학습자의 오류를 예방하고 사동사에 대한 이해를 확장하는 데 도움이 될 수 있으리라 생각한다.

3.1.1.2 제2사동

전체 말뭉치에서 제2사동은 983회(12%) 출현하였다. 제2사동은 'N-시키다'의 구성으로 이루어진 사동표현이다. 보통 '체언+하다'로 이루어진 서술어에서 '하다'를 '시키다'로 바꾸면 '체언+시키다'의 사동표현이 된다. 앞 말과의 사이에 '를/을'이나 부사어 따위를 임의로 끼울 수 있다. 말뭉치에 '-시키다' 구성으로 나타나는 'N'에는 '한자어, 고유어, 외래어'가 올 수 있다. 다음은 그 구체적인 예문이다.

(6) ㄱ. 이 모습이 쓰나미를 **연상시킨**다고 해서 붙여진 이름이다. 〈조선일보 문화〉

ㄴ. 야. **걱정시켜**서 미안한데. 〈쾌걸춘향 13회〉

ㄷ. 이날 김수현이 받은 미션은 멤버들의 등 뒤에 붙은 이름표를 물

총으로 저격해 **아웃시키**는 것이다. 〈중앙일보 음악〉

위의 예문 (6ㄱ–ㄷ)에서 'N–시키다'의 'N'에 해당하는 것이 각각 '연상, 걱정, 아웃'으로 나타났다. 이들은 각각 한자어, 고유어, 외래어 범주에 해당함을 알 수 있다. 이와 같이 말뭉치에서 각 제2사동이 출현한 빈도 비율에 대해 분석한 결과는 다음과 같다.

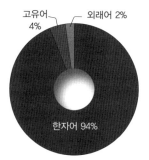

〈그림 10〉 제2사동의 빈도 비율

위의 분석 결과를 보면 말뭉치에서 '한자어–시키다'의 구성이 가장 많이 나타났다. '외래어–시키다'와 '고유어–시키다'는 아주 저빈도로 출현하였다. 더 나아가 200번 이상 나타난 '한자어–시키다'의 구성은 글말과 입말에 출현한 빈도 비율의 차이가 크다는 것을 밝혔다. 즉, 신문과 드라마에서 '한자어–시키다' 구성의 사용 비율은 각각 '68%(634회), 32%(293회)'이다.

3.1.1.3 제3사동

전체 말뭉치에서 제3사동은 1,051회(13%) 출현하였다. 제3사동은 '–게 하다/만들다, –도록 하다/만들다'의 구성이 서술어와 결합하여 사동 표현을 만든다. 다음의 예를 통하여 살펴보겠다.

(7) ㄱ. 건국 60년을 지난 중국의 현재가 이 말을 **떠올리게 한다**. 〈중앙일보 뉴스〉

ㄴ. 성장률 하락은 불가피하다 치더라도, 성장률 하락 속도를 **완만하게 만드**는 방법은 고민해야 한다. 〈중앙일보 뉴스〉

ㄷ. 그래서 이번엔 자유롭게 **얘기하도록 했다**. 〈조선일보 체육〉

ㄹ. 어떻게든 저를 금단건설 실무자로 **인정하도록 만들**겠습니다. 〈다섯 손가락 11회〉

위의 예문 (7ㄱ)에서 서술어 '떠올리다'는 '−게 하다'와 결합해서 사동표현이 되었다. 예문 (7ㄴ)에서는 '완만하다' 뒤에 '−게 만들다'가 붙어서 사동표현이 된 것이다. 예문 (7ㄷ)은 '얘기하다'와 '−도록 하다'가 결합하여 사동표현이 되었다. 예문 (7ㄹ)에서는 '인정하다' 뒤에 '−도록 만들다'가 붙어 사동표현이 되었다. 이와 같이 이들이 말뭉치에서 출현한 빈도 비율에 대해 살펴본 결과는 다음과 같다.

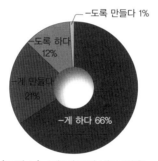

〈그림 11〉 제3사동의 빈도 비율

위 그림에서 보듯이 제3사동에 '−게 하다'가 가장 많이 나타났다. '−게 하다'와 '−게 만들다'의 경우 말뭉치에서 200번 이상 고빈도로 출현하였다. '−게 하다'가 글말과 입말에서 사용된 비율은 각각 '46%(316회), 54%(372회)'이며 '−게 만들다'가 글말과 입말에 사용된 비율은 각각 '25%(56회), 75%(165회)'이다. '−게 하다/만들다'는 글말보다는 입말에서 주로 많이 사용되는 경향을 보인다.

3.1.2 격틀 분석

문장의 의미를 격틀을 통하여 판단할 수 있다는 점에서 격틀 분석의 중요성이 존재한다. 예를 들면 형태가 같은 '보이다'는 문장의 격틀에 따라 피동표현도 될 수 있고 사동표현도 될 수 있다. 특히 모국어에 해당 격 조사가 상대적으로 발달하지 않는 중국인 한국어 학습자가 '보이다'와 같이 동일한 형태를 갖는 피동사와 사동사를 구별하는 것은 어려운 일이다. 피동표현과 사동표현의 격틀을 잘 아는 것은 이를 구별하는 데 실제적인 도움을 줄 수 있다. 따라서 본 연구에서는 『연세 현대 한국어 사전』과 『표준국어대사전』에 따라 병렬말뭉치에서 확인한 한국어 제1사동, 제2사동, 제3사동의 격틀에 대해 분석하고자 한다. 또 기존 연구에서 언급한 격틀 중 실제 자료에서 어떤 격틀이 사용되는지도 확인해 보고자 한다. 더 나아가 글말과 입말을 구별해서 각 격틀의 사용 양상을 밝힐 뿐 아니라 말뭉치에서 고빈도로 사용된 격틀에 사용되는 서술어의 목록 역시 제시하고자 한다.

3.1.2.1 제1사동 격틀

본 절은 『표준국어대사전』과 『연세 현대 한국어사전』에 따라 제1사동의 격틀을 분석하였다. 말뭉치에서 사용된 제1사동의 격틀에 대해 분석한 결과는 다음과 같다.

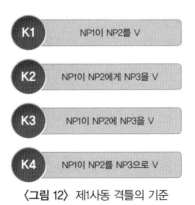

K1   NP1이 NP2를 V

K2   NP1이 NP2에게 NP3을 V

K3   NP1이 NP2에 NP3을 V

K4   NP1이 NP2를 NP3으로 V

〈그림 12〉 제1사동 격틀의 기준

위 그림에서 보듯이 말뭉치에 출현한 제1사동 격틀은 4가지가 있다. 즉, K1(NP1이 NP2를 V), K2(NP1이 NP2에게 NP3을 V), K3(NP1이 NP2에 NP3을 V), K4(NP1이 NP2를 NP3으로 V)이다. 이는 실제 생활에서 많이 사용되는 격틀임을 추측할 수 있다. 이에 대해 다음 예문을 통하여 살펴보겠다.

(8) 제1유형: K1(NP1이 NP2를 V)
    예) 법원이 인정한 사실들에 따르면 지난해 대구 D중학교 2학년이던 **서 군 등은** 같은 반 **권모 군을** 끊임없이 **괴롭혔다**. 〈조선일보 뉴스〉

위의 예문 (8)에서 NP1은 '서 군 등', NP2는 '권모 군', V는 '괴롭히다'이다. 즉, 사동주인 '서 군 등'은 피사동주에게 직접 해를 가한 사람이고 피사동주 '권모 군'은 사동주의 괴롭힘을 당한 대상이다. 사동주는 주어에 해당하며 피사동주는 목적어에 해당한다. 이런 구조의 서술어 V에 오는 사동사는 해당 주동문의 서술어가 자동사와 형용사에서 타동사인 사동사로 파생된 것이다.

(9) 제2유형: K2(NP1이 NP2에게 NP3을 V)
    예) 특히 10억 원 이상을 굴리는 **부자들은 부인에게 돈 관리를 맡기**지 않는 경우가 많다고 한다. 〈조선일보 경제〉

위의 예문 (9)에서 NP1은 '부자들', NP2는 '부인', NP3은 '돈 관리', V는 '맡기다'이다. 이 격틀에 부사어로 사용된 여격 '부인에게'가 출현하였다. 이것의 역할은 '피사동주 겸 행위주'로서 여기서는 '에게'로 사용되었지만 '에게' 대신 '한테' 역시 사용할 수도 있다.

(10) 제3유형: K3(NP1이 NP2에 NP3을 V)

예) **그들은** 서서히 판매망을 깔아 나갔고, 드디어 1996년 **옌타이 (煙臺)에** 현지 **공장을 세웠다**. 〈중앙일보 뉴스〉

위의 예문 (10)에서 NP1은 '그들', NP2는 '옌타이', NP3은 '공장', V 는 '세우다'이다. 그 가운데 부사어인 '옌타이'가 '세우다'의 '처소'로 나타 났다. 여기서 주의해야 할 점은 모든 장소 논항을 가지는 사동표현이 모 두 이 격틀에 속하는 것은 아니라는 것이다. 이는 '사동사'의 성격에 따 라 결정되는 것이다.

(11) 제4유형: K4(NP1이 NP2를 NP3으로 V)

예) 지금 당장 **우리 윤이** 다른 **병원으로 옮기**겠어요. 〈미안하다 사 랑한다 10회〉

위의 예문 (11)에서 NP1은 '화자'이기 때문에 생략되었다. NP2는 '우 리 윤이', NP3은 '병원', V는 '옮기다'로서 그중 부사어로 사용된 '병원' 이 '옮기다'의 '방향'으로 나타났다. 여기서 주의해야 할 점은 모든 방향 논항을 가지는 사동표현이 모두 이 격틀에 속하는 것은 아니라는 점이 다. 이것은 '사동사'의 성격에 따라 결정되는 것이다.

위와 같이 각 격틀이 실제 자료에서 사용되는 양상에 대해 살펴본 결 과는 다음과 같다.

〈표 11〉 말뭉치에 나타난 제1사동 격틀의 빈도 비율

	제1사동 격틀	신문		드라마		합계	
K1	NP1이 NP2를 V	3,177	62%	1,907	38%	5,084	100%
K2	NP1이 NP2에게 NP3을 V	94	14%	594	86%	688	100%
K3	NP1이 NP2에 NP3을 V	87	42%	120	58%	207	100%
K4	NP1이 NP2를 NP3으로 V	136	76%	42	24%	178	100%
	합계	3,494	57%	2,663	43%	6,157	100%

분석 결과에 의하면 말뭉치에서 제1사동 'K1(NP1이 NP2를 V)' 격틀이 가장 많이 나타났으며 K1 격틀이 글말이나 입말에서 모두 많이 출현한 것이 확인된다. 더 자세히 살펴보면 입말보다 글말에서 K1 격틀의 빈도가 더 높다. K4 격틀도 글말에서 더 많이 출현하였다. 반면 글말보다 입말에서 K2, K3 격틀이 더 많이 나타났다. 또한 'K2(NP1이 NP2에게 NP3을 V)'에서 'NP2에게'의 'NP2'에는 '선수, 관람객, 상담자, 시청자' 등 사람을 의미하는 명사가 주로 출현하였다. 'K3(NP1이 NP2에 NP3을 V)'에서 'NP2에'의 'NP2'에는 '옌타이, 게시판, 제품, 홈피' 등 명사가 출현하였다. 'K4(NP1이 NP2를 NP3으로 V)'에서 'NP3으로'의 'NP3'에는 '병원, 장소, 김포공항, 팀, 회사' 등 장소 명사가 출현하였다. 더 나아가 그들의 격틀에 고빈도로 쓰인 서술어를 다음과 같이 제시하였다.

- **■ 제1유형 K1(NP1이 NP2를 V)**
  - 글말: 높이다, 선보이다, 줄이다, 보이다, 속이다, 붙이다, 괴롭히다, 넓히다, 좁히다, 늘리다, 살리다, 올리다, 돌리다, 날리다, 남기다, 넘기다, 세우다, 키우다, 채우다, 낮추다, …
  - 입말: 높이다, 죽이다, 보이다, 끓이다, 괴롭히다, 살리다, 울리다, 말리다, 남기다, 웃기다, 비우다, 세우다, 키우다, 채우다, 낮추다, …
- **■ 제2유형 K2(NP1이 NP2에게 NP3을 V)**
  - 입말: 보이다, 알리다, 입히다, 남기다, 맡기다, 안기다, 씌우다, …
- **■ 제3유형 K3(NP1이 NP2에 NP3을 V)**
  - 글말: 세우다, 옮기다, 맡기다, …
  - 입말: 올리다, 붙이다, 옮기다, 태우다, …

3.1.2.2 제2사동 격틀

본 연구에서는 『연세 현대 한국어사전』과 박철우(2004)에 따라 제2사동의 격틀을 분석하였다. 말뭉치에 쓰인 제2사동의 격틀에 대해 살펴본 결과는 다음과 같다.

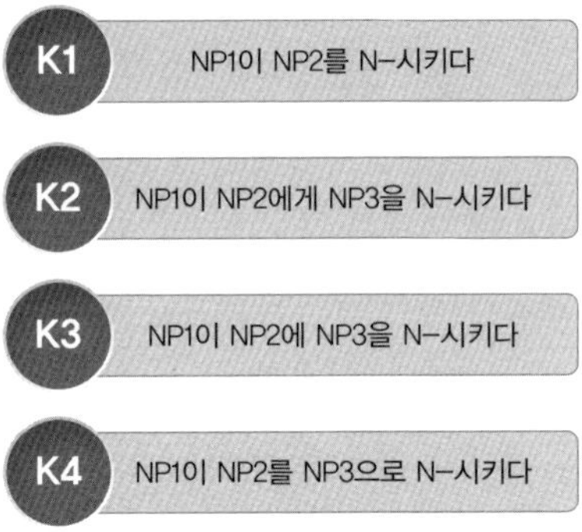

K1   NP1이 NP2를 N−시키다

K2   NP1이 NP2에게 NP3을 N−시키다

K3   NP1이 NP2에 NP3을 N−시키다

K4   NP1이 NP2를 NP3으로 N−시키다

〈그림 13〉 제2사동 격틀의 기준

위 그림에서 보듯이 말뭉치에서 제2사동의 격틀은 'K1(NP1이 NP2를 N−시키다), K2(NP1이 NP2에게 NP3을 N−시키다), K3(NP1이 NP2에 NP3을 N−시키다), K4(NP1이 NP2를 NP3으로 N−시키다)'로 분석되었다. 이러한 격틀이 실제 생활에서 많이 쓰이는 것을 추리할 수 있다. 이에 대해 다음 예문을 통하여 살펴보고자 한다.

(12) 제1유형: K1(NP1이 NP2를 N−시키다)
　　예) 과도한 **가계 부채가** 경제의 **체질을** 구조적으로 **약화시킨다**는 경고가 나왔다. 〈중앙일보 뉴스〉

위의 예문 (12)에서 NP1에 해당하는 것은 '가계 부채'이며 NP2는 '체질', V는 '약화시키다'이다. '가계 부채'는 사동주이며 '체질'은 피사동주이고 '약화시키다'는 '약화하다'의 '−하다'를 '−시키다'로 교체하여 사동화한 것이다. 박철우(2004)에는 이 유형에서 술어명사의 주어가 전체 문장의 직접 목적어로 실현된다는 점이 특징이라고 언급하였다.

(13) 제2유형: K2(NP1이 NP2에게 NP3을 N−시키다)
　　예) 참. **사장님이 누나에게 화장실 청소시키**지 말랬는데. 〈49일 13회〉

위의 예문 (13)에서 NP1은 '사장님', NP2는 '누나', NP3은 '화장실', V는 '청소시키다'인데 이 격틀에서 부사어 '누나에게'와 목적어 '화장실'이 모두 출현하였다. 그중 '누나'는 서술어명사 '청소'의 주어 역할을 한다.

(14) 제3유형: K3(NP1이 NP2에 NP3을 N-시키다)
　　예) **유치단은** 피겨 요정 **김연아를** 5월 로잔 **브리핑에 참가시키며** 승기를 잡았다. 〈조선일보 체육〉

예문 (14)에서 NP1은 '유치단', NP2는 '브리핑', NP3은 '김연아', V는 '참가시키다'이다. 부사어 '브리핑'의 출현은 서술어의 성격에 따라 요구되는 것으로 『연세 현대 한국어사전』에 의하면 '참가시키다'가 요구하는 'NP2'는 보통 '회의, 대회, 모임, …' 등이다. 이와 같은 맥락에서 예문 (14)의 경우에도 '참가시키다'의 논항으로 '브리핑'이 출현한 것임을 알 수 있다.

(15) 제4유형: K4(NP1이 NP2를 NP3으로 N-시키다)
　　예) **시교육청**은 또 지금까지는 가해 **학생들을** 부모의 동의하에 타 **학교로 전학시켰다.** 〈조선일보 뉴스〉

예문 (15)에서 NP1은 '시교육청', NP2는 '학생들', NP3은 '학교', V는 '전학시키다'이다. 그중 부사어인 '학교'가 '전학시키다'의 '방향'으로 나타났다. 모든 방향을 갖고 있는 사동표현이 이 격틀에 속하는 것은 아니며 이는 '사동사'의 성격에 의해 결정되는 것이다.

위와 같이 각 격틀이 실제 자료에서 사용되는 양상에 대해 살펴본 결과는 다음과 같다.

제2사동 격틀		신문		드라마		합계	
K1	NP1이 NP2를 N-시키다	565	71%	227	29%	792	100%
K2	NP1이 NP2에게 NP3을 N-시키다	0	0%	59	100%	59	100%
K3	NP1이 NP2에 NP3을 N-시키다	69	71%	28	29%	97	100%
K4	NP1이 NP2를 NP3으로 N-시키다	17	49%	18	51%	35	100%
합계		651	66%	332	34%	983	100%

분석 결과에 따르면 말뭉치에서 제2사동의 'K1(NP1이 NP2를 N-시키다)'의 격틀이 가장 많이 나타났다. 글말이나 입말에서 K1 격틀이 모두 많이 사용되며 사용 빈도도 비슷하게 출현하였다. 'K2(NP1이 NP2에게 NP3을 N-시키다)'의 격틀은 입말에서만 나타났으며 'K3(NP1이 NP2에 NP3을 N-시키다)'의 경우에는 입말보다 글말에서 더 많이 출현하였다. K2의 격틀에서 'NP2에게'의 'NP2'에는 '사장님, 누나, 너' 등 사람을 의미하는 명사가 출현하였으며 K3의 격틀에서 'NP2에'의 'NP2'에는 '회의, 모임' 등 명사가 출현하였다. K4의 격틀에서 'NP3으로'의 'NP3'은 '학교, 부산, 위치' 등 장소 명사가 출현하였다. 더 나아가 각 격틀에 고빈도로 출현한 서술어를 제시하면 다음과 같다.

- 제1유형 K1(NP1이 NP2를 N-시키다)
  - 글말: 발전시키다, 감동시키다, 통과시키다, 만족시키다, 부각시키다, 성공시키다, 탈락시키다, 안정시키다, …
  - 입말: 안심시키다, 실망시키다, 고생시키다, 대기시키다, 감동시키다, 공부시키다, 퇴원시키다, …

- 제2유형 K2(NP1이 NP2에게 NP3을 N-시키다)
  - 입말: 소개시키다, 준비시키다, …

- 제3유형 K3(NP1이 NP2에 NP3을 N-시키다)
  - 글말: 참여시키다, 포함시키다, 집중시키다, …

3.1.2.3 제3사동 격틀

제3사동의 격틀 서술어 부분에 'V-게 하다/만들다, V-도록 하다/만들다'는 모두 'V-게 하다'로 표시한다. 말뭉치에 쓰인 제3사동의 격틀을 살펴본 결과는 다음과 같다.

K1   NP1이 NP2가 V-게 하다

K2   NP1이 NP2를 V-게 하다

K3   NP1이 NP2에게 NP3을 V-게 하다

K4   NP1이 NP2가 NP3을 V-게 하다

K5   NP1이 NP2를 NP3을 V-게 하다

K6   NP1이 NP2로 하여금 NP3을 V-게 하다

K7   NP1이 NP2를 NP3에 V-게 하다

〈그림 14〉 제3사동의 격틀의 기준

위 그림에서 보듯이 말뭉치에서 출현한 제3사동의 격틀은 'K1(NP1이 NP2가 V-게 하다), K2(NP1이 NP2를 V-게 하다), K3(NP1이 NP2에게 NP3을 V-게 하다), K4(NP1이 NP2가 NP3을 V-게 하다), K5(NP1이 NP2를 NP3을 V-게 하다), K6(NP1이 NP2로 하여금 NP3을 V-게 하다), K7(NP1이 NP2를 NP3에 V-게 하다)'이다. 이에 대해 다음 예문을 통하어 자세히 살펴보도록 하겠다.

(16) 제1유형: K1(NP1이 NP2가 V-게 하다)
    예) **스마트 스테이는** 이용자가 스마트폰 화면을 보는 동안은 **화면이 꺼지지 않도록 해**주는 기능이다. 〈조선일보 경제〉

위의 예문 (16)에서 NP1은 '스마트 스테이', NP2는 '화면', V는 '꺼지지 않도록 하다'로서 사동주인 '스마트 스테이'는 '-도록 하다'의 동작을 하고 피사동주인 '화면'은 그 동작을 실행하는 것이다. 그러나 이 문장은 사동표현의 부정문으로 피사동주의 동작을 실행하지 않게 하는 것을 의미한다.

(17) 제2유형: K2(NP1이 NP2를 V-게 하다)
　　예) **내가** 그렇게 **힘들게 했**어? 〈달자의 봄 21회〉

위의 예문 (17)에서 NP1은 '나'이고, NP2는 드러나지 않지만 청자이기 때문에 '너'이며 V는 '힘들게 하다'이다. 사동주인 '나'는 청자가 힘들도록 한 주체이며 피사동주는 사동주로 인해 어려움을 겪는다.

(18) 제3유형: K3(NP1이 NP2에게 NP3을 V-게 하다)
　　예) 각서? 스타 **성민우한테 각서를 쓰게 해**? 〈오! 마이 레이디 11회〉

위의 예문 (18)에서 N1은 청자이기 때문에 생략했지만 '너'임을 알 수 있으며 NP2는 '성민우', NP3은 '각서', V는 '쓰게 하다'이다. 그중 여격인 '성민우한테'가 나타났는데 이는 문장의 부사어 역할을 하는 동시에 '각서를 쓰다'의 행동주이기도 하다. 여기서 '한테'는 '에게'로 교체할 수 있다. 김제열(1995)에 따라 '에게'는 '-게 하다'의 영향을 받은 피사동주로 보면 사동주가 각서를 쓰게 한 행위로 인해 피사동주는 영향을 받았음을 알 수 있다.

(19) 제4유형: K4(NP1이 NP2가 NP3을 V-게 하다)
　　예) **선배 교수들이** 강의를 더 맡아 **후배 교수들이** 연구에 더 많은 **시간을 투자할 수 있도록 하**기도 했다. 〈중앙일보 유학〉

예문 (19)에서 NP1은 '선배 교수들'에 해당한다. NP2는 '후배 교수들', NP3은 '시간', V는 '투자할 수 있도록 하다'이다. 그중 NP2에도 주격 조사가 붙었다. 김제열(1995)에 따라 NP2인 '후배 교수들'에 주격 표지 '이'가 배당되는 것은 '투자하다'의 영향을 받는 것이다. 이때 '이'는 격 간섭 자질이 관여한 것이다.

(20) 제5유형: K5(NP1이 NP2를 NP3을 V-게 하다)
     예) 날 **죗값을** **치르게 하**고 싶다면… 〈착한 남자 19회〉

예문 (20)에서 NP1은 청자이기 때문에 생략했지만 '너'이다. NP2는 '나', NP3은 '죗값', V는 '치르게 하다'이다. 그중 NP2에 목적격이 붙었다. 김제열(1995)에 따라 NP2 '나'에 목적격 표지 '를'이 배당되는 것은 '하다'의 영향을 받는 것이다. 이때 '를'은 격 간섭 자질이 관여한 것이다.

(21)제6유형: K6(NP1이 NP2로 하여금 NP3을 V-게 하다)
     예) 어떤 면에서 **한국과 일본의 협력 강화는 중국으로 하여금** 한국과의 협력 **강화를 서두르게 만들** 수도 있다. 〈중앙일보 뉴스〉

예문 (21)에서 NP1은 '한국과 일본의 협력 강화'이다. NP2는 '중국', NP3은 '강화', V는 '서두르게 만들다'이다. 그중 NP2에 '로 하여금'이 붙었다. 이는 '-게 하다'의 영향을 받는 것이다. '로 하여금' 대신 '에게'도 사용될 수 있다.

(22) 제7유형: K7(NP1이 NP2를 NP3에 V-게 하다)
     예) **그는** 또 외국인 **환자를** 자신이 운영하는 **호텔에 묵게 하**고, 여기서 벌어들인 현금 수입액 3억 원도 신고하지 않았다. 〈조선일보 뉴스〉

위의 예문 (22)에서 NP1은 '그', NP2는 '환자', NP3은 '호텔', V는 '묵게 하다'이다. 이 격틀에서는 NP3에 '에'가 붙어 사용되었다. 그 이유는 '묵다'의 영향을 받았기 때문이다.

위와 같이 각 격틀이 실제 자료에서 사용되는 양상에 대해 살펴본 결과는 다음과 같다.

⟨표 13⟩ 말뭉치에 나타난 제3사동 격틀의 빈도 비율

	제3사동 격틀	신문		드라마		합계	
K1	NP1이 NP2가 V-게 하다	53	87%	8	13%	61	100%
K2	NP1이 NP2를 V-게 하다	387	43%	508	57%	895	100%
K3	NP1이 NP2에게 NP3을 V-게 하다	23	51%	22	49%	45	100%
K4	NP1이 NP2가 NP3을 V-게 하다	25	100%	0	0%	25	100%
K5	NP1이 NP2를 NP3을 V-게 하다	2	40%	3	60%	5	100%
K6	NP1이 NP2로 하여금 NP3을 V-게 하다	4	100%	0	0%	4	100%
K7	NP1이 NP2를 NP3에 V-게 하다	10	62%	6	38%	16	100%
	합계	504	48%	547	52%	1,051	100%

분석 결과에 의하면 'K2(NP1이 NP2를 V-게 하다)' 격틀이 말뭉치에서 가장 많이 나타났으며 글말보다 입말에서 비교적으로 더 많이 출현한 것이 발견된다. 그 격틀에 고빈도로 나타난 서술어는 '힘들다, 아프다, 다치다, 외롭다' 등이다. 그 외의 격틀은 말뭉치에서는 저빈도로 출현하였다. K3 격틀에서 'NP2에게'의 'NP2'에는 '외국인, 교직원, 독자' 등의 사람을 의미하는 명사가 출현하였다. K6 격틀에서 'NP2로'의 'NP2'에는 '중국, 독자' 등 명사가 출현하였다. K7 격틀에서 'NP3에'의 'NP3'에는 '호텔, 연구' 등 명사가 나타났다.

이상으로 제1사동, 제2사동, 제3사동의 격틀에 대해 살펴보았다. 한국어에 대한 직관이 없는 외국인들에게는 무엇이 사동표현인지 이해하고 판단하는 것부터가 어려운 일이다. 본 연구는 실생활에서 많이 사용되는 사동표현의 유형 빈도를 자세히 제시하였을 뿐 아니라 그 유형 가운데 어떤 격틀이 많이 사용되는지도 밝힘으로써 외국인 학습자들에게

실제적이고 유용한 도움을 주고자 하였다. 더 나아가 각 사동표현의 격틀에 고빈도로 나타난 서술어를 제시하였다. 다음 절에서는 동일한 절차를 통해 말뭉치 자료를 토대로 중국어 사동표현의 유형과 구조를 분석해 보도록 한다.

3.2 중국어 사동표현 분석

3.2.1 유형 분석

본 연구에서 사용한 170만 어절의 한·중 병렬말뭉치에서 중국어 유표지 사동은 7,188회로 출현하였다. 분석 결과로 제시된 중국어 유표지 사동은 다음과 같다.

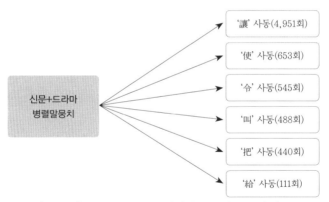

〈그림 15〉 병렬말뭉치에서 나타난 중국어 유표지 사동

한·중 병렬말뭉치에서 나타난 각각의 중국어 유표지 사동은 '讓', '使', '令', '叫', '把', '給' 사동이다. 다음 예문을 통하여 살펴보겠다.

(23) ㄱ. 体育的力量和人的力量**讓**人們感動。

체육의 힘과 사람의 힘이 사람을 감동시킨다. 〈중앙일보 체육〉

ㄴ. 三星新的替代技術**使**蘋果的專利訴訟瓦解。

삼성 대체 기술, 애플 특허소송 무력화시켰다. 〈중앙일보 경제〉

ㄷ. 首先是店里的氛圍和規模**令**人驚訝。

우선 매장 분위기와 규모에 놀란다. 〈조선일보 경제〉

ㄹ. 他**叫**你這麼做的嗎?

그는 너를 이렇게 시켰어? 〈추적자 2회〉

ㅁ. **把**火關小一些。

불 줄여! 〈달자의 봄 5회〉

ㅂ. 不是我**給**她喝的。

제가 먹인 거 아닙니다. 〈내 이름은 김삼순 2회〉

위의 예문 (23ㄱ-ㅂ)은 '讓' 사동, '使' 사동, '令' 사동, '叫' 사동, '把' 사동, '給' 사동이다. 중국어 유표지 사동에서 '讓', '使', '令', '叫', '把', '給' 표지는 사동주 뒤에 위치하여 사동표현을 구성한다. 사동표지의 뒤에는 보통 피사동주가 위치한다. 이를 근거로 중국어 유표지 사동은 통사적 사동이라고 하기도 한다. 예를 들면 예문 (23ㅂ)에서 '不是我給她喝的' 중에 사동주 '我(나)' 뒤에 '給(사동표지)'가 오고 그 뒤에 바로 피사동주 '她(그녀)'가 있으며, '喝(마시다)'는 서술어이다.

이어서 각 중국어 유표지 사동표현이 말뭉치에 쓰인 빈도 비율에 대해 분석한 결과는 다음과 같다.

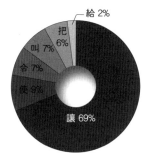

〈그림 16〉 중국어 유표지 사동의 빈도 비율

분석 결과에 따라서 각 유표지 사동의 출현 빈도 순위를 살펴보면 '讓'
사동부터 '使' 사동, '令' 사동, '叫' 사동, '把' 사동, '給' 사동의 순서를 따
른다. 그중 '讓' 사동이 말뭉치에서 가장 많이 출현하였다. 그 외의 유표
지 사동은 빈도 비율에 있어서 비슷한 사용 양상을 보인다. 더 자세한
분석을 위해서는 글말과 입말을 구별하여 각 중국어 유표지 사동표현이
어떠한 사용 양상을 보이는지를 살펴봐야 한다. 특히 비슷한 비율로 나
타난 '使' 사동, '令' 사동, '叫' 사동, '把' 사동, '給' 사동이 과연 글말과 입
말에서도 비슷한 빈도 비율로 출현하는지 확인할 필요가 있다. 이에 대
해 분석한 결과는 다음과 같다.

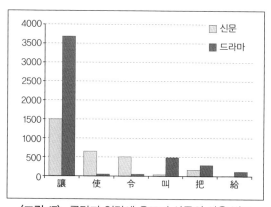

〈그림 17〉 글말과 입말에 유표지 사동의 사용 빈도

  분석 결과에 의하면 신문보다 드라마에서 더 많이 출현한 유형은 '讓,
叫, 把, 給' 사동인 반면 드라마보다 신문에서 더 많이 출현한 유형은
'使, 令' 사동이다. 이에 따라 입말에서는 '讓, 叫, 把, 給' 사동이 주로 많
이 사용되고 글말에서는 '使, 令' 사동이 주로 많이 사용된다고 할 수 있
다. 이런 본 연구의 결과는 양일(2010)과 차이를 나타내는데 '使' 사동
의 경우 글말과 입말에서 모두 많이 사용되는 것이 아니며 입말보다 글
말에서 더 많이 사용되는 경향이 있다는 것이다.

3.2.1.1 '讓' 사동

'讓' 사동은 말뭉치에서 총 4,951회 나타났고 글말과 입말에서는 각각 1,446회, 3,505회 나타났다. '讓' 사동의 '讓'는 '致使(−하게 하다/−하도록 만들다), 指使(지시하다), 容許(허용하다/허락하다/허가하다), 听任(마음대로 하게 하다/좋을 대로 내맡기다)'의 의미를 가진다. 이 외에 '讓'는 '愿望(원하고 바라다)'의 의미도 있는데 이 의미는 글말에서 많이 쓰인다. 또 '讓' 사동은 피사동주가 반드시 있어야 한다.

(24) ㄱ. 在連續發生四起學生自殺案件之后, **韓國科學技術院(KAIST)**決定于11日和12日全面停課, **讓教授和學生們展開討論會**。
　　　 학생 4명이 잇따라 스스로 목숨을 끊은 한국과학기술원 (KAIST)이 11일과 12일 전면 휴강하고 교수와 학생들끼리 토론회를 갖기로 했다. 〈중앙일보 유학〉

　예문 (24ㄱ)에서 '讓'는 사동표현의 표지이고 '지시 의미'를 갖고 있다. 사동주는 '韓國科學技術院(한국과학기술원)', 피사동주는 '敎授和學生們 (교수와 학생들)'이다. 이 문장은 사동주인 '韓國科學技術院(한국과학기술원)'은 피사동주인 '敎授和學生們(교수와 학생들)'에게 '展開討論會(토론회를 갖기로 하는 것)'을 지시했다. 이런 '지시 의미'의 사동표현에서 피사동주는 보통 그 지시를 수행할 수 있는 생명체인 것을 알 수 있다. 따라서 같은 '讓' 사동의 사동표현이어도 '讓'의 의미에 따라서 출현 가능한 피사동주의 특성이 다를 수 있다는 것을 보인다.

3.2.1.2 '使' 사동

　'使' 사동은 말뭉치에서 총 653회 나타났고 글말과 입말에서는 각각 618회, 35회 출현하였다. '使' 사동은 '致使(−하게 하다/−시키다)'의 의미를 가지며, 피사동주를 반드시 필요로 한다. 글말에서 어떤 경우에는

'使'가 직접 동사 앞에 사용되기도 한다.

(25) ㄱ. 在過去的16天里，**使地球村沉浸**在節日气氛里的**倫敦奧運會**在
今早閉幕了。
지난 16일간 지구촌을 축제의 열기로 달아오르게 했던 런던 올
림픽이 오늘 새벽 폐막했다. 〈중앙일보 뉴스〉

예문 (25ㄱ)에서 '使'는 사동표현의 표지이다. 사동주는 '倫敦奧運會
(런던 올림픽)', 피사동주은 '地球村(지구촌)'이다. 이 가운데 사동주는
사건이기 때문에 피사동주에게 지시하는 의도성이 없고 피사동주를 자
연스럽게 어떤 상황에 처하게 만드는 것을 알 수 있다. 즉, 사동주인 '倫
敦奧運會(런던 올림픽)'은 피사동주인 '地球村(지구촌)'을 '沉浸在節日气
氛里(축제의 열기로 달아오르)'의 상황에 있게 만들었다.

3.2.1.3 '令' 사동

'令' 사동은 말뭉치에서 총 545회 출현하였으며 글말과 입말에서는 각
각 504회, 41회 출현하였다. '令' 사동에서 '令'는 '使(−하게 하다/ −시
키다)'의 의미가 있으며 피사동주를 특별히 밝힐 필요가 없을 때에는 피
사동주는 '人(사람)'이 사용된다. 이로 인해 '令人〜'의 구성이 많이 나
타났다.

(26) ㄱ. 7月6日，某音源网站上出現了多張帝國的孩子們專輯封面的**攝
影照片，令粉絲們歡欣不已。**
7월 6일 한 음원사이트에는 제국의 아이들 재킷 촬영장 사진
이 여러 장 올라와 팬들을 즐겁게 만들었다. 〈중앙일보 음악〉

예문 (26ㄱ)에서 '令'는 사동표현의 표지이다. 사동주는 '攝影照片(촬
영장 사진)'이고 피사동주는 '粉絲們(팬들)'이다. 사물인 사동주는 사람

인 피사동주의 상태 변화를 야기했다. 즉, 사동주인 '攝影照片(촬영장 사진)'이 피사동주인 '粉絲們(팬들)'을 즐겁게 하였다는 의미를 나타냈다.

3.2.1.4 '叫' 사동

'叫' 사동은 드라마 병렬말뭉치에서만 총 488회로 나타났다. '叫' 사동의 '叫'는 '致使(-하게 하다/-시키다), 命令(명령하다), 容許(허락하다/허용하다/허가하다), 听任(마음대로 하게 하다/좋을 대로 내맡기다), 使(시키다)'의 의미를 갖고 있으며 반드시 피사동주를 가진다.

(27) ㄱ. **叫你回去**就回去，哪來那麼多話?
　　　그만 들어가라면 들어갈 것이지 무슨 말이 그렇게도 많아? 〈제빵왕 김탁구 1회〉

예문 (27ㄱ)에서 '叫'는 사동표현의 표지이고 '명령 의미'를 갖는다. 사동주는 '화자'이기 때문에 문장에 드러나지 않았다. 피사동주는 청자인 '你(너)'이다. 이 문장은 사동주는 피사동주에게 들어가도록 명령하고 있는 장면이다. 또 이 문장의 사동주는 강한 의도와 지시, 명령의 의미가 있다. 피사동주는 그 지시를 수행할 수 있는 생명체인 것을 알 수 있다.

3.2.1.5 '把' 사동

'把' 사동은 말뭉치에서 총 440회로 나타났고 글말과 입말에서는 각각 143회, 297회로 나타났다. '把' 사동에서 '把'는 '致使(-하게 하다/-시키다)'의 의미를 가지며 반드시 피사동주를 필요로 한다.

(28) ㄱ. 我可要**把**盤子都**摔碎**了。
　　　나 접시 다 깨먹을 거야. 〈신사의 품격 3회〉

예문 (28ㄱ)에서 '把'는 사동표지이다. 사동주는 '我(나)', 피사동주는 '盤子(접시)', 서술어는 '摔碎(깨먹다)'이다. 이 문장은 '我摔盤子'와 '使盤子碎了' 두 상황이 하나로 합쳐져 나타났다. 이 두 상황은 '원인과 결과'의 관계이다. '把' 사동의 서술어 '摔碎(깨먹다)'는 다른 유표지 사동의 서술어와 달리 단음절 동사가 아니라 복합 동사이고 '碎'는 '摔'의 결과이다.

3.2.1.6 '給' 사동

'給' 사동은 말뭉치에서 총 111회로 나타났고 글말과 입말에서는 각각 7회, 104회 출현하였다. '給' 사동의 '給'는 '容許(허락하다/허용하다/허가하다)', '致使(-하게 하다/ -시키다)'의 의미이며 '叫, 讓과 용법이 비슷하다.

(29) ㄱ. 那就**給她吃面包**。

　　　 그냥 빵 먹여요. 〈오! 마이 레이디 4회〉

위의 예문 (29ㄱ)에서 '給'는 사동표현의 표지이다. 사동주는 화자의 명령을 듣는 청자이기 때문에 생략되었으며 피사동주는 '她(그녀)'이다. '給' 사동의 사동주가 직접 참가하여 피사동주에게 어떤 일을 하게 한다는 의미를 전달한다. 또 '給' 사동의 피사동주는 사동주의 도움을 받아서 그 지시한 행위를 수행할 수 있는 것이다.

3.2.2 구조 분석

한국어 사동표현의 격틀에 비해 중국어 유표지 사동의 구조는 비교적 간단하다. 병렬말뭉치에서 출현한 중국어 유표지 사동의 구조를 분석한 결과는 다음과 같다.

C1 NP1+讓/使/令/叫/把/給+NP2+V+N3

C2 NP1+讓/使/令/叫/把/給+NP2+V

C3 NP1+讓/使/令+NP2+VA

〈그림 18〉 중국 유표지 사동 구조의 기준

위 그림에 보듯이 말뭉치에서 중국어 유표지 사동의 구조는 'C1(NP1+讓/使/令/叫/把/給+NP2+V+NP3), C2(NP1+讓/使/令/叫/把/給+NP2+V), C3(NP1+讓/使/令+NP2+VA)'로 분석되었다.

(30) ㄱ. **這場比賽**也**讓人聯想起**了今年6月在南非世界杯北韓對陣巴西的**場面**。

　　　　 이런 경기 양상은 지난 6월 남아공월드컵에서 북한이 브라질과 맞서던 모습을 연상시켰다. 〈조선일보 체육〉

　　　 ㄴ. 歌手Rain即將入伍, **這个消息令日本粉絲**在其舉行的演唱會中**哭泣**。

　　　　 가수 비가 군 입대를 앞두고 연 콘서트에서 일본 팬들을 울렸다. 〈중앙일보 음악〉

　　　 ㄷ. **令人不安**的**油价**最近也持續下跌。

　　　　 불안했던 국제유가도 최근 하락하고 있다. 〈중앙일보 경제〉

　　위의 예문 (30ㄱ)은 '讓' 사동 구조의 예문이다. 이 'NP1+讓+NP2+V+NP3' 구조 가운데 사동주인 NP1은 '這場比賽(이런 경기)', 피사동주인 NP2는 '人(사람)', V는 '聯想(연상하다)', NP3은 '場面(모습)'이다. 피사동주는 구체적으로 특정한 사람이 아니면 모든 사람을 의미할 때 NP2는 '人'으로 제시되었지만 한국어 문장에서는 피사동주가 생략되어 있다. 예문 (30ㄴ)은 '令' 사동 구조의 예문이다. 이 'NP1+令+NP2+V'

구조 가운데 사동주인 NP1은 '這个消息(이 소식)'이고 피사동주인 NP2는 '日本粉絲(일본 팬들)'이며 V는 '哭泣(울다)'이다. 여기서 중국어 문장은 '歌手Rain即將入伍(가수 비가 군 입대를 앞둔다)'는 절을 지시하는 '這个消息'를 해당 절 뒤에 첨가하였다. 중국어 문장에서 NP1은 '這个消息'로 대응되며 한국어 문장에서는 대응 현상이 없다. 예문 (30ㄷ)은 '令' 사동 구조의 예문이다. 이 'NP1+令+VA' 구조 가운데 사동주인 NP1은 '油价(유가)'이고 피사동주인 NP2는 '人(사람)'이며 VA는 '不安(불안하다)'이다. 이때 피사동주 '人(사람)'은 어떤 구체적인 사람이 아니라 모든 사람을 의미한다. 이런 경우 항상 '令人'으로 표현한다.

이와 같이 말뭉치에서 각각의 유표지 사동 구조가 나타난 비율을 확인한 결과는 다음과 같다.

〈표 14〉 중국어 유표지 사동 구조의 빈도 비율

번호	중국어 유표지 사동 구조	신문		드라마		합계	
C1	NP1+讓/使/令/叫/把/給+NP2+V+NP3	1,279	45%	1,556	55%	2,835	100%
C2	NP1+讓/使/令/叫/把/給+NP2+V	1,155	31%	2,611	69%	3,766	100%
C3	NP1+讓/使/令/+NP2+VA	284	48%	303	52%	587	100%
합계		2,718	38%	4,470	62%	7,188	100%

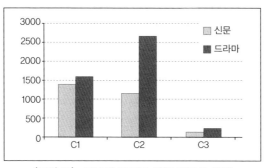

〈그림 19〉 중국어 유표지 사동 구조의 비율

분석 결과에 의하면 말뭉치에서 'C1(NP1+讓/使/令/叫/把/給+NP2+V+NP3), C2(NP1+讓/使/令/叫/把/給+NP2+V)' 구조가 많이 출현하

였으며 그중 C2 구조의 출현 빈도가 가장 높다. 또한 C1 구조는 글말이나 입말에서 비슷하게 사용되었으나 C2 구조는 글말보다 입말에서 많이 출현하는 현상을 뚜렷하게 보인다.

3.2.2.1 '讓' 사동 구조

말뭉치에서 '讓' 사동은 4,951회 출현하였으며 그 가운데 구조 유형은 C1(NP1+讓+NP2+V+NP3), C2(NP1+讓+NP2+V), C3(NP1+讓+NP2+VA) 세 가지로 분석되었다. 그 예를 제시하면 다음과 같다.

(31) 제1유형: C1(NP1+讓+NP2+V+NP3)

　　예) **東洙讓菀得學習泰拳**，并幫他尋找來自菲律賓的母親，引導他融入這個世界。
　　　　동주는 완득이에게 킥복싱을 하도록 하고, 필리핀 출신의 어머니를 찾아주면서 그를 세상으로 이끌어낸다. 〈조선일보 연예〉

위의 예문 (31)에서 NP1은 '東洙(동주)', NP2는 '菀得(완득이)', V는 '學習(하다)', NP3은 '泰拳(킥복싱)'이다. 사동주인 동주(東洙)가 피사동주인 완득이(菀得)에게 킥복싱(泰拳)하는 것을 하도록 했다는 의미를 나타낸다. 즉, 문장의 구조는 '東洙(동주)+讓+완득이(菀得)+學習(하다)+泰拳(킥복싱)'으로서 한국어 문장과 달리 중국어 문장에서의 피사동주 NP2는 필수적으로 요청되어 생략될 수 없다.

(32) 제2유형: C2(NP1+讓+NP2+V)

　　예) 現在**我**不想**讓你害怕**。
　　　　이제는 나 너 무섭게 하기 싫어. 〈내 여자 친구는 구미호 8회〉

예문 (32)에서 NP1은 '我(나)', NP2는 '你(너)', V는 '害怕(무섭다)'이

다. 사동주인 내(我)가 피사동주인 너(你)를 무섭(害怕)게 하고 싶지 않다는 것을 나타낸다. 즉, 문장의 구조는 '我(나)+讓+你(너)+害怕(무섭다)'로서 한국어 문장과 달리 중국어 문장에서의 피사동주 NP2는 필수적으로 요청되어 생략될 수 없다.

(33) 제3유형: C3(NP1+讓+NP2+VA)
　　예) 爲什么每次都讓我這么尷尬?
　　　　왜 번번이 나를 뒷북치게 만듭니까? 〈부탁해요 캡틴 6회〉

　예문 (33)에서 NP1은 청자이기 때문에 생략되었으며 NP2는 '我(나)', VA는 '尷尬(뒷북치다)'로서 사동주인 너(你)는 피사동주인 나(我)를 뒷북치(尷尬)게 만든다는 의미이다. 즉, 문장의 구조는 '청자+讓+我(나)+尷尬(뒷북치다)'로서 한국어 문장과 달리 중국어 문장에서의 피사동주 NP2는 필수적으로 요청되어 생략될 수 없다.

　이와 같이 말뭉치에서 '讓' 사동의 구조에 대해 살펴본 결과는 다음과 같다.

〈표 15〉 말뭉치에 나타난 '讓' 사동 구조의 빈도 비율

번호	'讓' 사동 구조	신문		드라마		합계	
C1	NP1+讓+NP2+V+NP3	761	37%	1,279	63%	2,040	100%
C2	NP1+讓+NP2+V	537	22%	1,940	78%	2,477	100%
C3	NP1+讓+NP2+VA	148	34%	286	66%	434	100%
합계		1,446	29%	3,505	71%	4,951	100%

　분석 결과에 의하면 '讓' 사동의 C1(NP1+讓+NP2+V+NP3)과 C2(NP1+讓+NP2+V) 구조의 출현 빈도가 매우 높으며 이 두 구조는 글말보다 입말에서 고빈도로 출현하였다. '讓' 사동의 C1, C2 구조는 글과 같은 활자 매체보다는 실제 일상생활에서의 대화에서 더 많이 사용된다고 할 수 있다.

3.2.2.2 '使' 사동 구조

말뭉치에서 '使' 사동은 653회 출현하였으며 그 가운데 구조 유형
은 C1(NP1+使+NP2+V+NP3), C2(NP1+使+NP2+V), C3(NP1+使
+NP2+VA) 세 가지로 분석되었다. 다음은 각 구조의 예이다.

(34) 제1유형: C1(NP1+使+NP2+V+NP3)

　　예) **梨花女子大學**分別設立了翻譯學院以及口譯學院，**使學生們**可
　　　　以更加有技巧地**學習翻譯學**。
　　　　이화여대는 번역학과와 통역학과를 나눠 번역학을 기술적으로
　　　　배울 수 있게 했다. 〈중앙일보 유학〉

　　예문 (34)에서 NP1은 '梨花女子大學(이화여대)', NP2는 '學生們(학생
들)', V는 '學習(배우다)', NP3은 '翻譯學(번역학)'이다. 즉, 문장의 구조
는 '梨花女子大學(이화여대)+使+學生們(Φ)+學習(배우다)+翻譯學(번
역학)'으로서 한국어 문장과 달리 중국어 문장에서의 피사동주 NP2는
필수적으로 요청되어 생략될 수 없다.

(35) 제2유형: C2(NP1+使+NP2+V)

　　예) 那么現在因爲**你使她笑**不就可以了?
　　　　그럼 너 때문에 웃게 만들면 되잖아? 〈개인의 취향 11회〉

　　예문 (35)에서 NP1은 '你(너)', NP2는 '她(Φ)', V는 '笑(웃다)'로서 문
장의 구조는 '你(너)+使+她(Φ)+笑(웃다)'이다. 한국어 문장과 달리 중
국어 문장에서 피사동주 NP2는 반드시 출현해야 한다.

(36) 제3유형: C3(NP1+使+NP2+VA)

　　예) 他說, 我的身体殘廢了, 但**失去6名同甘共苦的戰友**更**使我痛苦**。

그는 "몸의 상처보다 함께 동고동락하던 6명의 전우를 먼저 떠나보낸 마음의 상처가 더 크다"고 했다. 〈조선일보 뉴스〉

예문 (36)에서는 NP1은 '失去6名同甘共苦的戰友(동고동락하던 6명의 전우를 먼저 떠나보낸 것)', NP2는 '我(Φ)', VA는 '痛苦(마음의 상처가 크다)'로 문장의 구조는 '失去6名同甘共苦的戰友(동고동락하던 6명의 전우를 먼저 떠나보낸 것)+使+我(Φ)+痛苦(상처가 크다)'이다. 한국어 문장과 달리 중국어 문장에서 피사동주 NP2는 반드시 출현해야 한다. 말뭉치를 바탕으로 '使' 사동의 각 구조의 빈도 비율을 분석한 결과는 다음과 같다.

〈표 16〉 말뭉치에 나타난 '使' 사동 구조의 빈도 비율

번호	'使' 사동 구조	신문		드라마		합계	
C1	NP1+使+NP2+V+NP3	361	97%	13	3%	374	100%
C2	NP1+使+NP2+V	223	93%	17	7%	240	100%
C3	NP1+使+NP2+VA	34	87%	5	13%	39	100%
합계		618	95%	35	5%	653	100%

분석 결과에 따르면 '使' 사동의 C1(NP1+使+NP2+V+NP3) 구조의 출현 빈도가 가장 높으며 입말보다 글말에서 고빈도로 출현하였다. '使' 사동의 C1 구조는 일상대화보다는 글로 된 매체를 통해 접하게 될 가능성이 매우 많다.

3.2.2.3 '슈' 사동 구조

'슈' 사동은 말뭉치에서 545회 출현하였으며 그의 구조는 C1(NP1+슈+NP2+V+NP3), C2(NP1+슈+NP2+V), C3(NP1+슈+NP2+VA) 세 가지로 분석되었다. 다음은 각 구조의 예이다.

(37) 제1유형: C1(NP1+슈+NP2+V+NP3)

예) 照片中她一身干練簡潔的打扮，做出了魅惑的造型，挺拔的**双腿曲線**更是**令人**无法**移開眼睛**。

사진 속 지나는 세련된 스윔수트 패션으로 고혹적인 매력을 뽐냈다. 시원하게 뻗은 다리의 아름다운 선이 절로 눈길을 사로잡는다. 〈중앙일보 음악〉

예문 (37)에서 NP1은 '双腿曲線(다리의 아름다운 선)', NP2는 '人(Φ)', V는 '移開(사로잡다)', NP3은 '眼睛(눈길)'로 이 문장의 구조는 '双腿曲線(다리의 아름다운 선)+令+人(Φ)+移開(사로잡다)+眼睛(눈길)'이다. 한국어 문장과 달리 중국어 문장에서는 피사동주 NP2가 반드시 출현해야 한다. 피사동주를 밝힐 필요가 없는 경우에도 NP2에 '人(사람)'이 오게 되며 이런 이유로 '令人' 구성의 출현 빈도가 높다.

(38) 제2유형: C2(NP1+令+NP2+V)

예) 在出席記者會和走紅毯活動時，**朱莉**也大方亮相，**令影迷感動**。

이어지는 기자회견이나 레드카펫 행사에서도 소탈한 모습으로 팬들을 감동시켰다. 〈조선일보 연예〉

예문 (38)에서 NP1은 '朱莉(Φ)', NP2는 '影迷(팬들)', V는 '感動(감동하다)'로서 이 문장의 구조는 '朱莉(Φ)+令+影迷(팬들)+感動(감동하다)'이다. 한국어 문장에서 NP1은 드러나지 않지만 문맥에 포함되어 있다.

(39) 제3유형: C3(NP1+令+NP2+VA)

예) **令人不安的油价**最近也持續下跌。

불안했던 국제유가도 최근 하락하고 있다. 〈중앙일보 경제〉

예문 (39)에서 NP1은 '油价(유가)', NP2는 '人(Φ)', VA는 '不安(불안

하다)'이며 이 문장의 구조는 '油价(유가)+令+人(Φ)+不安(불안하다)'이
다. 한국어 문장과 달리 중국어 문장에서는 피사동주 NP2가 반드시 출
현해야 한다. 이때 NP2를 구체적으로 밝힐 필요가 없는 경우에는 '人
(사람)'을 사용하여 표현한다.

이러한 분석을 바탕으로 말뭉치에서 '令' 사동의 구조 빈도를 분석한
결과는 다음과 같다.

〈표 17〉 말뭉치에 나타난 '令' 사동 구조의 빈도 비율

번호	'令' 사동 구조	신문		드라마		합계	
C1	NP1+令+NP2+V+NP3	53	98%	1	2%	54	100%
C2	NP1+令+NP2+V	349	93%	28	7%	377	100%
C3	NP1+令+NP2+VA	102	89%	12	11%	114	100%
합계		504	92%	41	8%	545	100%

분석 결과에 의하면 '令' 사동의 C2(NP1+令+NP2+V) 구조의 출현 빈
도가 높으며 입말보다 글말에서 고빈도로 출현하였다. 따라서 '令' 사동
의 C2 구조는 글을 포함한 인쇄 매체에서 주로 출현함을 추측할 수 있다.

3.2.2.4 '叫' 사동 구조

말뭉치에서 '叫' 사동은 488회 출현하였으며 그의 구조는 C1(NP1+叫
+NP2+V+NP3), C2(NP1+叫+NP2+V)로 분석되었다. 그 예를 제시
하면 다음과 같다.

(40) 제1유형: C1(NP1+叫+NP2+V+NP3)

예) **我**不是**叫她照顧藝恩**嗎?

예은이 맡겨놨잖아요? 〈오! 마이 레이디 14회〉

예문 (40)에서는 NP1은 '我(Φ)', NP2는 '她(Φ)', V는 '照顧(맡기다)',
NP3은 '藝恩(예은)'이며 이 문장의 구조는 '我(Φ)+叫+她(Φ)+照顧(맡

기다)+藝恩(예은)'이다. 중국어 문장에서는 모든 성분이 출현한 반면 한국어 문장에서는 사동주와 피사동주가 모두 생략되었다. 한국어 문장과 달리 중국어 문장에서는 피사동주 NP2가 반드시 출현해야 한다.

(41) 제2유형: C2(NP1+叫+NP2+V)

　　예) 就**叫**你不要**問**了.

　　　　묻지 말라구! 〈내 이름은 김삼순 12회〉

　　예문 (41)에서 NP1은 화자이기 때문에 중국어와 한국어 문장에서 모두 직접적으로 나타나지 않았다. NP2는 '你(Φ)', V는 '問(묻다)'로서 이 문장의 구조는 '화자+叫+你(Φ)+問(묻다)'이다. 한국어 문장에 피사동주는 청자이기 때문에 생략되는 반면 중국어 문장에서는 피사동주 NP2가 반드시 출현해야 한다.

　　위와 같이 말뭉치에서 '叫' 사동의 구조 빈도를 분석한 결과는 다음과 같다.

〈표 18〉 말뭉치에 나타난 '叫' 사동 구조의 빈도 비율

번호	'叫' 사동 구조	신문		드라마		합계	
C1	NP1+叫+NP2+V+NP3	0	0%	171	100%	171	100%
C2	NP1+叫+NP2+V	0	0%	317	100%	317	100%
	합계	0	0%	488	100%	488	100%

　　분석 결과에 따르면 '叫' 사동의 C2(NP1+叫+NP2+V) 구조의 출현 빈도가 가장 높으며 입말에서만 고빈도로 출현하였다. '叫' 사동의 C2 구조는 입말의 사용 환경에서 의사소통 시에 주로 사용되는 현상을 발견할 수 있었다.

3.2.2.5 '把' 사동 구조

　　말뭉치에서 '把' 사동은 440회 출현하였으며 그의 구조는 C1(NP1+把

+NP2+V+NP3), C2(NP1+把+NP2+V)로 분석되었다. 다음은 각 구조의 예이다.

(42) 제1유형: C1(NP1+把+NP2+V+NP3)
    예) **我把他轉到**別的**醫院**去。
       나 다른 병원으로 옮기겠어요. 〈미안하나 사랑한다 10회〉

   예문 (42)에서 NP1은 '我(나)', NP2는 '他(Φ)', V는 '轉到(옮기다)', NP3은 '醫院(병원)'이며 문장의 구조는 '我(나)+把+他(Φ)+轉到(옮기다)+醫院(병원)'이다. '轉到(옮기다)'는 '술보' 구조이다. 즉, '轉'는 동사이고 '到'는 결과보어이다. 이것은 다른 유표지 사동과 달리 '把' 사동 서술어만의 특성이다. 또 이 구조는 다른 유표지 구조와 달리 NP3은 목적어가 아니라 부사어이다. 즉, V가 반드시 필요한 요소이다. 보통 처소나 목적지로 나타난다. 한국어 문장에서는 피사동주가 선행 발화에서 제시되었고 화청자 간에 이미 충분히 알고 있는 사실이므로 생략되었다. 한국어 문장과 달리 중국어 문장에서는 피사동주 NP2가 반드시 출현해야 한다.

(43) 제2유형: C2(NP1+把+NP2+V)
    예) 我可要**把**盤子都**摔碎**了。
       나 접시 다 깨먹을 거야. 〈신사의 품격 3회〉

   예문 (43)에서 NP1은 나(我), NP2는 '盤子(접시)', V는 '摔碎(깨먹다)'이며 문장의 구조는 '나(我)+把+盤子(접시)+摔碎(깨먹다)'이다. '摔碎(깨먹다)'는 '술보' 구조이다. 즉, '碎'는 '摔'의 결과이다. '把' 사동의 서술어는 보통 이런 '술보' 구조를 가진다. 그리고 한국어 문장과 달리 중국어 문장에서는 피사동주 NP2가 반드시 출현해야 한다.
   이러한 분석을 바탕으로 말뭉치에서 '把' 사동의 구조 빈도를 살펴본 결과는 다음과 같다.

〈표 19〉 말뭉치에 나타난 '把' 사동 구조의 빈도 비율

번호	'把' 사동의 구조	신문		드라마		합계	
C1	NP1+把+NP2+V+NP3	97	59%	67	41%	164	100%
C2	NP1+把+NP2+V	46	17%	230	83%	276	100%
합계		143	32%	297	68%	440	100%

분석 결과에 의하면 '把' 사동 C2(NP1+把+NP2+V) 구조의 출현 빈도가 가장 높으며 글말보다 입말에서 고빈도로 나타났다. 따라서 '把' 사동의 C2 구조는 일상 대화에서 주로 사용되는 경향성을 보인다.

3.2.2.6 '給' 사동 구조

말뭉치에서 '給' 사동은 111회 출현하였으며 그의 구조는 C1(N1+給+N2+V+N3), C2(N1+給+N2+V)로 확인되었다. 다음은 각 구조의 예이다.

(44) 제1유형: C1(NP1+給+NP2+V+NP3)

　　예) 怎麼了? 我說**給**你**看**样**東西**。

　　　　왜 이래, 보여 줄 게 있다고. 〈꽃보다 남자 25회〉

예문 (44)에서 NP1은 '我(Φ)', NP2는 '你(Φ)', V는 '看(보이다)', NP3은 '東西(게)'이며 문장의 구조는 '我(Φ)+給+你(Φ)+看(보이다)+東西(게)'이다. 한국어 문장에서는 사동주와 피사동주는 화청자이기 때문에 생략되었으나 이와 달리 중국어 문장에서는 피사동주 NP2가 반드시 출현해야 한다.

(45) 제2유형: C2(NP1+給+NP2+V)

　　예) **給**我**看**一眼吧。

나 쫌만 보여 주라. 〈아이엠샘 10회〉

위의 예문 (45)에서 NP1은 청자(Φ), NP2는 '我(나)', V는 '看(보이다)'이며 문장의 구조는 '청자(Φ)+給+我(나)+看(보이다)'이다. 중국어 문장과 한국어 문장에서는 사동주가 청자이기 때문에 생략되었다. 이와 달리 한국어 문상과 달리 중국어 문장에서는 피사동주 NP2가 반드시 출현해야 한다.

위와 같이 말뭉치에서 출현한 '給' 사동의 구조 빈도를 살펴본 결과는 다음과 같다.

〈표 20〉 말뭉치에 나타난 '給' 사동 구조의 빈도 비율

번호	'給' 사동 구조	신문		드라마		합계	
C1	NP1+給+NP2+V+NP3	7	22%	25	78%	32	100%
C2	NP1+給+NP2+V	0	0%	79	100%	79	100%
	합계	7	6%	104	94%	111	100%

위에 보듯이 '給' 사동의 C2(NP1+給+NP2+V) 구조가 말뭉치에서 비교적 많이 출현하였으며 이 구조는 입말에서 주로 확인되었다.

3.3 분석의 함의

지금까지 170만 어절의 병렬말뭉치에 사용된 한·중 사동표현의 유형과 격틀에 대해 구체적으로 살펴보았다. 3.1에서는 한국어 사동표현의 유형과 격틀을 살펴보았고 3.2에서는 중국어 사동표현의 유형과 구조에 대해 살펴보았다. 이뿐 아니라 각각의 유형과 구조의 특징을 밝힐 때 글말과 입말을 구별하여 사용 양상의 차이까지도 제시하였다. 이제부터는 3장의 논의를 통해 밝혀진 한국어 사동표현과 중국어 사동표현의 유형과 격틀의 쓰임에 대해 간단히 정리해 볼 것이다.

1) 한국어 사동표현의 유형

3.1.1에서 분석한 한국어 사동표현의 결과를 각각 유형별로 신문과 드라마에 사용된 비중을 정리하면 다음과 같다.

〈표 21〉 말뭉치에 나타난 한국어 사동표현 유형의 빈도 비율

한국어 사동표현	신문		드라마		합계	
제1사동	3,494	57%	2,663	43%	6,157	100%
제2사동	651	66%	332	34%	983	100%
제3사동	504	48%	547	52%	1,051	100%
합계	4,649	57%	3,542	43%	8,191	100%

사동표현의 유형에 따라 말뭉치에서 출현한 한국어 사동표현의 빈도 상의 차이가 발견되었다. 한국어 제1사동의 출현 빈도가 가장 높고 제2사동과 제3사동의 출현 빈도는 비슷하였다. 전체 말뭉치에서는 한국어 사동표현의 빈도는 입말보다 글말에서 사용 비중이 좀 더 높은 것으로 나타났으나 제3사동의 경우에는 글말보다 입말에서 사용 비중이 더 높은 것으로 나타났다.

이어서 3.1.1.1에서는 말뭉치뿐 아니라 교재에의 사동사를 살펴본 후에 교재에 나타나지 않은 사동사를 찾아내었고 한국어 교육에 활용 가능하며 도움이 될 만한 사동사의 목록을 제시하였다(〈표10〉 참고). 더 나아가 고빈도 사동사의 글말과 입말에서의 사용 양상도 서술했다. 그리고 한자어와 결합하는 '–시키다'가 주로 제2사동으로 사용되는 경향과 제3사동의 '–게 하다'가 많이 사용되는 것도 본 연구에서 유의미한 결과로 제시되는 부분이다.

2) 한국어 사동표현의 격틀

3.1.2에서 분석한 한국어 사동표현의 결과를 각각 격틀별로 신문과 드라마에 사용된 비중을 정리하면 다음과 같다.

<표 22> 말뭉치에 나타난 한국어 사동표현 격틀의 빈도 비율

한국어 사동표현	한국어 사동표현 격틀	신문		드라마		합계	
제1사동	NP1이 NP2를 V	3,177	62%	1,907	38%	5,084	100%
	NP1이 NP2에게 NP3을 V	94	14%	594	86%	688	100%
	NP1이 NP2에 NP3을 V	87	42%	120	58%	207	100%
	NP1이 NP2를 NP3으로 V	136	76%	42	24%	178	100%
제2사동	NP1이 NP2를 N-시키다	565	71%	227	29%	792	100%
	NP1이 NP2에게 NP3을 N-시키다	0	0%	59	100%	59	100%
	NP1이 NP2에 NP3을 N-시키다	69	71%	28	29%	97	100%
	NP1이 NP2를 NP3으로 N-시키다	17	49%	18	51%	35	100%
제3사동	NP1이 NP2가 V-게 하다	53	87%	8	13%	61	100%
	NP1이 NP2를 V-게 하다	387	43%	508	57%	895	100%
	NP1이 NP2에게 NP3을 V-게 하다	23	51%	22	49%	45	100%
	NP1이 NP2가 NP3을 V-게 하다	25	100%	0	0%	25	100%
	NP1이 NP2를 NP3을 V-게 하다	2	40%	3	60%	5	100%
	NP1이 NP2로 하여금 NP3을 V-게 하다	4	100%	0	0%	4	100%
	NP1이 NP2를 NP3에 V-게 하다	10	62%	6	38%	16	100%
합계		4,649	57%	3,542	43%	8,191	100%

말뭉치에서 한국어 제1사동, 제2사동, 제3사동의 각각의 격틀마다 출현 빈도에는 차이를 보인다. 첫째, 제1사동의 격틀 중에서는 'NP1이 NP2를 V'는 다른 격틀에 비해 출현 빈도가 매우 높고 입말보다 글말에서 사용 비중이 더 높은 것으로 나타났다. 둘째, 제2사동의 격틀 중에서는 'NP1이 NP2를 N-시키다'가 다른 격틀에 비해 고빈도로 출현하였다. 특히 입말보다 글말에서 사용 비중이 더 높은 것으로 나타났다. 셋째, 제3사동의 격틀 중에서는 'NP1이 NP2를 V-게 하다'가 다른 격틀에 비해 출현 빈도가 높다. 글말보다 입말에서의 사용 비중이 더 높은 것으로 나타났다. 이는 일상생활에서 주로 사용되며 자주 마주치게 되는 격틀 빈도가 높은 것들을 정리함으로써 외국어 학습에 효과적인 도움을 마련할 수 있을 것이라 기대한다.

3) 중국어 사동표현의 유형

3.2.1에서 분석한 중국어 유표지 사동표현의 결과를 각각 유형별로 신문과 드라마에 사용된 비중을 정리하면 다음과 같다.

〈표 23〉 말뭉치에 나타난 중국어 유표지 사동 유형의 빈도 비율

중국어 유표지 사동	신문		드라마		합계	
讓	1,446	29%	3,505	71%	4,951	100%
使	618	95%	35	5%	653	100%
令	504	92%	41	8%	545	100%
叫	0	0%	488	100%	488	100%
把	143	32%	297	68%	440	100%
給	7	6%	104	94%	111	100%
합계	2,718	38%	4,470	62%	7,188	100%

말뭉치에서 검토된 중국어 유표지 사동은 '讓', '使', '令', '叫', '把', '給' 사동으로서 그 가운데 '讓' 사동이 가장 고빈도로 사용되며 입말에서 사용 비중이 높은 것으로 나타났다. '使', '令' 사동은 전체 출현 빈도가 낮으나 글말에서 사용 비중이 높은 것으로 나타났다. '叫', '把', '給' 사동 역시 전체 출현 빈도는 낮지만 입말에서 사용 비중이 높은 것으로 나타났다.

4) 중국어 사동표현의 구조

3.2.2에서 분석한 중국어 유표지 사동표현의 결과를 각각 구조별로 신문과 드라마에 사용된 비중을 정리하면 다음과 같다.

〈표 24〉 말뭉치에 나타난 중국어 유표지 사동 구조의 빈도 비율

중국어 유표지 사동	중국어 유표지 사동 구조	신문		드라마		합계	
讓	NP1+讓+NP2+V+NP3	761	37%	1,279	63%	2,040	100%
	NP1+讓+NP2+V	537	22%	1,940	78%	2,477	100%
	NP1+讓+NP2+VA	148	34%	286	66%	434	100%

使	NP1+使+NP2+V+NP3	361	97%	13	3%	374	100%
	NP1+使+NP2+V	223	93%	17	7%	240	100%
	NP1+使+NP2+VA	34	87%	5	13%	39	100%
令	NP1+令+NP2+V+NP3	53	98%	1	2%	54	100%
	NP1+令+NP2+V	349	93%	28	7%	377	100%
	NP1+令+NP2+VA	102	89%	12	11%	114	100%
叫	NP1+叫+NP2+V+NP3	0	0%	171	100%	171	100%
	NP1+叫+NP2+V	0	0%	317	100%	317	100%
把	NP1+把+NP2+V+NP3	97	59%	67	41%	164	100%
	NP1+把+NP2+V	46	17%	230	83%	276	100%
給	NP1+給+NP2+V+NP3	7	22%	25	78%	32	100%
	NP1+給+NP2+V	0	0%	79	100%	79	100%
합계		2,718	38%	4,470	62%	7,188	100%

중국어 유표지 사동 모두에서 'NP1+讓/使/令/叫/把/給+NP2+V+ NP3', 'NP1+讓/使/令/叫/把/給+NP2+V' 구조가 발견된 반면 'NP1+ 讓/使/令+NP2+VA' 구조는 '讓/使/令' 사동에서만 출현하였다. 먼저 '讓' 사동의 경우에는 이 세 구조가 모두 나타났으며 그중 'NP1+讓 +NP2+V' 구조의 출현 빈도가 가장 높다. 모든 '讓' 사동 구조는 입말에서의 사용 비중이 더 높은 것으로 나타났다. '使' 사동과 '令' 사동의 경우에는 전체 출현 빈도가 낮게 나타났으나 'NP1+使+NP2+V+NP3', 'NP1+令+NP2+V' 등은 상대적으로 출현 빈도가 높았다. 모든 '使', '令' 사동 구조는 글말에서의 사용 비중이 더 높은 것으로 나타났다. '叫' 사동과 '把' 사동의 구조 역시 전체 출현 빈도는 낮게 나타났으나 'NP1+ 叫/把+NP2+V'는 상대적으로 출현 빈도가 높았으며 입말에서의 사용 비중이 높은 것으로 나타났다. '給' 사동의 구조는 전체 출현 빈도로 볼 때 출현 빈도가 가장 낮고 모든 '給' 사동 구조는 입말에서의 사용 비중이 더 높은 것으로 나타났다.

3장에서는 위 분석 결과와 같이 병렬말뭉치에 의거하여 한국어 사동 표현의 유형과 격틀 및 중국어 사동표현의 유형과 구조를 밝혀 보았다.

다음 장에서는 한·중 대조 방향의 분석 작업을 통해 한국어 사동표현의 유형과 격틀에 대응되는 중국어 표현의 양상과 특징에 대해 자세히 분석해 보고자 한다.

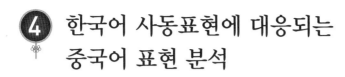

4 한국어 사동표현에 대응되는 중국어 표현 분석

본 장에서는 3장의 논의를 바탕으로 신문과 드라마 병렬말뭉치에서 각각의 한국어 사동표현의 유형과 격틀에 대응되는 중국어 표현의 양상을 밝히고자 한다. 기존 연구에서는 한국어 사동표현과 중국어 사동표현 간의 대응 관계는 확인하였으나 중국어 사동표현으로 대응되지 않는 경우를 포함하여 구체적인 대응 양상을 밝히지는 않았다. 그러나 실제 언어생활을 반영하는 말뭉치에서도 기존의 연구 결과처럼 한국어 사동표현이 중국어 사동표현에만 대응되는지, 그 이외 대응 표현은 없는지를 확인할 필요가 있다. 또 글말과 입말의 언어 표현이 다르기 때문에 사동표현이 글말과 입말에서 어떤 사용 양상의 차이를 보이는지 알 수 있도록 구체적인 대응 양상도 확인해야 한다. 이를 밝히기 위해 본 연구에서는 3장에서 제시한 한국어 사동표현의 유형과 격틀에 대응되는 중국어 표현은 무엇인지, 글말과 입말에서의 사용 양상을 모두 살펴보기로 한다.[28] 즉, 한국어 사동표현은 중국어 유표지 사동, 무표지 사동 외에도 중국어 피동표현으로 대응되기도 하고 '대응 없음'으로 나타나기도 한다. 그러므로 한국어 제1사동, 제2사동, 제3사동의 유형과 격틀이 중국어로 각각 어떤 표현으로 나타나는지, 글말과 입말에서 어떤 대응 차이가 있는지도 분석함으로써 한국어 사동표현의 유형과 격틀에 따른 중국어 번역 대응 양상을 확인하고 경향성을 파악하고자 한다. 특히 왜 이런 대응 양상이 나타나는지 그 이유를 해석해 보겠다.

첫 번째로 살펴볼 것은 한국어 사동표현의 유형에 대응되는 중국어 표현이다.

〈그림 20〉 한국어 사동표현 유형에 대응되는 중국어 표현

한국어 사동표현은 중국어 '유표지 사동, 무표지 사동, 피동표현, 대응 없음'과 대응된다는 것을 알 수 있다. 말뭉치에서 이것의 사용 비율을 분석하면 다음과 같다.

〈표 25〉 한국어 사동표현 유형에 대응되는 중국어 표현의 빈도 비율

한국어 사동표현	중국어 유표지 사동		중국어 무표지 사동		중국어 피동표현		대응 없음		합계	
제1사동	608	10%	1,221	20%	6	0%	4,322	70%	6,157	100%
제2사동	313	32%	239	24%	7	1%	424	43%	983	100%
제3사동	658	63%	107	10%	1	0%	285	27%	1,051	100%
합계	1,579	19%	1,567	19%	14	0%	5,031	62%	8,191	100%

---

28) 한국어 특징 중 하나는 조사가 많이 발달한 것인데, 조사가 바뀌면 문장의 의미도 변하므로 조사는 매우 중요하다고 할 수 있다. 모국어에 조사가 발달하지 않은 중국인 한국어 학습자들의 경우에도 한국어를 배울 때 느끼는 어려움 중 하나가 바로 조사이다. 한국어 서술어가 다르면 문장에 쓰인 조사들도 달라지기 때문에 사동표현의 제1사동, 제2사동, 제3사동에서도 다양한 격틀이 있다는 것을 알 수 있다. 이에 따라 중국인 한국어 학습자는 각각의 한국어 사동표현의 격틀과 그에 따른 중국어 대응 표현을 알아두어야 한다. 특히 격틀 분석은 형태만으로 한국어 사동표현을 구별하기 힘들 때 의미 판단에 도움을 줄 수 있다. 전은희 외 (2001)에서 격문법(Case Grammer)은 언어의 의미에 초점을 맞추어 언어의 문법성을 규명하고, 분석의 결과로 언어의 의미를 도출해 내는 문법이다. 이 방법은 동사구와 명사구 사이의 의미적 관계를 기술해 주기 때문에 비교적 형식이 자유로운 한국어를 처리하는 데 유용한 방법이라고 하였다. 예를 들어 동일한 형태를 갖는 '-이-, -히-, -리-, -기-'의 피동과 사동을 구별하기 어려운 경우에는 격틀로 접근했을 때 쉽게 구분할 수 있는 장점이 있다.

분석 결과에 의하면 각각의 한국어 사동표현은 중국어 '유표지 사동, 무표지 사동, 피동표현, 대응 없음'과 대응되었으며 각각의 대응되는 양상은 사뭇 다르다. 제1사동은 '대응 없음'과 많이 대응되는 경향이 있으며 제2사동은 대응되는 '유표지 사동, 무표지 사동, 대응 없음' 간의 비율에 큰 차이가 없음을 보인다. 제3사동은 중국어 사동표현 중에서 중국어 '유표지 사동'으로 대응되는 경향이 뚜렷하게 나타났다. 본 연구에서는 이러한 대응 현상이 나타난 원인이 무엇인지와 그들 간에 어떤 구체적인 대응 양상이 있는지, 그리고 글말과 입말의 대응 양상 간에 어떠한 차이가 있는지에 대해 구체적으로 다음 절에서 살펴보고자 한다.

　두 번째로 살펴볼 것은 한국어 사동표현의 격틀에 대응되는 중국어 표현이다.

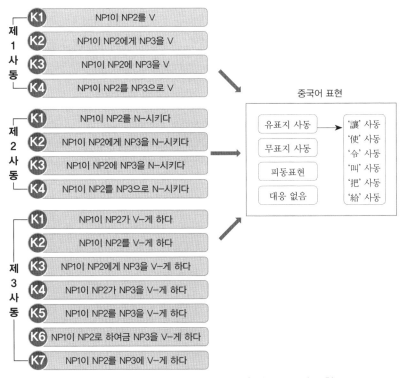

〈그림 21〉 한국어 사동표현 격틀에 대응되는 중국어 표현

말뭉치에서 한국어 제1사동, 제2사동, 제3사동의 격틀은 다르게 나타났지만 세 가지 사동은 모두 중국어 '유표지 사동, 무표지 사동, 피동표현, 대응 없음'과 대응되었다. 이상의 말뭉치에 나타난 제1사동, 제2사동, 제3사동의 격틀이 주로 어떤 중국어 표현으로 대응되었는지 분석한 결과는 다음과 같다.

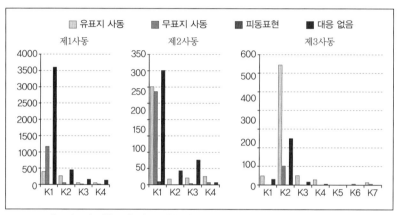

〈그림 22〉 한국어 사동표현 격틀에 대응되는 중국어 표현의 양상

위 그림에서 보듯이 제1사동의 격틀 중에서 K1(NP1이 NP2를 V) 격틀은 중국어 표현으로 다양하게 대응되었다. 특히 K1(NP1이 NP2를 V) 격틀은 '대응 없음'과 고빈도로 대응되었다. 또 제2사동의 격틀 중에서 K1(NP1이 NP2를 N-시키다) 격틀은 중국어 표현으로 다양하게 대응되었다. 더 나아가 K1(NP1이 NP2를 N-시키다) 격틀은 중국어 '유표지 사동', '무표지 사동', '대응 없음'과 비슷한 빈도로 대응되었다. 마지막으로 제3사동의 격틀 중에서 K2(NP1이 NP2를 V-게 하다) 격틀은 다양한 중국어 표현들로 대응되었다. 그중에서 특히 K2(NP1이 NP2를 V-게 하다) 격틀은 중국어 '유표지 사동'과 고빈도로 대응되었다. 다음으로 이들 간의 구체적인 대응 양상을 살펴보고 글말과 입말에서 어떠한 대응상의 차이가 있는지를 밝혀보고자 한다.

4.1 제1사동과 대응되는 중국어 표현

본 연구에서 분석한 약 170만 어절의 신문과 드라마로 구성된 한 · 중 병렬말뭉치에서 한국어 제1사동은 6,157회 출현하였다. 분석 결과 제1사동의 유형과 격틀은 모두 중국어 '유표지 사동, 무표지 사동, 피동표현 및 대응 없음'에 대응되었다. 본 절에서는 제1사동의 유형과 격틀에 따라 대응되는 각각의 중국어 표현의 양상에 대해 살펴보고자 한다.

4.1.1 제1사동에 대응되는 중국어 표현

말뭉치에서 각각의 제1사동과 중국어 표현의 대응 양상에 대해 살펴본 결과는 다음과 같다.

〈표 26〉 제1사동에 대응되는 중국어 표현의 빈도 비율

한국어 사동	말뭉치	중국어 유표지 사동		중국어 무표지 사동		피동표현		대응 없음		합계	
제1사동	신문	182	5%	731	21%	3	0%	2,578	74%	3,494	100%
	드라마	426	16%	490	18%	3	0%	1,744	66%	2,663	100%
합계		608	10%	1,221	20%	6	0%	4,322	70%	6,157	100%

분석 결과에 의하면 제1사동은 '중국어 유표지 사동', '중국어 무표지 사동', '피동표현', '대응 없음'과 대응 빈도에 있어서 차이를 보인다. 그 가운데 중국어 '대응 없음'과 대응되는 빈도가 가장 높다. 글말과 입말을 구분하여 살펴보면 글말에서는 입말에 비해 중국어 '대응 없음'과 '중국어 무표지 사동'에 대응되는 빈도가 높으며 입말에서는 글말에 비해 '중국어 유표지 사동'과 대응되는 빈도가 더 높다. 이에 대해서는 4.1.1.1~4.1.1.4에서 자세히 살펴보기로 한다.

4.1.1.1 제1사동에 대응되는 중국어 유표지 사동

말뭉치에서 쓰인 제1사동은 중국어 사동표현에서 유표지 사동으로 608회(전체의 10%) 대응되었다. 그중 신문과 드라마에서는 각각 182회,

426회가 사용되었다. 한국어의 제1사동은 '어휘적 사동'의 특징이 있는 반면 중국어 유표지 '讓, 使, 令, 叫, 把, 給' 사동은 '통사적 사동'의 의미가 짙다. 한국어의 제1사동이 중국어 유표지 사동으로 대응된 경우를 다음 예를 통하여 살펴보겠다.

(46) ㄱ. 신화가 4년만의 콘서트를 '완판'하는 저력을 **보였**다. 〈중앙일보 음악〉

神話組合時隔4年的演唱會**讓**我們**看**到了 "全席售罄" 的潛力。

ㄴ. 한국 금융의 취약한 경쟁력도 협상팀이 운신할 수 있는 폭을 **좁혔**다. 〈중앙일보 경제〉

韓國金融脆弱的競爭力也**使**談判小組討价還价的籌碼變**小**。

ㄷ. 가수 비가 군 입대를 앞두고 연 콘서트에서 일본 팬들을 **울렸**다. 〈중앙일보 음악〉

歌手Rain即將入伍, 這個消息**令**日本粉絲在其舉行的演唱會中 **哭泣**。

ㄹ. 예은이 **맡겨**놨잖아요? 〈오! 마이 레이디 14회〉

我不是**叫**她**照顧**藝恩嗎?

ㅁ. 전북대는 수의대를 익산으로 **옮기**고 아시아 최대 규모의 인수공통전염병 연구소를 세우는 프로젝트를 추진 중이다. 〈중앙일보 유학〉

全州的全北大學**把**獸醫大學**遷到**益山, 正在促進建設亞洲規模最大的人畜共同傳染病研究所的項目。

ㅂ. 그는 또 자신이 런던 지하철에서 샤이니의 '링딩동'을 공연한 적이 있다며 관련 영상을 **보여** 주기도 했다. 〈중앙일보 음악〉

她說自己曾在倫敦地鐵中表演過SHINee的《RingDingDong》, 并**給**記者**看**了相關的視頻。

예문 (46ㄱ-ㅂ)은 각각의 제1사동에 대응되는 중국어 유표지 '讓, 使,

令, 叫, 把, 給' 사동의 예문이다. 예문 (46ㄱ)에서 '보이다'는 중국어 '讓-看'로 표시되었다. 그중 '보다'의 중국어의 뜻은 '看'이며 사동접미사 '-이-'는 중국어의 '讓'에 대응 번역되었다. 중국어 사동표현에서 피사동주는 '讓(사동표지)-看(동사)'의 사이에 나타나며 이와 마찬가지로 예문 (46ㄴ-ㅂ)의 '좁히다, 울리다, 맡기다, 옮기다, 보이다'는 중국어의 '使-小, 令-哭泣, 叫-照顧, 把-遷到, 給-看'으로 대응 번역되었다. 또 예문 (46ㄱ, ㅁ)의 중국어 예문에서는 동사 뒤에 결과보어 '到'가 첨가되었는데 사동표현의 개념에서 그 이유를 찾을 수 있다. 즉, 사동표현이란 사동주가 피사동주로 하여금 어떤 동작을 하게 만드는 것이나 사태(事態)의 변화 따위를 일으키는 작용을 가리키는 것으로서 이에 따라 문장에서 '결과'의 의미가 나타나는 경우에는 중국어 사동표현에 동작 동사의 결과를 설명하는 '결과보어'가 첨가되어야 함을 알 수 있다. 특히 예문 (46ㅁ)에서는 '把' 사동의 특성 때문에 서술어가 반드시 '遷到'와 같은 복합동사여야 한다. 또한 예문 (46ㄱ)의 한국어 문장에서 제1사동의 피사동주는 표면적으로 드러나지 않았지만 번역된 중국어 문장에서는 피사동주 '我們(우리)'가 나타났는데 이것은 '讓' 사동의 피사동주가 문장에 반드시 출현해야 하는 제약이 있기 때문이다. 중국어의 '使, 叫, 把' 사동 역시 '讓' 사동과 동일한 특징을 가진다. 이상의 분석을 통하여 한국어 제1사동은 '어휘적 의미'가 강한 반면 중국어의 유표지 사동은 '통사적 의미'가 강함을 알 수 있다. 본 연구에서 사용한 병렬말뭉치 분석을 통해 제1사동과 중국어 유표지 사동표현의 대응 양상과 경향은 다음과 같다.

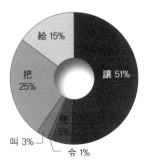

〈그림 23〉 제1사동과 중국어 유표지 사동의 대응 양상

제1사동은 중국어 유표지 사동의 가운데 '讓' 사동과 대응되는 비율이 전체의 절반 이상을 차지한다. 그 뒤로 '把, 給' 사동이 제1사동에 많이 대응되었으며 '使, 叫, 令' 사동과는 대응되는 비율이 높지 않다. 아래에서는 이러한 대응 양상이 글말과 입말의 구분과는 어떠한 관련이 있는지 신문과 드라마 말뭉치 자료를 통해 살펴보기로 한다.

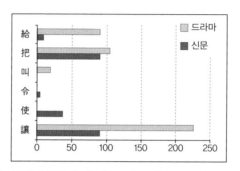

〈그림 24〉 글말과 입말에 제1사동과 중국어 유표지 사동의 대응 양상

분석 결과에 따르면 글말과 입말에서 제1사동에 대응되는 중국어 유표지 사동의 비율은 차이가 나타났다. 글말과 입말에서 모두 가장 많이 대응된 중국어 유표지 사동은 '讓' 사동이며 글말보다 입말에서 두 배 이상의 대응 빈도를 보인다. 제1사동을 중국어 유표지 사동으로 전환하는 경우에는 기본적으로 '讓' 사동으로 번역하는 경우가 많으며 입말에서 제1사동을 중국어 '讓' 사동으로 번역할 때에는 '讓' 사동 외에도 '給, 把' 등으로 번역되기도 한다. 또 제1사동과 대응되는 '使, 叫, 令' 사동은 대응 빈도가 낮기 때문에 일정한 대응의 경향성을 발견하기는 어렵다고 할 수 있다. 따라서 본 연구의 결과는 기존 연구의 분석 결과를 보완할 수 있다. 혁미평(2013)에서는 제1사동과 중국어 유표지 사동의 대응 여부 가운데 '把, 叫, 讓' 사동의 대응 관계를 확실히 제시하지 못했고 '把, 叫, 讓' 사동을 각각 '*, ?, ?'로 표시한다고 하였다. 그러나 본 연구에서는 제1사동은 '讓, 使, 叫, 令, 把, 給' 사동과 모두 대응 가능하며 그들 간의 대응 경향성 또한 밝힘으로써 혁미평(2013)의 한계를 보완하였다.

4.1.1.2 제1사동에 대응되는 중국어 무표지 사동

제1사동은 중국어 사동표현 중 무표지 사동으로 1,221회(전체의 20%) 대응되었다. 이는 신문과 드라마에서 각각 731회, 490회 출현한 것이다. 앞서 보았듯이 한국어의 제1사동은 '어휘적 사동'의 특징을 가진다. 여기서 흥미로운 것은 중국어 무표지 사동표현은 '어휘적 사동'과 '통사적 사동'의 특징을 모두 가지고 있다는 점인데 무표지 사동 중 '어휘 사동'은 '어휘적 특성'의 의미를 가지며 '得 구문, 겸어문'은 '통사적 사동'의 의미를 갖는다. 따라서 이들 간에 어떤 대응 양상이 나타나는지 확인할 필요가 있다. 한국어의 제1사동이 중국어 무표지 사동으로 대응된 경우를 다음 예를 통하여 살펴보기로 한다.

(47) ㄱ. 대학들은 취업률을 **높이**기 위해 재학생들을 인턴으로 보낼 곳을 찾고 이들을 산업현장과 연결해 주는 일까지 도맡아 처리하고 있다. 〈중앙일보 유학〉

　　　大學爲**提高**就業率紛紛前去尋找爲在讀生提供實習的場所，甚至負責處理學生与産業現場間的交流与聯系。

　　ㄴ. 배 아파 **웃겨**죽겠다. 〈미안하다 사랑한다 16회〉

　　　笑**得**我肚子好痛。

　　ㄷ. 아저씨가 **울렸**어요? 〈아이엠샘 4회〉

　　　是大叔**惹**他**哭**的嗎?

위의 예문 (47ㄱ-ㄷ)은 한국어 제1사동 및 제1사동과 대응되는 중국어 무표지 '어휘 사동', '得 구문', '겸어문' 사동의 예시이다. 예문 (47ㄱ)에서 '높이다'는 중국어 '提高'로 번역되었다. 따라서 '높이다'는 중국어 사동 어휘인 '提高'에 대응되는 것을 알 수 있다. '提高'는 '兼類詞(겸류사)'이다. 朴美貞(2002)에 따르면 '兼類詞(겸류사)'는 일반적으로 주동문에서는 술어가 자동사나 형용사로 이루어지지만 목적어를 수반하는 경우에 대당 사동문을 이루며 사동 의미가 나타나게 된다는 것이다. 이를 객관적으로 판단하기 힘들기 때문에 지금까지 해왔던 연구들은 대부분 譚景春(1997)에 근거하여 진행되었다.[29] 예문 (47ㄴ)에서 '웃기다'는 '得 구문'에 대응되었다. '得 구문'은 통사적인 특성을 가지기 때문에 구조를 통하여 판단해야 한다. 대응되는 중국어 문장의 구조는 '笑+得+我肚子 +好痛'로서 주어는 청자(너)이기 때문에 생략된 것으로서 주어를 복원하면 바로 '得 구문'의 구조가 되는 것을 알 수 있다. 朴美貞(2002)에서 '得 구문'이 모두 사동을 나타내는 것은 아니며 '得' 뒤의 보어가 주술구로 이루어진 경우에만 사동 의미를 가지게 된다고 하였다. 이런 사동표현은 'A+V1+得+B+C'의 형식을 이루는데 A와 B는 주로 명사성 성분이고 B와 C는 주술구를 이루며 이때 C는 B의 상태를 설명하게 된다고 하였다. 따라서 A는 '你(너)', B는 '我肚子(내 배)', C는 '痛(아프다)'이다. 여기서 A와 B는 명사이고 B와 C는 주술구이다. 이와 같이 한국어의 '웃기다'는 어휘적 사동의 특성이 강하지만 중국어에서는 통사적인 특성을 가진 '得 구문'과 대응될 수 있다. 예문 (47ㄷ)에서 '울리다'는 중국어 '惹-哭'로 번역되었다. 그중에 '울다'는 '哭'에 해당하므로 사동접미사 '-리-'는 '惹'에 해당된다. 문장의 구조를 살펴보면 'NP1+V1+NP2+V2(大叔+惹+他+ 哭)'이다. NP1은 '大叔(아저씨)', V1은 '惹(불러일으키다/야기하다/초래

---

29) 譚景春(1997)에서 제시한 '兼類詞(겸류사)'의 목록은 다음과 같다.

첫째, 자동사와 겸류인 사동사는 '暴露, 變, 沉, 動搖, 凍, 斗, 斷, 斷絕, 惡化, 發, 發揮, 發展, 翻, 分裂, 分散, 腐化, 改變, 改善, 改進, 骨碌, 滾, 化, 轟動, 緩和, 緩解, 渙散, 荒, 荒廢, 荒疏, 晃, 恢復, 活動, 集合, 加强, 加重, 減輕, 減少, 降低, 降, 結束, 解散, 捲, 聚集, 開, 開展, 虧, 擴大, 擴充, 立, 落, 麻痹, 迷惑, 滅, 滅亡, 平息, 平定, 氣, 軟化, 折, 實現, 縮小, 疏散, 提高, 停, 停止, 通, 統一, 退, 瓦解, 彎, 熄, 響, 消, 搖, 搖晃, 搖動, 轉, 增加, 增强, 振作' 등이다.

둘째, 형용사와 겸류인 사동사는 '安定, 便利, 充實, 饞, 純潔, 端正, 惡心, 餓, 發達, 煩, 煩惱, 繁榮, 方便, 肥, 豐富, 富裕, 感動, 鞏固, 孤立, 固定, 規范, 寒磣, 壞, 活躍, 集中, 堅定, 堅强, 健全, 緊, 開闊, 渴, 空, 苦, 寬, 累, 涼, 麻煩, 滿, 滿足, 密切, 勉强, 明確, 模糊, 暖, 暖和, 便宜, 平, 平定, 平整, 普及, 淸醒, 熱, 濕潤, 濕, 松, 疏松, 爲難, 委屈, 溫, 溫暖, 穩定, 穩固, 嚴格, 匀, 嚴肅, 冤枉, 振奮, 鎭定, 正, 壯, 壯大, 滋潤' 등이다.

하다)', NP2는 '他(그)'이고, V2는 '哭(울다)'이다. 한국어 문장에서 NP2
는 앞 문장에 있고 화자와 청자가 모두 알고 있는 대상이기 때문에 문장
에서 드러나지 않았다. '겸어문'은 겸어 앞의 술어와 겸어 뒤의 술어 사
이에는 밀접한 인과 관계가 성립된다. 겸어문은 'NP1+V1+NP2+V2'의
형식을 취한다. 朴美貞(2002)에서 제시한 V1에 올 수 있는 동사 목록에
'惹'이 존재하는바,[30] 예문 (47ㄷ)에서 한국어 제1사동은 중국어 '겸어문'
과 대응된다는 것을 알 수 있다.

　이처럼 말뭉치에 나타난 제1사동에 대응되는 중국어 무표지 사동의 양
상에 대해 분석한 결과는 다음과 같다.

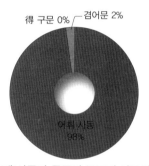

得 구문 0%　겸어문 2%

어휘 사동
98%

〈그림 25〉 제1사동과 중국어 무표지 사동의 대응 양상

　위 그림에서 보듯이 제1사동은 중국어 무표지 사동의 '어휘 사동'과 주
로 대응되었다. 아래에서는 더 나아가 글말과 입말에서의 제1사동과 무
표지 사동 간에 대응 양상을 구체적으로 비교 분석하기로 한다.

---

30) 朴美貞(2002)에서는 V1에 올 수 있는 동사들을 제시한다고 하였다. 즉, '要, 要求, 要挾, 役
　使, 引誘, 誘惑, 責成, 責令, 招呼, 召集, 支使, 指導, 指派, 指使, 指示, 指引, 制止, 囑, 囑
　咐, 囑托, 阻攔, 阻擾, 阻止, 哀求, 拜托, 逼, 逼迫, 逼使, 布置, 促使, 催, 催促, 打發, 帶領,
　調, 調嗦, 叮囑, 動員, 吩咐, 鼓動, 鼓勵, 喊, 號召, 護送, 教道, 教唆, 介紹, 禁止, 警告, 懇
　求, 勒令, 領導, 率領, 命令, 驅使, 派, 派遣, 聘, 聘請, 迫使, 祈求, 乞求, 啓發, 請, 請求,
　求, 驅使, 勸, 勸道, 勸誡, 勸說, 勸誘, 勸阻, 惹, 煽動, 使得, 示意, 授命, 授權, 授意, 慫恿,
　唆使, 提醒, 推擧, 推薦, 托, 托付, 威逼, 委派, 委托, 限令, 脅迫, 選, 選擧, 選派, 選用, 嚴
　禁, 嚴令, 央求, 嗾使' 등이다.

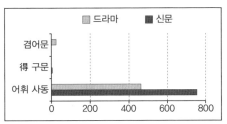

〈그림 26〉 글말과 입말에 제1사동과 무표지 사동의 대응 양상

제1사동과 중국어 '어휘 사동'의 대응 양상은 글말과 입말에서 다소 차이가 있다. 즉, '어휘 사동'은 입말보다 글말에서 대응되는 빈도가 훨씬 높다. 그중 고빈도로 대응되는 어휘들은 '높이다(提高)', '줄이다(減少)', '늘리다(增加)', '낮추다(降低)' 등이다.

4.1.1.3 제1사동에 대응되는 중국어 피동표현

말뭉치에서 사용한 제1사동은 몇몇 중국어 피동표현과 대응됨을 확인하였는데, 총 6회가 나타났다. 신문과 드라마에서는 각각 3회씩 발견되었는데 상대적으로 대응 빈도가 낮지만 동일한 사동 범주가 아닌 피동표현이므로 대응 원인에 대하여 자세히 규명할 필요가 있다고 본다. 이러한 대응이 나타난 원인 중에 본 연구에서 사용한 병렬말뭉치 자체의 한계인지의 여부도 살펴봐야 하기 때문이다.

(48) ㄱ. 준표 병실로 **옮겼**대. 〈꽃보다 남자 24회〉

   俊表**被送去**病房了。

   ㄱ'. **把**俊表**送去**病房了。

   ㄴ. 그는 올해 2월 호주의 수영 영웅 이언 소프(29)가 현역 복귀를 선언했다는 소식을 듣고 경쟁심을 **되살리**기 시작했다. 〈조선일보 체육〉

   今年2月，听說澳大利亞泳將索普复出的消息后，菲爾普斯的競爭心再次**被点燃**。

ㄴ'. 今年2月，听說澳大利亞泳將索普夏出的消息后，把菲爾普斯的 競爭心再次点燃。

위 예문 (48ㄱ-ㄴ)에서 사동사 '옮기다, 되살리다'는 중국어 '被-送 去, 被-点燃'로 대응되었다. 그 가운데 '-기-, -리-'는 모두 중국어 피 동표현의 표지 '被'와 대응되었고 '옮다, 되살다'를 번역한 중국어는 '送 去, 点燃'이다. 이와 같이 한국어 사동표현이 중국어 피동표현과 대응되 는 이유를 밝히기 위해서는 '중국어 피동표현'의 문장 특성을 살펴보아 야 한다. 위 예문에서 중국어 피동표현은 모두 중국어 유표지 '把' 사동 예문 (48ㄱ'-ㄴ')으로 바꾸어 표현할 수 있다.

이런 현상이 나타나는 원인으로 '被' 구문, '把' 구문의 관련성에서 찾 을 수 있다. 馮文賀·姬東鴻(2011)에서는 '被', '把'의 의존 속성이 같고 모두 V1(원인)과 V2(결과)를 지배하며 서술어는 한 개의 동사로 이루 어질 수 없고 반드시 두 개의 동사가 나타나야 한다고 지적한 바 있다. 이를 기준으로 위의 예문 (48ㄱ-ㄱ')을 분석해 보면 중국어 두 문장에 서의 행위자는 드러나지 않고 행위의 대상자는 '준표'인데 두 문장은 인 과 관계의 의미를 내포한다. 대응되는 중국어의 서술어를 보면 동사가 한 개가 아니라 두 개가 결합하여 나타난 것이다. 이 두 가지 동사인 '送 (보내다)+去(가다)'는 V1(원인), V2(결과)의 의미를 나타냈다. '누군가 가 준표를 보냈기 때문에(사동주의 보내는 동작에 의해서) 준표가 병실 로 갈 수 있다'는 뜻으로 해석이 가능하다. 따라서 중국어 사동표현에 서 '把' 사동은 중국어 피동표현 '被' 구문으로 바꾸어 사용해도 무리가 없다. 즉, 위의 예문에서처럼 한국어 사동표현은 먼저 중국어 사동표 현 '把' 사동과 대응되는 의역의 중간 단계를 거치게 됨을 알 수 있다.

다른 각도에서 살펴보면 중국어의 '把' 사동 대신 중국어 피동표현인 '被' 구문으로 대응된 원인은 문장의 의미와 행위 대상의 선택 정도, 의 지, 조절 능력의 유무 등과의 관련성에서도 찾을 수 있다. 즉, 보통 부정 적인 의미나 바람직하지 않은 의미를 나타낼 때에는 중국어에서 '把' 사동보다 '被' 구문으로 표현하는 것이 자연스러우며 '행위 대상의 선택 정도와 의지 및 자기 조절 능력'의 측면에서도 '把' 사동보다 중국어 '被' 구문의 경우에 행위 대상의 선택 정도와 의지, 자기 조절 능력이 약한 것을 알 수 있다. 이러한 예로써 예문 (48ㄱ)에서 행위의 대상은 '준표'인데 '준표'는 환자로서 해당 문맥에서 선택 정도와 의지 및 자기 조절 능력도 없음을 보여 준다. 이런 경우에 중국어에서는 사동표현보다 피동표현을 선택해서 쓰는 것이 훨씬 더 자연스럽다. 예문 (48ㄴ)도 이와 같은 현상이다. 즉, 한국어 사동표현 예문 (48ㄴ)은 먼저 중국어 사동표현 '把' 사동의 예문 (48ㄴ')과 대응되는 의역의 중간 단계를 거친 후에 중국어 피동표현인 '被' 구문과 대응됨을 알 수 있다. 결국 특정한 의미(행위 대상의 선택 의지가 없는 경우)로 해석이 되는 경우에만 피동표현이 가능하며 이러한 용례는 많지 않다.

4.1.1.4 제1사동에 대응되는 중국어 대응 없음

앞서 보았듯이 말뭉치에서 쓰인 제1사동은 중국어 '대응 없음'과 가장 많이 대응되었다.[31] 이것은 전체 말뭉치에서 4,332회(70%) 출현하였으며 글말과 입말에서는 각각 2,578회, 1,744회를 차지하였다. '대응 없음'이 가장 많은 대응 빈도를 보이는 까닭에 대하여는 다음 예문을 통하여 살펴보기로 한다.

(49) ㄱ. 분기 영업이익 6조원을 **넘긴** 것은 처음이다. 〈조선일보 경제〉
　　　 單季度營業利潤**突破**6万亿韓元尚屬首次。
　　 ㄴ. 이번에도 무슨 방법을 동원하든 위기를 **넘기**고 더욱 강한 경제
　　　 체질로의 탈바꿈을 시도할 것이다. 〈조선일보 경제〉

---

31) 본 연구에서의 '대응 없음'은 양 언어의 사동표현을 대조할 때 상대 언어의 사동표현과 대응되지 않는다는 뜻이다. 다시 말하면 대응되는 사동표현이 없고 중국어 의역으로 표현하는 경우이다.

此次也會采取各种方法**克服**危机，建立更强大的經濟"体質"。

ㄷ. 중국 여행사의 신뢰를 **높이**기 위해 인천시에 이어 관광공사와 도 머리를 맞댔다. 〈중앙일보 연예〉

爲**增進**与中國旅行社的信任，接下來仁川市還將和觀光公社展開討論。

ㄹ. 이번에 한은이 금리를 다시 **낮춘** 것은 경기 상황을 글로벌 금융 위기 때 못지않게 심각하게 보고 있다는 방증이다. 〈조선일보 경제〉

此次韓國銀行再次**下調**利率，意味着目前的經濟形勢并不比金融危机時期樂觀。

(50) ㄱ. 첫 번째 재판에 이어 이날 역시 양측이 원색적인 표현을 써 가며 비난 강도를 **높이**자 이를 자제하기 위해 나선 것이다. 〈조선일보 경제〉

看到双方当天和第一次審判時一樣，継續使用露骨用語抨擊對方，徐昌沅立刻予以制止。

ㄴ. 대웅아. 어떤 놈이야? 고모 차고 **울린** 놈이. 다 죽었어. 〈내 여자 친구는 구미호 15회〉

大雄啊，到底是哪个家伙？是誰甩了姑姑。我去找他。

ㄷ. 대부분 **집을 비우**는 시간인 점을 감안하더라도 참여가 저조했던 것이다. 〈조선일보 뉴스〉

即便該時間段是大部分**家里无人**的時間，参与度也是非常低迷。

ㄹ. 바구니 하나는 멜론으로만 꽉 **채웠**어요. 〈달자의 봄 20회〉

其中一籃都**是哈密瓜**呢。

예문 (49ㄱ-ㄹ)에서 '넘기다, 넘기다, 높이다, 낮추다'의 중국어 대역어는 '突破(돌파하다), 克服(극복하다/배제하다), 增進(증진하다), 下調(조정하다/내리다)'이다. 이 동사들을 보면 모두 사물의 변화를 나타낸다는 공통점이 있다. 즉, 다른 어떤 힘이 사물의 상태 변화를 일으키게 하는 것을 뜻하는 사동표현의 정의와도 일치한다. 따라서 사동표현이 자체적으로 내포하고 있는 상태 변화라는 속성이 한국어 제1사동을 중국어의 어떤 어휘로 번역하는 데 영향을 주는 것이다. 제1사동은 중국어의 사동표현이 아닌 중국어에서 상태 변화를 표시하는 서술어를 갖는 일반 문장과도 대응되는 경향이 발견되었다. 더욱이 같은 사동사인 경우라도 구체적인 사동 의미가 다르기 때문에 각 의미에 대응되는 중국어 어휘도 충분히 달라질 수 있다. 예를 들면 예문 (49ㄱ)과 예문 (49ㄴ)에서 사용된 '넘기다'는 형태상으로는 동일한 사동사이지만, 『표준국어대사전』에 의하면 각각 '일정한 시간, 시기, 범위 따위에서 벗어나 지나다'라는 '넘다(01[1])'의 사동사와 '어려움이나 고비 따위를 겪어 지나다'라는 '넘다(01[2]『4』)'의 사동사로 대응된다. 또한 각각의 경우는 중국어 대응에서 '突破(돌파하다), 克服(극복하다/배제하다)'로 다르게 대응된 것을 알 수 있다.

예문 (50ㄱ-ㄹ)은 예문 (49ㄱ-ㄹ)과 달리 '높이다, 울리다, 비우다, 채우다'의 중국어 대역어를 찾기가 쉽지 않다. 따라서 이 사동사들은 의역을 통해 그 의미가 문장에서 직접적으로 드러나지 않거나 다른 표현으로 바꾸어 표현하게 된다. 예문 (50ㄱ-ㄴ)의 '비난 강도를 높이다'와 '울리다'는 중국어 번역 문장에서 의미상으로는 포함하고 있지만 직접적인 표현이 드러나지 않는다. 예를 들어 예문 (50ㄷ-ㄹ)에서는 사동사 및 사동사가 지칭하고 있는 대상을 다른 표현으로 바꿔서 사용하였다. '집을 비우다'는 '家里无人(집에 사람이 없다)'로 바꾸어 표현하였고 예문 (50ㄹ)에서의 '멜론으로만 꽉 채웠어요'는 '都是哈密瓜(모두 멜론이에요)'로 바꾸어 표현되었다.

위와 같이 제1사동에 대응되는 '대응 없음'의 양상을 살펴보았는데 그 가운데 주로 '의역 어휘'와 '의역 표현' 두 가지의 대응 경향이 있음을 알 수 있다. 제1사동과 '대응 없음'의 빈도 비율은 다음과 같다.

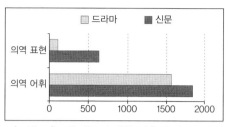

〈그림 27〉 제1사동과 대응 없음의 빈도 비율

분석 결과에 의하면 한국어 제1사동을 중국어 사동표현이 아닌 다른 여러 가지 어휘를 통해 대응시키는 방식이 의역에 비해 고빈도로 출현 하였다. 특히 신문이나 드라마에서 모두 이러한 경향이 높게 나타나며 사동사의 여러 세부 의미에 해당하는 중국어 어휘로 대응시키는 현상이 두드러진다. 여기서 고빈도로 대응된 어휘들을 살펴보면 '높이다(提升/ 提至/增進/增至)', '올리다(上傳)', '낮추다(下調)', '없애다(取消)', '세우 다(建成)', '넓히다(擴展)', '옮기다(轉到)' 등이 있다.

이와 같이 한국어 사동표현은 중국어 사동표현으로 대응되기보다 오 히려 중국어 '대응 없음'과 많이 대응되는 경향이 발견된다. 이러한 대응 현상이 두드러지는 것은 한국어의 제1사동을 중국어로 대응시킬 때 중 국어의 유표지 사동과 무표지 사동의 유형을 사용하지 않아도 몇 가지 제한적인 상황에서는 일반 서술어 문장으로도 사동 의미를 충분히 표현 할 수 있기 때문이다. 그 상황을 소개하면 다음과 같다. 첫째, 중국어 서 술어의 특성과의 관련되는 경우로서 즉, 형태 변화를 표시하는 동사가 자체적으로 존재할 때이다. 둘째, 상태 변화를 일으키는 조사 '了'가 동 사 뒤에 붙어서 문장 형태 변화나 결과의 의미를 나타내는 경우이다. 셋 째, 동사 뒤에 '결과 보어'가 붙어서 그 동사의 결과를 설명하는 경우이 다. 종합하면 위의 경우를 충족할 때 중국어 유표지 사동과 무표지 사동 보다 제한성이 없고 생산성이 높기 때문에 이러한 '대응 없음'으로 대응 되는 경향이 많이 나타나는 것이다.

4.1.2 제1사동 격틀에 대응되는 중국어 표현

전체 말뭉치에서 쓰인 제1사동의 격틀은 'K1(NP1이 NP2를 V),
K2(NP1이 NP2에게 NP3을 V), K3(NP1이 NP2에 NP3을 V), K4(NP1
이 NP2를 NP3으로 V)' 네 가지이다. 이 절에서는 이들이 어떤 중국어
표현과 대응되는지에 대해 살펴보도록 한다. 격틀은 의미 변별에 기여
하는데 예를 들면 제1사동에서 제시된 격틀은 사동표현과 피동표현의
형태가 같은 어휘들을 구별하는 데 도움을 줄 수 있다는 점에서 그러하
다. 여기서는 말뭉치 분석을 통해 제1사동의 격틀에 대응되는 중국어 표
현의 양상은 다음과 같이 살펴보았다.

〈표 27〉 제1사동 격틀에 대응되는 중국어 표현의 빈도 비율

제1사동	중국어 유표지 사동		중국어 무표지 사동		중국어 피동표현		대응 없음		합계	
K1	346	7%	1,164	23%	4	0%	3,570	70%	5,084	100%
K2	194	28%	25	4%	0	0%	469	68%	688	100%
K3	41	20%	11	5%	2	1%	153	74%	207	100%
K4	27	15%	21	12%	0	0%	130	73%	178	100%
합계	608	10%	1,221	20%	6	0%	4,322	70%	6,157	100%

분석 결과에 의하면 제1사동의 'K1(NP1이 NP2를 V)' 격틀은 '대응 없
음'과 가장 많이 대응되었을 뿐만 아니라 중국어 '유표지 사동', '무표지
사동', '피동표현' 등 다른 중국어 표현과도 대응 빈도가 뚜렷하게 높다.
다음 4.1.2.1~4.1.2.4에서는 각각의 격틀과 이에 대응되는 중국어 표현
들과의 관계 양상을 구체적으로 살펴보고자 한다.

4.1.2.1 제1사동 격틀에 대응되는 중국어 유표지 사동

말뭉치에서 제1사동에 대응되는 중국어 유표지 사동의 격틀은 'K1
(NP1이 NP2를 V)'는 346회(57%), 'K2(NP1이 NP2에게 NP3을 V)'는
194회(32%), 'K3(NP1이 NP2에 NP3을 V)'는 41회(7%), 'K4(NP1이

NP2를 NP3으로 V)'는 27회(4%)로 나타났다. 'K1(NP1이 NP2를 V)'
격틀로 대응된 빈도가 가장 높았으며 'K4(NP1이 NP2를 NP3으로 V)'
격틀로 대응된 빈도가 가장 낮았다. 다음은 각 격틀에 대한 예문이다.

(51) ㄱ. K1(NP1이 NP2를 V)

    내가 민우 씨 웃겨볼까요? 〈오! 마이 레이디 5회〉

    我**讓**你**笑**一笑?

  ㄴ. K2(NP1이 NP2에게 NP3을 V)

    더 이상 **아빠한테** 겁쟁이 **아들 보이**기 싫다고요. 〈다섯 손가락
    12회〉

    不想再**讓**爸**看到**膽小鬼兒子。

  ㄷ. K3(NP1이 NP2에 NP3을 V)

    이어 **병상에 누인** 뒤 발등·발가락·정강이와 귀 주변에 침을
    놨다. 〈중앙일보 뉴스〉

    接着**讓**她**躺在**病床上，在脚背·脚趾·脛骨与耳朵周圍行針。

  ㄹ. K4(NP1이 NP2를 NP3으로 V)

    나 다른 **병원으로 옮기**겠어요. 〈미안하다 사랑한다 10회〉

    我**把**他**轉到**別的医院去。

  위의 예문 (51ㄱ)의 격틀은 'K1(NP1이 NP2를 V)'이다. NP1은 '나',
NP2는 '민우 씨', V는 '웃기다'이며 이에 대응되는 중국어 유표지 사동
은 '讓' 사동이다. 예문 (51ㄴ)의 격틀은 'K2(NP1이 NP2에게 NP3을 V)'
인데 NP1은 표면적으로 나타나지 않지만 화자인 '나'이며 NP2는 '아빠',
NP3은 '아들', V는 '보이다'이다. 이에 대한 중국어 유표지 대응 표현은
'讓' 사동이다. 한국어와 중국어에서 모두 주어인 화자 '나(我)'는 생략되
었다. 예문 (51ㄷ)의 격틀은 'K3(NP1이 NP2에 NP3을 V)'인데, NP1과
NP3은 각각 선행 문장에 있는 '한의사', '그녀'이다. NP2는 '병상', V는
'누이다'이며 이에 대응되는 중국어 유표지 사동은 '讓' 사동이다. 예문

(51ㄹ)의 격틀은 'K4(NP1이 NP2를 NP3으로 V)'로서 NP1은 '나', NP2
는 '그'가 생략되었으며 NP3은 '병원', V는 '옮기다'로 제시되었다. 이에
대응되는 중국어 유표지 사동은 '把' 사동으로 나타났다. 이 예문의 한국
어 문장에서 NP2는 드러나지 않을 수 있지만 중국어 문장에서는 반드
시 드러나야 하는데 그 이유는 '把' 사동의 경우에는 피사동주 'NP2'의
출현을 반드시 필요로 하기 때문이다.

이와 같이 제1사동의 격틀에 대응되는 중국어 유표지 사동표현의 경향
에 대해 분석한 결과는 다음과 같다.

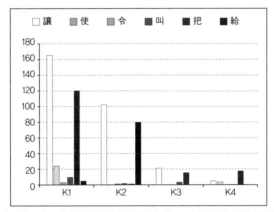

〈그림 28〉 제1사동 격틀과 중국어 유표지 사동의 대응 양상

K1(NP1이 NP2를 V), K2(NP1이 NP2에게 NP3을 V), K3(NP1이
NP2에 NP3을 V), K4(NP1이 NP2를 NP3으로 V) 각각의 중국어 유표
지 대응 양상은 다르게 나타났다. K1 격틀은 '讓, 使, 令, 叫, 把, 給' 사
동과 모두 대응되었지만 그 가운데 주로 '讓' 사동, '把' 사동과 많이 대
응되었다. K2 격틀은 '讓, 令, 叫, 把, 給' 사동과 모두 대응되었지만 그
중 '讓' 사동, '給' 사동과 많이 대응되었다. K3 격틀은 '讓, 叫, 把' 사동
과도 대응되었지만 그중 '讓' 사동과 비교적 많이 대응되었다. K4 격틀
은 '讓, 使, 把' 사동과 모두 대응되었지만 그중 '把' 사동과 비교적 많이
대응되었다. 글말과 입말의 구분에 따른 각 격틀과 중국어 유표지 사동
의 대응 양상을 살펴본 결과는 다음과 같다.

<표 28> 글말과 입말에 나타난 제1사동 격틀과 중국어 유표지 사동의 대응 양상

| 제1 사동 | 말뭉치 | 중국어 유표지 사동 | | | | | | | | | | | 합계 | |
		讓		使		令		叫		把		給			
K1	신문	63	46%	29	21%	3	2%	0	0%	35	26%	6	5%	136	100%
	드라마	111	53%	0	0%	0	0%	11	5%	86	41%	2	1%	210	100%
K2	신문	18	90%	0	0%	1	5%	0	0%	0	0%	1	5%	20	100%
	드라마	90	52%	0	0%	0	0%	2	1%	1	1%	81	46%	174	100%
K3	신문	6	60%	0	0%	0	0%	0	0%	4	40%	0	0%	10	100%
	드라마	21	68%	0	0%	0	0%	1	3%	9	29%	0	0%	31	100%
K4	신문	3	19%	3	19%	0	0%	0	0%	10	62%	0	0%	16	100%
	드라마	3	27%	0	0%	0	0%	0	0%	8	73%	0	0%	11	100%
합계		315	52%	32	5%	4	1%	14	2%	153	25%	90	15%	608	100%

분석 결과에 의하면 글말보다 입말에서 K1, K2, K3 격틀이 주로 중국어 유표지 사동과 더 많이 대응되는 경향이 발견된다. 그중 K1 격틀은 '讓, 把' 사동, K2 격틀은 '讓, 給' 사동과 비교적으로 많이 대응되었다. 그 외의 격틀은 모두 저빈도로 중국어 각 유표지 사동과 대응되었다.

지금까지 말뭉치에 제1사동의 각각의 격틀과 중국어 유표지 사동의 대응 양상을 살펴보았다. 위의 분석 결과는 몇 가지 항목에서 기존 연구의 결과와 차별화되는데 그 내용을 정리하면 다음과 같다.

첫째, 기존 연구와 말뭉치에서의 'K1(NP1이 NP2를 V)' 격틀과 중국어 유표지 사동과의 대응 관계를 살펴보면 최길림(2007), 왕례량(2009), 전전령(2011)에서는 K1 격틀에 대응되는 중국어 유표지 사동은 각각 '給', '把', '把' 사동으로 제시된 바 있다. 그러나 본 연구의 말뭉치에서 K1 격틀은 중국어 유표지 '讓, 使, 令, 叫, 把, 給' 사동과 모두 대응되었으며 글말과 입말을 구별해서 대응 양상의 차이도 밝힐 수 있었다. 예를 들면 글말보다 입말에서 K1, K2, K3 격틀은 주로 중국어 유표지 사동과 더 많이 대응되는 경향이 발견된다.

둘째, 기존 연구와 말뭉치에서의 'K2(NP1이 NP2에게 NP3을 V)' 격틀과 중국어 유표지 사동과의 대응 관계를 살펴보면 최길림(2007)에서는 K2 격틀은 중국어 유표지 '讓, 使, 叫, 把, 給' 사동과 대응되고 왕례량(2009)에서는 '讓' 사동과 대응되고 전전령(2011)에서는 '讓, 叫' 사동과 대응된다고 하였다. 반면 본 연구에서는 K2의 격틀에 대응되는 중국어 유표지 사동은 '讓, 令, 叫, 把, 給' 사동이다. '使' 사동과는 대응되지 않음을 보여 주었다.

셋째, 기존 연구와 말뭉치에서의 'K3(NP1이 NP2에 NP3을 V)' 격틀과 중국어 유표지 사동과의 대응 관계를 살펴보면 최길림(2007), 전전령(2011)에서는 K3 격틀에 대응되는 중국어 유표지 사동은 모두 '讓, 使, 叫, 把, 給' 사동으로 대응되고 왕례량(2009)에서는 '把' 사동과 대응된다고 하였다. 반면 본 연구에서는 K3 격틀은 비록 저빈도이긴 하지만 중국어 유표지 '讓, 叫, 把' 사동과 모두 대응되었다.

넷째, 기존 연구와 말뭉치에서 'K4(NP1이 NP2를 NP3으로 V)' 격틀과 중국어 유표지 사동과의 대응 관계를 살펴보면 최길림(2007)에서는 '把, 給' 사동, 왕례량(2009)에서는 '把' 사동, 전전령(2011)에서는 '把' 사동과 대응된다고 하였다. 반면 본 연구에서는 K4 격틀은 비록 저빈도이긴 하지만 중국어 유표지 '讓, 使, 把' 사동과 모두 대응되었다.

4.1.2.2 제1사동 격틀에 대응되는 중국어 무표지 사동

제1사동의 격틀에 대응되는 중국어 무표지 사동에 대해 살펴본 결과는 'K1(NP1이 NP2를 V)'는 1,164회(95%), 'K2(NP1이 NP2에게 NP3을 V)'는 25회(2%), 'K3(NP1이 NP2에 NP3을 V)'는 11회(1%), 'K4(NP1이 NP2를 NP3으로 V)'는 21회(2%) 출현하였다. 그중 'K1(NP1이 NP2를 V)' 격틀이 주로 많이 사용되었음을 확인할 수 있었다. 다음은 각 격틀의 예이다.

(52) ㄱ. K1(NP1이 NP2를 V)
　　　 이인수 총장은 약간 목소리를 **높이**다가도 다른 대학들 얘기가

나오자 (그만하자며) 손사래를 쳤다. 〈중앙일보 유학〉

李校長雖然稍微**提高**了聲音，但当談到其他學校，他就擺手(拒絕繼續說下去)。

ㄴ. K2(NP1이 NP2에게 NP3을 V)

애 밥 **먹이**잖아요? 〈오! 마이 레이디 2회〉

我不是在**喂**孩子吃飯嗎?

ㄷ. K3(NP1이 NP2에 NP3을 V)

저쪽에 **세우**면 되지? 〈오! 마이 레이디 7회〉

我**停**那没事吧?

ㄹ. K4(NP1이 NP2를 NP3으로 V)

기업은 중국으로 공장을 **옮기**면서 제품 부가가치를 높일 수 있었고, 두 차례 경제 위기 극복의 힘을 중국에서 찾기도 했다. 〈중앙일보 뉴스〉

隨着企業**轉移**到中國，既提高了産品的附加价值，又在中國找到了克服兩次經濟危机的力量。

위의 예문 (52ㄱ)의 격틀은 'K1(NP1이 NP2를 V)'로서 NP1은 '이인수 총장', NP2는 '목소리', V는 '높이다'이며 그에 대응되는 중국어 무표지 어휘 사동은 '提高'이다. 예문 (52ㄴ)의 격틀은 'K2(NP1이 NP2에게 NP3을 V)'로서 NP1은 화자인 '나'이기 때문에 표면적으로 나타나지 않았고 NP2는 '애', NP3은 '밥', V는 '먹이다'에 해당된다. '먹이다'의 중국어 대응 표현은 중국어 무표지 어휘 사동 '喂'로 나타났다.[32] 예문 (52ㄷ)의 격틀은 'K3(NP1이 NP2에 NP3을 V)'로서, NP1은 화자인 '나'이기 때문에 표면적으로 나타나지 않았으며 NP2는 '저쪽', NP3은 '차', V는 '세우다'이다. '세우다'의 중국어 대응표현은 중국어 무표지 어휘 사동

---

32) 최규발·김은주(2014)에서는 '喂'는 어휘 사동으로 제시한 바 있다. 즉, '喂'는 중국어 무표지 어휘 사동이다.

'停'로 나타났다. NP3은 화자와 청자가 알고 있는 내용이기 때문에 표면적으로 드러나지 않았다. 예문 (52ㄹ)의 격틀은 'K4(NP1이 NP2를 NP3으로 V)'로서, NP1은 '기업', NP2는 '공장', NP3은 '중국', V는 '옮기다'이다. '옮기다'에 대응되는 중국어 무표지 어휘 사동은 '轉移'로 나타났다.[33]

위와 같이 실제 자료에 쓰인 제1사동의 격틀에 대응되는 중국어 무표지 사동표현의 경향에 대해 분석한 결과는 다음과 같다.

〈표 29〉 제1사동 격틀과 중국어 무표지 사동의 대응 양상

제1사동	말뭉치	어휘 사동		得 구문		겸어문		합계	
K1	신문	712	100%	0	0%	0	0%	712	100%
	드라마	434	96%	1	0%	17	4%	452	100%
K2	신문	1	100%	0	0%	0	0%	1	100%
	드라마	20	83%	0	0%	4	17%	24	100%
K3	신문	2	100%	0	0%	0	0%	2	100%
	드라마	9	100%	0	0%	0	0%	9	100%
K4	신문	16	100%	0	0%	0	0%	16	100%
	드라마	5	100%	0	0%	0	0%	5	100%
합계		1,199	98%	1	0%	21	2%	1,221	100%

분석 결과에 따르면 'K1(NP1이 NP2를 V)' 격틀은 중국어 무표지 '어휘 사동', '得 구문', '겸어문'과 모두 대응되지만 그 가운데 '어휘 사동'과 가장 많이 대응되었다. 글말과 입말에서의 사용 양상의 차이에 대해 살펴보면 드라마보다 신문에서 'K1(NP1이 NP2를 V)' 격틀이 중국어 '어휘 사동'과 더 많이 대응되었다. 즉, 글말에서의 대응이 더욱 활발하게 이루어짐을 알 수 있다.

이상으로 제1사동의 격틀과 중국어 무표지 사동의 대응 양상을 살펴보았다. 위의 분석 결과는 몇 가지 항목에서 기존 연구의 결과와 차별화

---

33) 《動詞用法詞典》에 제시한 149개 사동 어휘 동사 중 '轉移'가 포함된다. 즉, '轉移'는 중국어 무표지 어휘 사동이다.

되는데 그 내용을 정리하면 다음과 같다.

첫째, 최길림(2007)에서는 'NP1이 NP2를 V' 격틀만 중국어 '무표지' 사동과 대응된다고 하였으나 이와 달리 본 연구에서는 제1사동의 네 가지 격틀이 모두 중국어 '무표지' 사동과 대응되는 것을 밝힐 수 있었다.

둘째, 더 나아가 본 연구에서는 각 격틀이 중국어에 대응되는 경향성을 살펴볼 수 있었다. 즉, 'K1(NP1이 NP2를 V)'는 1,164회(95%), 'K2(NP1이 NP2에게 NP3을 V)'는 25회(2%), 'K3(NP1이 NP2에 NP3을 V)'는 11회(1%), 'K4(NP1이 NP2를 NP3으로 V)'는 21회(2%)로 나타났으며 입말보다 글말에서 'K1(NP1이 NP2를 V)' 격틀과 중국어 '어휘 사동'의 대응이 더 두드러진다는 것이다.

4.1.2.3 제1사동 격틀에 대응되는 중국어 피동표현

앞서 보았듯이 실제 말뭉치 자료에서 제1사동은 중국어 피동표현과 대응되었다. 따라서 어떤 제1사동의 격틀이 중국어 피동표현에 대응되는지를 살펴볼 필요가 있다. 이에 대해 다음 예문을 통하여 살펴보기로 한다.

(53) ㄱ. K1(NP1이 NP2를 V)

그는 올해 2월 호주의 수영 영웅 이언 소프(29)가 현역 복귀를 선언했다는 소식을 듣고 경쟁심을 **되살리기** 시작했다. 〈조선일보 체육〉

今年2月，听說澳大利亞泳將索普复出的消息后，菲爾普斯的競爭心再次**被点燃**。

ㄱ.' 今年2月，听說澳大利亞泳將索普复出的消息后，再次**把**菲爾普斯的競爭心**点燃了**。

ㄴ. K3(NP1이 NP2에 NP3을 V)

만약 당신이 즐기는 자장면과 짬뽕 그릇에 누군가 '짝퉁'의 딱지

를 **붙이**면 결코 기분이 좋을 것 같지는 않다. 〈조선일보 문화〉
如果自己喜歡吃的炸醬面和海鮮面面碗上**被貼上**"冒牌"的標
記，相信大多數人都會覺得不爽。

ㄴ'.如果**把**自己喜歡吃的炸醬面和海鮮面面碗上**貼上**"冒牌"的標
記，相信大多數人都會覺得不爽。

ㄷ. K4(NP1이 NP2를 NP3으로 V)
준표 병실로 **옮겼**대. 〈꽃보다 남자 24회〉
俊表**被送去**病房了。

ㄷ'. **把**俊表**送去**病房了。

위의 예문 (53ㄱ)의 격틀은 'K1(NP1이 NP2를 V)'로서 NP1은 '그'이고
NP2는 '경쟁심', V는 '되살리다'이며 그에 대응되는 중국어 피동표현은
'被' 구문으로 나타났다. 예문 (53ㄴ)의 격틀은 'K3(NP1이 NP2에 NP3
을 V)'로서 NP1은 '누구', NP2는 '그릇', NP3은 '딱지', V는 '붙이다'이며
그에 대응되는 중국어 피동표현은 '被' 구문으로 나타났다. 예문 (53ㄷ)
의 격틀은 'K4(NP1이 NP2를 NP3으로 V)'로서 NP1은 표면적으로 드
러나지 않았고 NP2는 '준표', NP3은 '병실', V는 '옮기다'이다. 이에 대
응되는 중국어 피동표현은 '被' 구문으로 나타났다. 이상의 예문에서 출
현한 '被' 구문은 '把' 사동과 호환이 가능하다. 따라서 이런 대응 현상이
이루어지는 과정은 〈한국어 사동표현→'把' 사동→'被' 구문〉의 단계를
생각해 볼 수 있다. 중간 단계 '把' 사동이 대응 문장에서 구체적으로 드
러나지 않고 '被' 구문으로 직접 대응된 원인은 사동과 피동의 의미 차이
에서 기인하는 것으로 볼 수 있다. 두 표현은 서로 호환이 가능한데 '被'
구문은 부정적인 의미나 바람직하지 않은 의미가 강한 반면 '把' 사동은
이런 의미를 가지고 있지 않다. 따라서 위 한국어 예문에서는 바람직하
지 않는 의미가 드러나므로 '被' 구문으로 대응된 것이 더 자연스럽다.
　이처럼 제1사동의 격틀과 중국어 피동표현의 대응 양상을 살펴본 결
과, 'K1(NP1이 NP2를 V)'는 4회로 신문과 드라마에서 각각 2회씩 나

타났으며 'K3(NP1이 NP2에 NP3을 V)'은 1회로 신문에서만 나타났다. 마지막으로 'K4(NP1이 NP2를 NP3으로 V)'는 1회, 드라마에서만 출현 하였다.

4.1.2.4 제1사동 격틀에 대응되는 중국어 대응 없음

전체 말뭉치에서 제1사동 격틀에 대응되는 중국어 대응 없음에 대해 살펴본 결과 'K1(NP1이 NP2를 V)'는 3,570회(83%), 'K2(NP1이 NP2 에게 NP3을 V)'는 469회(11%), 'K3(NP1이 NP2에 NP3을 V)'는 153회 (3%), 'K4(NP1이 NP2를 NP3으로 V)'는 130회(3%) 출현하였다. 그중 'K1(NP1이 NP2를 V)' 격틀이 주로 많이 사용됨을 확인할 수 있었다. 다 음은 각 격틀의 예이다.

(54) ㄱ. K1(NP1이 NP2를 V)

　　　 국내 증권가는 '올 것이 왔다'는 반응을 **보였다**. 〈중앙일보 경제〉

　　　 韓國國內証券界對此的反應是 "該來的終于來了"。

　　 ㄴ. K2(NP1이 NP2에게 NP3을 V)

　　　 어떻게 아무**한테**나 애를 **맡기**고 퇴근을 해, 정말! 〈부탁해요 캡 틴 20회〉

　　　 隨便**交給**別人孩子就下班了。

　　 ㄷ. K3(NP1이 NP2에 NP3을 V)

　　　 해미도 설계 회사 있잖아. 그 팀**에** 이거까지 **맡겨**. 〈49일 6회〉

　　　 不是有設計公司嗎，**交給**他們就可以了。

　　 ㄹ. K4(NP1이 NP2를 NP3으로 V)

　　　 입**으로** 짐 **옮길** 거야? 〈개인의 취향 14회〉

　　　 要用嘴**移**行李嗎？

위의 예문 (54ㄱ)은 '의역' 표현이고 예문 (54ㄴ-ㄹ)은 '어휘' 표현이다. 예문 (54ㄱ)의 격틀은 'K1(NP1이 NP2를 V)'로서 NP1은 '증권가', NP2는 '반응', V는 '보이다'이다. 이에 대응되는 표현은 찾을 수 없는데 문맥에 의미가 녹아져 있어 표면으로 드러나지 않은 것으로 볼 수 있다. 예문 (54ㄴ)의 격틀은 'K2(NP1이 NP2에게 NP3을 V)'이며, NP1은 청자이기 때문에 표면적으로 나타나지 않았고 NP2는 '아무', NP3은 '애', V는 '맡기다'이다. '맡기다'의 중국어 대응 표현은 '交給'이다. 예문 (54ㄷ)의 격틀은 'K3(NP1이 NP2에 NP3을 V)'로서 NP1은 청자이기 때문에 표면적으로 나타나지 않았으며 NP2는 '팀', NP3은 '이거', V는 '맡기다'이다. '맡기다'에 대응되는 중국어 표현은 '交給'로 나타났다. 예문 (54ㄹ)의 격틀은 'K4(NP1이 NP2를 NP3으로 V)'로서 NP1은 청자이기 때문에 표면적으로 나타나지 않았으며 NP2는 '짐', NP3은 '입', V는 '옮기다'이다. '옮기다'에 대응되는 중국어 표현은 '移'로 나타났다.

위와 같이 제1사동의 격틀에 대응되는 중국어 '대응 없음'의 경향에 대해 분석한 결과는 다음과 같다.

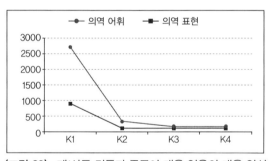

〈그림 29〉 제1사동 격틀과 중국어 대응 없음의 대응 양상

위 그림에서 보듯이 제1사동의 'K1(NP1이 NP2를 V)' 격틀은 '의역 어휘'와 대응되는 빈도가 현저히 많으며 제1사동의 격틀에 대응되는 '의역 표현' 가운데 'K1(NP1이 NP2를 V)'가 가장 많이 출현한 것도 확인할 수 있다. 글말과 입말에서의 대응 양상의 차이점을 살펴본 결과는 다음과 같다.

<표 30> 글말과 입말에 나타난 제1사동 격틀과 중국어 대응 없음의 대응 양상

제1사동	말뭉치	의역 어휘		의역 표현		합계	
K1	신문	1,690	73%	637	27%	2,327	100%
	드라마	1,193	96%	50	4%	1,243	100%
K2	신문	53	73%	20	27%	73	100%
	드라마	336	85%	60	15%	396	100%
K3	신문	39	53%	35	47%	74	100%
	드라마	42	53%	37	47%	79	100%
K4	신문	58	56%	46	44%	104	100%
	드라마	21	81%	5	19%	26	100%
합계		3,432	79%	890	21%	4,322	100%

　신문이나 드라마에서 'K1(NP1이 NP2를 V)' 격틀은 중국어 '의역 표현'보다 '의역 어휘'와 더 많이 대응되는 경향을 보인다. 더 나아가 입말보다 글말에서의 대응 빈도가 높게 나타났다. 입말보다 글말에서 맥락과 맥락 간에 밀접한 관련성이 있고 문법도 다양하게 많이 사용하기 때문에 '대응 없음' 현상이 더 많이 나타나는 것으로 보인다. 반면 'K2(NP1이 NP2에게 NP3을 V)' 격틀의 경우에는 글말보다 입말에서 중국어 '의역 어휘'와의 대응 빈도가 더 높게 나타났다. 'K3(NP1이 NP2에 NP3을 V)', 'K4(NP1이 NP2를 NP3으로 V)' 격틀은 둘 다 빈도가 낮지만 글말과 입말에서의 대응 양상이 다르다. K3은 글말이나 입말에서 비슷한 빈도로 나타났고 K4는 글말에서 더 높은 빈도로 출현하였다.

4.2 제2사동과 대응되는 중국어 표현

　본 연구에서 분석한 약 170만 어절의 신문과 드라마로 구성된 한·중 병렬말뭉치에서 한국어 제2사동은 983회 출현하였다. 앞서 분석 결과와 같이 제2사동의 유형과 격틀은 모두 중국어 '유표지 사동, 무표지 사동, 피동표현 그리고 대응 없음'으로 대응되었다. 4.2.1~4.2.2에서는 제2사동의 유형과 격틀에 따라 대응되는 각각의 중국어 표현의 양상에 대해 살펴보고자 한다.

4.2.1 제2사동에 대응되는 중국어 표현

말뭉치에서 각각의 제2사동과 중국어 표현의 대응 양상에 대해 살펴본 결과는 다음과 같다.

〈표 31〉 제2사동에 대응되는 중국어 표현의 빈도 비율

한국어 사동	말뭉치	중국어 유표지 사동		중국어 무표지 사동		피동표현		대응 없음		합계	
제2사동	신문	157	24%	161	25%	6	1%	327	50%	651	100%
	드라마	156	47%	78	24%	1	0%	97	29%	332	100%
합계		313	32%	239	24%	7	1%	424	43%	983	100%

분석 결과에 따르면 제2사동은 각각 '중국어 유표지 사동', '중국어 무표지 사동', '피동표현', '대응 없음'으로 대응되었다. 그중 '대응 없음'의 빈도가 가장 높게 나타났다. 그러나 글말과 입말을 구별해서 살펴보면 입말에서는 전체 말뭉치 분석 결과와 달리 중국어 유표지 사동과의 대응 빈도가 가장 높게 나타났다. 또 입말보다 글말에서 '대응 없음'과의 대응 빈도가 더 높게 출현하였다. 이에 대해서는 4.2.1.1~4.2.1.4에서 자세히 살펴보고자 한다.

4.2.1.1 제2사동에 대응되는 중국어 유표지 사동

말뭉치에서 제2사동은 중국어 유표지 사동과 313회(전체의 32%) 대응되었다. 그중 신문과 드라마에서의 출현 빈도는 각각 157회, 156회이다. 한국어의 제2사동은 '어휘적 사동'의 특징이 있는 반면 중국어 유표지 '讓, 使, 令, 叫, 把, 給' 사동은 '통사적 사동'의 의미가 짙다. 따라서 그들 간의 대응 양상을 살펴볼 필요가 있다. 한국어의 제2사동이 중국어 유표지 사동으로 대응된 경우를 다음 예를 통하여 살펴보겠다.

(55) ㄱ. 한국 배우와 스태프도 영화에 **참여시키**기로 했다. 〈조선일보 연예〉

制作方還決定**讓**韓國演員和攝制人員**參与**該片的拍攝。

ㄴ. 이런 정서가 청춘이라는 낱말을 **부활시켰다**. 〈조선일보 문화〉

這种情緒**使**靑春這個詞重新**復活**。

ㄷ. 김현중은 환한 미소로 팬들 한 명 한 명에게 시선을 맞추어 악수하며 감사의 인사를 전하는 등 남다른 팬 서비스로 팬들을 **감동시켰다**. 〈조선일보 연예〉

金賢重露出歡快的笑容，幷逐一和粉絲握手表達謝意，**令**粉絲非常**感動**。

ㄹ. **청소하고 빨래 안 시킬**게. 밥도 내가 할 거구. 〈내 이름은 김삼순 16회〉

我不會**叫**你**打掃洗衣服**，飯也是我煮。

ㅁ. 회사 일에 사적인 감정 **개입시키**지 마. 〈개인의 취향 2회〉

你可千万不要**把**個人情緒**加入**。

ㅂ. 같이 늙어가는 처지에 이런 **일까지 시켜**서 기분 나빠요? 〈달자의 봄 9회〉

一起變老還**給**妳**做**這種事情，所以不高興嗎？

예문 (55ㄱ-ㅂ)은 각각의 제2사동에 대응되는 중국어 유표지 '讓, 使, 令, 叫, 把, 給' 사동의 예문이다. 예문 (55ㄱ)에서 '참여시키다'는 중국어 '讓-參与'로 표시되었다. 그중 '참여하다'의 중국어는 '參与'이며 사동의 '-시키다'는 중국어의 '讓'에 대응 번역되었다. 중국어 사동표현에서 피사동주는 '讓(사동표지)-參与(동사)'의 사이에 나타났다. 이와 같이 예문 (55ㄴ-ㅂ)의 '부활시키다, 감동시키다, 청소시키다/빨래시키다, 개입시키다, 일시키다'는 중국어의 '使-復活, 令-感動, 叫-打掃/洗衣服, 把-加入, 給-做'로 대응 번역되었음을 알 수 있다. 이와 같이 신문과 드라마에서 사용된 제2사동과 중국어 유표지 사동표현의 대응 양상에 대해 살펴본 결과는 다음과 같다.

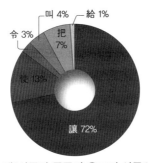

〈그림 30〉 제2사동과 중국어 유표지 사동의 대응 양상

제2사동에 대응되는 중국어 유표지 사동 가운데 70% 이상이 '讓' 사동으로 대응된 반면 '使, 叫, 令, 把, 給' 사동은 대응 빈도가 그렇게 높지 않았다. 이제 입말과 글말에서의 사용 양상은 각각 어떻게 나타나는지 살펴보기로 한다. 그 결과는 다음과 같다.

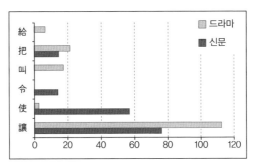

〈그림 31〉 글말과 입말에 나타난 제2사동과 중국어 유표지 사동의 대응 양상

분석 결과에 의하면 글말과 입말에서 제2사동에 대응되는 중국어 유표지 사동의 빈도 비율은 큰 차이가 있다. 즉, 중국어 유표지 사동 중 '讓' 사동은 글말과 입말에서 모두 대응 빈도가 가장 높게 나타났지만 글말보다 입말에서 더 많이 대응되었다. 또한 흥미로운 점은 전체 말뭉치에서 '讓' 사동(72%)과 '使' 사동(13%)의 사용 빈도는 현격한 차이가 나타났지만 글말에서 두 사동의 대응 빈도의 차이는 약 20회 정도로 비슷하게 나타났다. 이를 통하여 '使' 사동은 주로 글말에서 대응되는 빈도가 높음을 확인할 수 있었다. 따라서 본 연구의 결과는 기존 연구의 분석

결과를 아래와 같이 보완할 수 있다. 즉, 혁미평(2013)에서는 제2사동과 중국어 유표지 사동의 대응 여부 가운데 '把, 給' 사동의 대응 관계를 확실히 제시하지 못했고 각각 '*'로 표시했다. 그러나 본 연구에서는 제2사동은 '讓, 使, 叫, 令, 把, 給' 사동과 모두 대응 가능함을 밝히고 그들 간의 대응 경향성 또한 알아냄으로써 혁미평(2013)의 한계를 보완하였다.

4.2.1.2 제2사동에 대응되는 중국어 무표지 사동

말뭉치에서 제2사동과 중국어 무표지 사동의 대응 표현은 239회 (24%) 출현하였다. 그중 신문과 드라마에서는 각각 161회, 78회로 나타났다. 앞서 언급했듯이 한국어의 제2사동은 '어휘적 사동'의 특징이 있다. 여기서 흥미로운 것은 중국어 무표지 사동에 해당하는 '어휘, 得 구문, 겸어문' 사동은 '어휘적 사동'과 '통사적 사동'의 특징을 모두 가지고 있다는 것이다. 다시 말하면 '어휘 사동'만 '어휘적 특성'의 의미를 가지며 '得 구문, 겸어문'은 '통사적 사동'의 의미를 나타낸다. 그들 간에 어떤 대응 양상이 있는지를 밝히고자 하며, 한국어의 제2사동이 중국어 무표지 사동으로 대응된 경우를 다음 예를 통하여 살펴보기로 한다.

(56) ㄱ. 65세 정년에 퇴임할 때까지 해마다 호봉이 오르는 정교수 비율이 늘어나는 것도 대학 재정 압박을 **가중시키**고 있다. 〈중앙일보 유학〉

直到65歲退休之前每年級別工資增加的正職教授比例不斷上升這一狀況也**加重**了大學財政壓力。

ㄴ. 확 출국 **금지시키**는 수가 있다. 〈쾌걸춘향 17회〉

我可以**禁止**你出國喲。

위의 예문 (56ㄱ-ㄴ)은 한국어 제2사동과 이에 대응되는 중국어 무표지 '어휘 사동', '겸어문' 사동을 나타낸다. 예문 (56ㄱ)에서 '가중시키다'는 중국어 '加重'로 번역되었다. 여기서 '加重'이란 어휘는 譚景春 (1997)의 '兼類詞(겸류사)' 목록에 속하기 때문에 예문 (56ㄱ)은 제2사 동에 대응되는 중국어 무표지 '어휘 사동'에 해당한다. 예문 (56ㄴ)에서 는 '금지시키다'는 '禁止'과 대응되었다. 이 문장의 구조는 겸어문의 구조 'NP1+V1+NP2+V2(我+禁止+你+出國)'와 같으며 V1(禁止)은 朴美貞 (2002)에서 제시한 V1의 목록에 속한다. 따라서 예문 (56ㄴ)은 한국어 제2사동에 대응되는 중국어 '겸어문'인 것을 알 수 있다.

제2사동에 대응되는 중국어 무표지 사동의 대응 양상에 대해 분석한 결과는 다음과 같다.

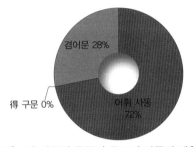

〈그림 32〉 제2사동과 중국어 무표지 사동의 대응 양상

위 그림에서 보듯이 제2사동은 중국어 무표지 사동 중 '어휘 사동'과의 대응 빈도가 가장 높게 나타났다. 이제 글말과 입말에서 제2사동과 무표 지 사동의 대응 양상이 어떤 차이를 보이는지 살펴보기로 한다.

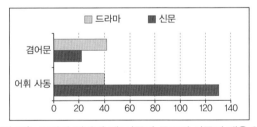

〈그림 33〉 글말과 입말에 제2사동과 무표지 사동의 대응 양상

글말과 입말에서 제2사동과 중국어 '어휘 사동', '겸어문' 사동의 대응 양상은 차이가 있음을 확인하였다. 즉, 글말에서는 '어휘 사동'과의 대응

빈도가 높은 반면 입말에서는 '겸어문'과 '어휘 사동'은 비슷한 대응 빈도로 나타났다. 이를 통하여 말뭉치의 총 빈도에서 보일 수 없는 대응 양상을 글말과 입말을 구별해서 살펴보면 그들 간에 대응되는 차이를 알 수 있다. 따라서 글말과 입말을 구별해서 이루어진 양 언어의 대조분석의 필요성을 다시 확인하였다. 그리고 말뭉치에서 고빈도로 대응되는 어휘들은 '충족시키다(滿足)', '감동시키다(感動)', '금지시키다(禁止)', '소개시키다(介紹)' 등이 있다.

4.2.1.3 제2사동에 대응되는 중국어 피동표현

전체 말뭉치에서 사용한 제2사동과 중국어 피동표현의 대응 용례는 총 7회 출현하였으며 신문과 드라마에서 각각 6회, 1회로 나타났다. 이에 대한 예문을 살펴보면 다음과 같다.

(57) ㄱ. 성화대 31개 학과에 재학 중인 2762명도 인근 14개 전문대로 **편입시킨다**. 〈중앙일보 유학〉

成和大學31个學系的2762名在校生將**被編入**周邊14个專科大學。

ㄱ'. 將把成和大學31个學系的2762名在校生**編入**周邊14个專科大學。

ㄴ. 잠재력이 뛰어난 지동원(21·선덜랜드)과 손흥민(20·함부르크)도 대표팀에 **합류시켰다**. 〈중앙일보 체육〉

具有出色潛力的池東沅和孫興民也**被招入**國家隊。

ㄴ'. **把**具有出色潛力的池東沅和孫興民也**招入**國家隊。

위의 예문 (57ㄱ-ㄴ)에서 사동사 '편입시키다, 합류시키다'는 중국어 '被-編入, 被-招入'로 번역되었다. 그 가운데 '-시키다'는 모두 중국어 피동표현의 표지 '被'와 대응되었고, '편입하다, 합류하다'를 번역한 중국어는 '編入, 招入'이다. 두 예문의 중국어 피동표현을 모두 중국어 유표지 '把' 사동 예문 (57ㄱ'-ㄴ')으로 바꿔서 표현할 수 있다. 또 바꾼 중국어 유표지 '把' 사동은 모두 중국어 '被' 구문과 바꿔서 쓸 수 있다. 이는 앞 절에서 제1사동에 중국어 피동표현이 대응되었던 동일한 원인에서 기인하는 것이다. 즉, 중국어 피동표현과 서로 바꿔서 표현할 수 있는 중국어 사동표현 중 '把' 사동은 한국어 사동표현과 대응을 이룬다. 중간에 전환의 역할을 하는 중국어 사동표현 '把' 사동을 생략하고 직접 호환이 가능한 중국어 피동표현과 대응되는 것이다. 사동표현의 경우 행위의 대상이 선택 의지나 조절 능력을 어느 정도 가질 수 있지만 피동표현에서는 그렇지 못하다. 예문 (57ㄱ)에서 행위의 대상인 학생들은 '교육과학기술부의 지시에 따라 인근 14개 전문대로 편입하게 된다'는 의미인데 여기서 학생의 선택 의지나 조절 능력은 약하다. 이런 경우에는 중국어 피동표현으로 나타내는 것이 더 자연스럽다. 예문 (57ㄴ)도 역시 한국어 사동표현의 중국어 대응표현이 피동표현인 경우이다. 이렇게 복잡한 대응 관계를 갖기 때문에 실생활에서는 빈번하게 사용되지 않는다.

4.2.1.4 제2사동에 대응되는 중국어 대응 없음

앞에서 살펴보았듯이 말뭉치에서 사용된 제2사동의 중국어 '대응 없음'은 424회(43%)로 나타났고 글말과 입말에서는 각각 327회, 97회로 나타났다. 이에 대한 예문을 살펴보면 다음과 같다.

(58) ㄱ. 삼성은 강호문 삼성모바일디스플레이 사장을 부회장으로 **승진시켜** 중국 본사 대표로 임명했다. 〈중앙일보 경제〉

三星提拔三星Mobile　Display社長姜皓文爲副會長，并**任命**其爲中國三星總部代表。

ㄴ. 블랙번을 상대로 박지성이~시즌 5호 골을 **성공시켰다**. 〈중앙일보 체육〉

在對陣布力般流浪隊的比賽中，朴知晟**打入了**賽季第五枚進球。

예문 (58ㄱ)은 중국어 '어휘'와 대응되는 예문으로 그중 '승진시키다'의 중국어 대역어는 '任命'이다. 이 동사의 뒤에 오는 '爲(만들다/되다)'는 '변화, 실현'의 의미를 가진다. 그래서 '任命其爲'는 문장의 결과를 이루는 뜻을 갖고 있다. 이는 앞서 밝힌 제1사동에 대응되는 '대응 없음'의 이유와 같은데 이는 중국어 유표지와 무표지 사동표현이 아니어도 서술어 뒤에 결과를 갖게 하는 요소가 첨가되면 일반 문장과도 대응될 수 있다는 것을 의미한다. 예문 (58ㄴ)은 중국어 의역 문장으로서 그 가운데 '성공시키다'의 중국어 대역어는 찾기 힘들다. 이에 대응되는 중국어는 문장의 의미에 담겨 있어 구체적인 표지로 드러나지 않고 '打入了(들어갔다)'라는 다른 표현으로 바꾸어 사용되었다. 여기서는 앞서 언급했듯이 조사 '了'가 동사 뒤에 붙어서 문장 형태 변화나 결과의 의미를 의미하기 때문인 것으로 이해할 수 있다. 이를 통하여 한국어 사동표현이 중국어의 '대응 없음'과 대응되는 일정한 경향성을 발견할 수 있다.

위와 같이 제2사동과 대응되는 중국어 '대응 없음'의 양상에 대해 살펴본 결과는 다음과 같다.

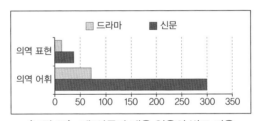

〈그림 34〉 제2사동과 대응 없음의 빈도 비율

위 그림에서 보듯이 제2사동은 중국어 '의역 어휘', '의역 표현'과 대응되는 것을 보인다. 제2사동에 대응되는 중국어 '의역 어휘'는 고빈도로 나타났다. 특히 입말보다 글말에서 고빈도로 출현하였다. '의역 어휘'가 문장의 변화나 결과 의미를 표현하는 서술어를 가지고 있는 경우에 제2사동은 '의역 어휘'를 가진 일반 서술어 문장과 대응되어 나타난 것임을 알 수 있었다. '의역 어휘'는 중국어 유표지 사동과 무표지 사동에 비해 제약이 적고 생산성이 높기 때문에 대응 빈도가 높게 나타난 것이다.

4.2.2 제2사동 격틀에 대응되는 중국어 표현

전체 말뭉치에서 제2사동의 격틀은 'K1(NP1이 NP2를 N-시키다), K2(NP1이 NP2에게 NP3을 N-시키다), K3(NP1이 NP2에 NP3을 N-시키다), K4(NP1이 NP2를 NP3으로 N-시키다)'의 4가지이다. 각각의 어떤 중국어 표현으로 대응되는지에 대해 살펴보고 글말과 입말에서의 대응 양상의 차이점을 밝히고자 한다. 분석 결과에 따르면 제2사동의 격틀에 대응되는 중국어 표현의 양상은 다음과 같다.

〈표 32〉 제2사동 격틀에 대응되는 중국어 표현의 빈도 비율

제2사동	중국어 유표지 사동		중국어 무표지 사동		중국어 피동표현		대응 없음		합계	
K1	251	32%	235	30%	5	0%	301	38%	792	100%
K2	17	29%	0	0%	0	0%	42	71%	59	100%
K3	20	21%	0	0%	1	1%	76	78%	97	100%
K4	25	72%	4	11%	1	3%	5	14%	35	100%
합계	313	32%	239	24%	7	1%	424	43%	983	100%

분석 결과에 의하면 제2사동의 'K1(NP1이 NP2를 N-시키다)' 격틀은 '유표지 사동', '무표지 사동', '피동표현', '대응 없음'과 모두 고빈도로 대응되는 반면 그 외의 격틀은 중국어 표현과 저빈도로 대응되었다. 4.2.2.1~4.2.2.4에서 각각의 격틀과 각각의 중국어 표현과의 대응 양상을 살펴보기로 한다.

4.2.2.1 제2사동 격틀에 대응되는 중국어 유표지 사동

실제 자료에 사용된 제2사동에 대응되는 중국어 유표지 사동의 격틀은 313회 출현하였으며 그중 'K1(NP1이 NP2를 N-시키다)'는 251회(80%), 'K2(NP1이 NP2에게 NP3을 N-시키다)'는 17회(6%), 'K3(NP1이 NP2에 NP3을 N-시키다)'는 20회(6%), 'K4(NP1이 NP2를 NP3으로 N-시키다)'는 25회(8%)로 나타났다. 그중에서 'K1(NP1이 NP2를 N-시키다)' 격틀이 많이 대응되었다. 다음은 각 격틀의 예이다.

(59) ㄱ. K1(NP1이 NP2를 N-시키다)

　　편안한 미소가 그녀를 **안심시켰**지. 〈연애조작단 1회〉

　　舒適的笑容才**使**她**安定**下來。

　ㄴ. K2(NP1이 NP2에게 NP3을 N-시키다)

　　참. 사장님이 누나 화장실 **청소시키**지 말랬는데. 〈49일 13회〉

　　對了，社長不**讓**姐姐**打掃**厠所的。

　ㄷ. K3(NP1이 NP2에 NP3을 N-시키다)

　　농식품부는 민·관 합동 해외농업개발협력단에 수출입은행과

　　전경련을 **참여시켜** 대외 경제협력기금(EDCF) 지원 및 기업과

　　의 연계를 강화하기로 했다. 〈중앙일보 경제〉

　　農林水産食品部決定**使**進出口銀行与全韓國經濟人聯合會**參与**

　　到官民合營的海外農業開發合作團体中來，加大對外經濟合作

　　基金(EDCF)的支援力度，并增强与企業之間的聯系。

　ㄹ. K4(NP1이 NP2를 NP3으로 N-시키다)

　　멤버들은 여자보다 날씬한 몸매와 뛰어난 각선미로 네티즌들의

　　이목을 **집중시켰다.** 〈중앙일보 음악〉

　　比起成員們是女孩子，還是她們苗條的身材和突出的曲線美**讓**

　　網民們**移不開視線**。

　위의 예문 (59ㄱ)의 격틀은 'K1(NP1이 NP2를 N-시키다)'로서 NP1은
'편안한 미소', NP2는 '그녀', V는 '안심시키다'이다. '안심시키다'는 중국
어의 '使-安定'로, 번역되어 대응되는 중국어 유표지 사동은 '使' 사동으
로 나타났다. 예문 (59ㄴ)의 격틀은 'K2(NP1이 NP2에게 NP3을 N-시
키다)'이며 NP1은 '사장님', NP2는 '누나', NP3은 '화장실', V는 '청소시
키다'이다. '청소시키다'는 중국어의 '讓-打掃'로 번역되어 중국어 유표
지 대응 표현은 '讓' 사동으로 나타났다. 예문 (59ㄷ)의 격틀은 'K3(NP1
이 NP2에 NP3을 N-시키다)'으로서 NP1은 '농식품부', NP2는 '민·
관 합동 해외농업개발협력단', NP3은 '수출입은행과 전경련', V는 '참

여시키다'이다. '참여시키다'는 중국어의 '使-參与'로 번역되어 대응되
는 중국어 유표지 사동은 '使' 사동으로 나타났다. 예문 (59ㄹ)의 격틀은
'K4(NP1이 NP2를 NP3으로 N-시키다)'로서 NP1은 '멤버들', NP2는
'이목', NP3은 '날씬한 몸매와 뛰어난 각선미', V는 '집중시키다'이다. '집
중시키다'는 중국어의 '讓-移不開'로 번역되어 그에 대응되는 중국어 유
표지 사동은 '讓' 사동으로 나타났다.

이와 같이 제2사동의 격틀에 대응되는 중국어 유표지 사동표현의 경
향에 대해 분석한 결과는 다음과 같다.

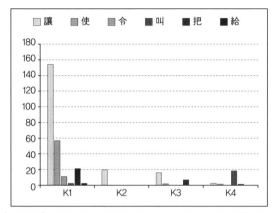

〈그림 35〉 제2사동 격틀과 중국어 유표지 사동의 대응 양상

분석 결과에 의하면 제2사동의 격틀은 'K1(NP1이 NP2를 N-시키다),
K2(NP1이 NP2에게 NP3을 N-시키다), K3(NP1이 NP2에 NP3을 N-
시키다), K4(NP1이 NP2를 NP3으로 N-시키다)'에 대응되는 중국어 유
표지 사동의 비율이 다르다. K1 격틀은 '讓, 使, 令, 叫, 把, 給' 사동과
모두 대응되지만 그 가운데 주로 '讓' 사동과 많이 대응되었다. K2 격틀
은 '讓' 사동, K3 격틀은 '讓, 使, 把' 사동, K4 격틀은 '讓, 使, 叫, 把' 사
동과 모두 저빈도로 대응되었다. 글말과 입말에 따라 각 격틀의 사용 비
율에 대해 살펴본 결과는 다음과 같다.

〈표 33〉 글말과 입말에 제2사동 격틀과 중국어 유표지 사동의 대응 양상

제2 사동	말뭉치	중국어 유표지 사동												합계	
		讓		使		令		叫		把		給			
K1	신문	66	47%	53	38%	12	8%	0	0%	10	7%	0	0%	141	100%
	드라마	88	80%	2	2%	0	0%	2	2%	14	13%	4	3%	110	100%
K2	드라마	17	100%	0	0%	0	0%	0	0%	0	0%	0	0%	17	100%
K3	신문	5	56%	1	11%	0	0%	0	0%	3	33%	0	0%	9	100%
	드라마	7	64%	0	0%	0	0%	0	0%	4	36%	0	0%	11	100%
K4	신문	5	71%	2	29%	0	0%	0	0%	0	0%	0	0%	7	100%
	드라마	0	0%	0	0%	0	0%	15	83%	3	17%	0	0%	18	100%
합계		188	60%	58	19%	12	4%	15	5%	34	11%	4	1%	313	100%

분석 결과에 따르면 제2사동의 K1 격틀은 '讓, 使, 令, 叫, 把, 給' 사동과 모두 대응되었다. 그 가운데 '讓' 사동과 비교적 많이 대응되었고 글말이나 입말에서도 비슷하게 대응되었다. 그 외의 격틀이 중국어 유표지 '讓' 사동과 모두 저빈도로 대응되었다.

지금까지 말뭉치에서 제2사동의 각각의 격틀과 중국어 유표지 사동의 대응 양상을 살펴보았다. 위의 분석 결과는 몇 가지 항목에서 기존 연구의 결과와 차별화되는데 그 내용을 정리하면 다음과 같다.

첫째, 기존 연구와 말뭉치에서 'K1(NP1이 NP2를 N-시키다)'의 격틀과 중국어 유표지 사동과의 대응 관계를 살펴보면 최길림(2007)에서는 K1 격틀에 대응되는 중국어 유표지 사동은 '讓, 使, 叫' 사동과 대응되고 '把' 사동과의 대응 관계에는 확실하지 않은 '?'로 제시하였다. 즉, '把' 사동과의 대응 여부를 확실하게 분석하지 않았기 때문이다. 그러나 본 연구에서 K1의 격틀은 중국어 유표지 '讓, 使, 令, 叫, 把, 給' 사동과 모두 대응되었으며 기존 연구에서 더 나아가 글말과 입말을 구별하여 그들 간의 자세한 대응 경향성도 밝힐 수 있었다.

둘째, 기존 연구와 말뭉치에서의 'K2(NP1이 NP2에게 NP3을 N-시키다)' 격틀과 중국어 유표지 사동과의 대응 관계를 살펴보면 최길림(2007), 왕례량(2009)에서는 K2의 격틀이 중국어 유표지 사동에서 각

각 '讓, 叫' 사동과 '讓, 使' 사동에 대응된다고 하였다. 반면 본 연구에
서는 K2의 격틀의 대응되는 중국어 유표지 사동은 '讓' 사동뿐이었다.

셋째, 'K3(NP1이 NP2에 NP3을 N-시키다), K4(NP1이 NP2를 NP3
으로 N-시키다)'의 격틀과 중국어 유표지 사동과의 대응 관계를 살펴
보면 기존 연구에서는 이 격틀과 중국어 사동표현이 대응된다는 것이
언급되지 않았다. 그러나 본 연구에서 K3의 격틀은 '讓, 使, 把' 사동과
저빈도로 대응되었고 K4의 격틀은 '讓, 使, 叫, 把' 사동과 저빈도로 대
응되었다.

4.2.2.2 제2사동 격틀에 대응되는 중국어 무표지 사동

실제 자료에 나타난 제2사동의 격틀에 대응되는 중국어 무표지 사
동은 총 239회이며 그 가운데 'K1(NP1이 NP2를 N-시키다)'는 235회
(98%), 'K4(NP1이 NP2를 NP3으로 N-시키다)'는 4회(2%)로 나타났
다. 그중 'K1(NP1이 NP2를 N-시키다)' 격틀이 고빈도로 대응되었다.
다음은 각 격틀의 예이다.

(60) ㄱ. K1(NP1이 NP2를 N-시키다)
       또 부녀가 나 **왕따시키**는 거지? 〈49일 20회〉
       你們父女兩在**孤立**我嗎?
   ㄴ. K4(NP1이 NP2를 NP3으로 N-시키다)
       외국인 밀집촌을 어떻게 우리와 더불어 살 수 있는 공동체로 **발
       전시킬**지, 관광자원으로 육성할지에 대한 고민이 적어 보였다.
       〈중앙일보 뉴스〉
       對于將外國人密集區如何**發展**成爲与我們共同生活的共同体,
       培養成旅游資源的考慮似乎還不足。

위의 예문 (60ㄱ)의 격틀은 'K1(NP1이 NP2를 N-시키다)'로서 NP1
은 '부녀', NP2는 '나', V는 '왕따시키다'이다. 그에 대응되는 중국어 무

표지 어휘 사동은 '孤立'이다. 예문 (60ㄴ)의 격틀은 'K4(NP1이 NP2를 NP3으로 N-시키다)'로서 NP1은 드러나지 않지만 앞에 문장에 있는 '정부'를 의미한다. NP2는 '밀집촌', NP3은 '공동체', V는 '발전시키다' 이다. 그에 대응되는 중국어 무표지 어휘 사동은 '發展'이다.

위와 같이 제2사동의 격틀에 대응되는 중국어 무표지 사동표현의 경향에 대해 분석한 결과는 다음과 같다.

〈표 34〉 글말과 입말에 나타난 제2사동 격틀과 무표지 사동의 대응 양상

제2사동	말뭉치	어휘 사동		겸어문		합계	
K1	신문	133	85%	24	15%	157	100%
	드라마	35	45%	43	55%	78	100%
K4	신문	4	100%	0	0%	4	100%
합계		172	72%	67	28%	239	100%

'K1(NP1이 NP2를 N-시키다)' 격틀은 중국어 무표지 '어휘 사동', '겸어문'과 모두 대응되지만 그 가운데 '어휘 사동'과 가장 많이 대응되었다. 더 나아가 글말과 입말에 사용의 차이점을 보인다. 즉, 'K1(NP1이 NP2를 N-시키다)' 격틀은 주로 신문에서 중국어 '어휘 사동'과 많이 대응되는 경향성을 보이므로 입말보다는 글말에서 주로 중국어 '어휘 사동'과 대응되어 사용된다고 할 수 있다.

이상으로 제2사동의 격틀과 중국어 '무표지' 사동의 대응 양상을 살펴보았다. 위의 분석 결과는 몇 가지 항목에서 기존 연구의 결과와 차별화되는데 그 내용을 정리하면 다음과 같다.

첫째, 최길림(2007)에서는 'K1(NP1이 NP2를 N-시키다)' 격틀은 중국어 '무표지' 사동과의 대응 관계를 확실히 대응되지 않은 '?'와 확실히 대응되는 'O'로 제시하였다. 즉, 기존 연구에서는 '무표지' 사동과의 대응 관계를 확실하게 분석하지 않은 한계가 있었으나 이와 달리 본 연구에서는 K1 격틀과 무표지 사동이 가장 많이 대응되었다는 것을 밝힐 수 있었다.

둘째, 본 연구에서는 말뭉치에서 대응되는 양상과 함께 대응 경향성도 살펴보았다. 즉, 'K1(NP1이 NP2를 N-시키다)'는 235회(98%), 'K4(NP1이 NP2를 NP3으로 N-시키다)'는 4회(2%)로 대응되었으며 입말보다 글말에서 'K1(NP1이 NP2를 N-시키다)' 격틀이 중국어 '어휘 사동'과 더 많이 대응되는 현상 또한 살펴볼 수 있었다.

4.2.2.3 제2사동 격틀에 대응되는 중국어 피동표현

실제 자료에 나타난 제2사동의 격틀에 대응되는 중국어 피동표현은 7회로 나타났다. 이에 대한 예문을 보면 다음과 같다.

(61) ㄱ. K1(NP1이 NP2를 N-시키다)
　　　 2007년 9월 테뉴어 심사에서 신청자 35명 가운데 15명을 **탈락시켰다.** 〈중앙일보 유학〉
　　　 2007年9月任期審查中，35名申請者有15名**被淘汰**。
　　ㄴ. K3(NP1이 NP2에 NP3을 N-시키다)
　　　 잠재력이 뛰어난 지동원(21 · 선덜랜드)과 손흥민(20 · 함부르크)도 대표팀에 **합류시켰다.** 〈조선일보 체육〉
　　　 具有出色潛力的池東沅和孫興民也**被招入**國家隊。
　　ㄷ. K4(NP1이 NP2를 NP3으로 N-시키다)
　　　 성화대 31개 학과에 재학 중인 2762명도 인근 14개 전문대로 **편입시킨다.** 〈중앙일보 유학〉
　　　 成和大學31个學系的2762名在校生將**被編入**周邊14个專科大學。

위의 예문 (61ㄱ)의 격틀은 'K1(NP1이 NP2를 N-시키다)'로서 NP1은 문장에서 드러나지 않지만 앞 문장에서 제시된 '개혁'이고 NP2는 '15명', V는 '탈락시키다'이다. '탈락시키다'는 중국어의 '被-淘汰'로 번역되어 대응되는 중국어 피동표현은 '被' 구문임을 알 수 있다. 예문 (61ㄴ)

의 격틀은 'K3(NP1이 NP2에 NP3을 N-시키다)'인데 NP1은 문장에서 드러나지는 않지만 앞 문맥을 통해 '최 감독'임을 알 수 있다. NP2는 '대표팀', NP3은 '지동원(21·선덜랜드)과 손흥민(20·함부르크)', V는 '합류시키다'이다. 여기서 '합류시키다'가 중국어에서 '被-招入'로 번역되어 대응되는 중국어 피동표현은 '被' 구문임을 알 수 있다. 예문 (61ㄷ)의 격틀은 'K4(NP1이 NP2를 NP3으로 N-시키다)'인데 NP1은 문장에서 드러나지 않지만 앞 문맥을 통해 '교육과학기술부'임을 알 수 있다. NP2는 '2762명', NP3은 '전문대', V는 '편입시키다'이며 여기서 '편입시키다'가 중국어로는 '被-編入'로 번역되어 중국어 피동표현은 '被' 구문에 대응한다. 이런 대응 현상이 일어나는 이유는 앞서 봤듯이 '被' 구문과 '把' 사동이 서로 호환할 수 있고 또 그들의 의미와 관련되기 때문이다.

이처럼 제2사동의 격틀과 중국어 피동표현의 대응 양상은 'K1(NP1이 NP2를 N-시키다)'는 5회, 'K3(NP1이 NP2에 NP3을 N-시키다)'와 'K4(NP1이 NP2를 NP3으로 N-시키다)'는 1회씩 대응되었다.

4.2.2.4 제2사동 격틀에 대응되는 중국어 대응 없음

전체 말뭉치에서 제2사동의 격틀에 대응되는 중국어 '대응 없음'은 424회로 나타났다. 그 가운데 'K1(NP1이 NP2를 N-시키다)'는 301회 (71%), 'K2(NP1이 NP2에게 NP3을 N-시키다)'는 42회(10%), 'K3(NP1이 NP2에 NP3을 N-시키다)'는 76회(18%), 'K4(NP1이 NP2를 NP3으로 N-시키다)'는 5회(1%)이다. 그중 'K1(NP1이 NP2를 N-시키다)'의 격틀이 고빈도로 대응되었다. 다음은 각 격틀의 예이다.

(62) ㄱ. K1(NP1이 NP2를 N-시키다)
　　　배천석은 이날 후반 36분 또 한 번 헤딩골을 **성공시키**며 승부에 쐐기를 박았다. 〈조선일보 체육〉
　　　裴千錫在下半場第36分鐘再次頭球**破門**, 爲韓國隊鎖定勝局。
　　ㄴ. K2(NP1이 NP2에게 NP3을 N-시키다)

아빠한테 다미 **소개시켜** 주러 온 거야? 〈다섯 손가락 15회〉

是要向爸爸**介紹**多美嗎?

ㄷ. K3(NP1이 NP2에 NP3을 N-시키다)

행사 **참석시킬** 거니까. 못 빠져나가게 사람 좀 붙여 둬요. 〈꽃
보다 남자 3회〉

我得帶他**參加**活動派人跟着他, 別讓他溜了。

ㄹ. K4(NP1이 NP2를 NP3으로 N-시키다)

삼성은 강호문 삼성모바일디스플레이 사장을 부회장으로 **승진
시켜** 중국 본사 대표로 임명했다. 〈중앙일보 경제〉

三星提拔三星Mobile　Display社長姜皓文爲副會長, 并**任命**其
爲中國三星總部代表。

위의 예문 (62ㄱ)은 '의역' 표현이고 예문 (62ㄴ-ㄹ)은 '어휘' 표현이
다. 예문 (62ㄱ)의 격틀은 'K1(NP1이 NP2를 N-시키다)'이다. NP1은
'배천석', NP2는 '헤딩골', V는 '성공시키다'이고 '성공시키다'에 대응되
는 중국어 표현은 찾을 수 없는데 그것은 목적어 '헤딩골'과 함께 의역을
통해 중국어로는 '頭球破門'로 번역되었기 때문이다. 예문 (62ㄴ)의 격
틀은 'K2(NP1이 NP2에게 NP3을 N-시키다)'이다. NP1은 화자이기 때
문에 표면적으로 나타나지 않으며 NP2는 '아빠', NP3은 '다미', V는 '소
개시키다'이고, '소개시키다'의 중국어 대응 표현은 '介紹'이다. 예문 (62
ㄷ)의 격틀은 'K3(NP1이 NP2에 NP3을 N-시키다)'이다. NP1은 화자
이기 때문에 표면적으로 나타나지 않았고 NP2는 '행사'이며 NP3은 문
장에 나타나지 않지만 앞 문장에 있는 '그'이다. V는 '참석시키다'로서 그
에 대응되는 중국어 표현은 '參加'이다. 예문 (62ㄹ)의 격틀은 'K4(NP1
이 NP2를 NP3으로 N-시키다)'이며 NP1은 '삼성', NP2는 '강호문 삼성
모바일디스플레이 사장', NP3은 '부회장'이다. V는 '승진시키다'로서 이
에 대응되는 중국어 표현은 '任命'이다.

위와 같이 실제 자료에 쓰인 제2사동의 격틀에 대응되는 중국어 '대응

없음'의 경향에 대해 분석한 결과는 다음과 같다.

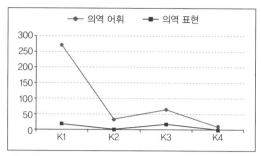

〈그림 36〉 제2사동 격틀과 중국어 대응 없음의 대응 양상

위 그림에서 보듯이 제2사동의 'K1(NP1이 NP2를 N-시키다)' 격틀
은 '의역 어휘'와의 대응 경향이 높다. 더 나아가 글말과 입말에서 그들
간에 대응 양상의 차이점이 있는지에 대해 살펴본 결과는 다음과 같다.

〈표 35〉 글말과 입말에 나타난 제2사동 격틀과 중국어 대응 없음의 대응 양상

제2사동	말뭉치	의역 어휘		의역 표현		합계	
K1	신문	251	95%	12	5%	263	100%
	드라마	25	66%	13	34%	38	100%
K2	드라마	38	90%	4	10%	42	100%
K3	신문	42	71%	17	29%	59	100%
	드라마	17	100%	0	0%	17	100%
K4	신문	5	100%	0	0%	5	100%
합계		378	89%	46	11%	424	100%

드라마보다 신문에서 'K1(NP1이 NP2를 N-시키다)' 격틀은 중국어
'의역 어휘'와의 대응 빈도가 가장 높게 나타났다. 즉, 글말에서 이들 간
의 대응이 더 활발하게 이루어짐을 알 수 있다. 그 이유는 입말보다 글
말에서 맥락과 맥락 간에 밀접한 관련성이 있고 문법도 다양하게 많이
사용하기 때문에 '대응 없음'과 많이 대응되는 현상이 더 나타난 것이다.
그 외의 격틀은 빈도가 너무 낮아서 글말과 입말의 사용 경향성을 판단
하기 쉽지 않다.

4.3 제3사동과 대응되는 중국어 표현

본 연구에서 분석한 약 170만 어절의 신문과 드라마로 구성된 한·중 병렬말뭉치에서 한국어 제3사동은 1,051회 출현하였다. 앞에서의 분석 결과와 같이 제3사동의 유형과 격틀은 모두 중국어 '유표지 사동, 무표지 사동, 피동표현 그리고 대응 없음'으로 대응되었다. 본 절에서는 제3사동의 유형과 격틀에 따라 대응되는 각각의 중국어 표현의 양상에 대해 살펴보고자 한다.

4.3.1 제3사동에 대응되는 중국어 표현

말뭉치에서 각각의 제3사동과 중국어 표현의 대응 양상에 대해 살펴본 결과는 다음과 같다.

〈표 36〉 제3사동에 대응되는 중국어 표현의 빈도 비율

한국어 사동	말뭉치	중국어 유표지 사동		중국어 무표지 사동		피동표현		대응 없음		합계	
제3사동	신문	287	57%	49	10%	1	0%	167	33%	504	100%
	드라마	371	68%	58	11%	0	0%	118	21%	547	100%
합계		658	63%	107	10%	1	0%	285	27%	1,051	100%

분석 결과에 의하면 제3사동은 각각의 '중국어 유표지 사동', '중국어 무표지 사동', '피동표현, '대응 없음'과의 대응 빈도에 차이를 보인다. 그 가운데 중국어 '유표지 사동'과 대응되는 빈도가 가장 높다. 그리고 글말과 입말의 사용 양상이 비슷하게 나타났다. 4.3.1.1~4.3.1.4에서 자세히 살펴보고자 한다.

4.3.1.1 제3사동에 대응되는 중국어 유표지 사동

말뭉치에서 쓰인 제3사동과 중국어 유표지 사동의 대응 표현은 658회로 나타났다. 그중 신문과 드라마에서는 각각 287회, 371회로 출현하였다. 한국어의 제3사동은 '통사적 사동'의 특징이 있고 중국어 유표지

'讓, 使, 令, 叫, 把, 給' 사동도 '통사적 사동'의 의미를 가지기 때문에 그 들 간에 대응이 활발하게 나타나는 것을 추측할 수 있다. 다음은 예문을 통하여 그들 간에 어떻게 대응되는지 살펴보기로 한다.

(63) ㄱ. 내가 그렇게 **힘들게 했어**? 〈달자의 봄 21회〉

我眞的**讓**你那麼**累**嗎?

ㄴ. 일본 공식 데뷔(올 3월) 이전임에도 폭발적인 인기로 한 · 일 가 요 관계자들을 깜짝 **놀라게 했다.** 〈중앙일보 음악〉

因爲雖然是正式出道日本(今年3月)之前, 但却具有了爆發性的 人气, 這**使**韓日歌謠界的有關人員感到**震惊**。

ㄷ. 청순가련형의 대명사 윤아가 파워풀하고 카리스마 넘치는 매력 을 발산하고 있다. 유리는 섹시미를 서현은 여성미를 뽐내 팬들 을 **설레게 했다.** 〈중앙일보 음악〉

照片中"淸純可人"的化身允儿展示了力量感十足的魅力造 型, 侑利和徐賢則分別演繹了性感和女人味十足的魅力, **令**无 數粉絲爲之**心動**。

ㄹ. 각서? 스타 성민우한테 각서를 **쓰게 해**? 〈오! 마이 레이디 11회〉

保証書? 你**叫**大明星晟敏宇**寫**保証書?

ㅁ. 우리가 은채 **미치게 만들었어.** 〈미안하다 사랑한다 14회〉

是我們**把**恩彩慢慢**逼瘋**了。

예문 (63ㄱ-ㅁ)은 각각의 제3사동에 대응되는 중국어 유표지 '讓, 使, 令, 叫, 把' 사동의 예문이다. 예문 (63ㄱ)에서 '힘들게 하다'는 중국 어 '讓-累'로 표시되었다. 그중 '힘들다'는 중국어로 '累'이며 사동의 '- 게 하다'는 중국어의 '讓'에 대응 번역되었다. 중국어 사동표현에서 피 사동주는 '讓(사동표지)-累(힘들다)'의 사이에 나타난다. 이와 같이 예 문 (63ㄴ-ㅁ)의 '놀라게 하다, 설레게 하다, 쓰게 하다, 미치게 만들다' 는 중국어의 '使-震惊, 令-心動, 叫-寫, 把-逼瘋'로 대응 번역되었음을 알 수 있다.

위와 같이 말뭉치에 쓰인 제3사동과 중국어 유표지 사동표현의 대응 양상에 대해 살펴본 결과는 다음과 같다.

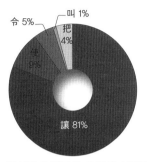

〈그림 37〉 제3사동과 중국어 유표지 사동의 대응 양상

제3사동에 대응되는 중국어 유표지 사동의 81%가 '讓' 사동으로 압도적으로 많이 사용되었고 '使, 叫, 令, 把' 사동의 대응 빈도는 낮게 나타났다. '給' 사동과는 대응되는 용례가 나타나지 않았다. 제3사동에 대응되는 사동표현이 글말인 신문과 입말인 드라마에서의 사용 양상에 어떠한 차이점이 있는지 확인해 보면 다음과 같다.

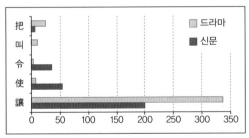

〈그림 38〉 글말과 입말에서 제3사동과 중국어 유표지 사동의 대응 양상

분석 결과에 의하면 글말과 입말에서 제3사동에 대응되는 각각의 중국어 유표지 사동의 양상 차이를 보인다. 즉, 글말과 입말에서 중국어 유표지 '讓' 사동과 많이 대응되었다. 그 가운데 글말보다 입말에서 대응 빈도가 분명하게 나타났다. 이로써 본 연구의 결과는 기존 연구의 분석 결과를 보완할 수 있다. 앞서 소개한 혁미평(2013)에서는 제3사동과 중

국어 유표지 사동의 대응 여부 가운데 '把, 給' 사동의 대응 관계를 확실히 제시하지 못했고 각각 "?, *'로 표시하였다. 그러나 본 연구에서는 제3사동은 '讓, 使, 叫, 令, 把' 사동과 대응 가능함을 밝혀내고 '給' 사동과 잘 대응되지 않음을 보여 준 동시에 그들 간의 대응 경향성 또한 보여줌으로써 혁미평(2013)의 한계를 보완하였다.

4.3.1.2 제3사동에 대응되는 중국어 무표지 사동

말뭉치에서 쓰인 제3사동과 중국어 무표지 사동의 대응 표현은 107회로 나타났다. 그중 신문과 드라마에서는 각각 49회, 58회 출현하였다. 앞에서 살펴보았듯이 한국어의 제3사동은 '통사적 사동'의 특징이 있기 때문에 무표지 사동과 잘 대응되지 않을 것이라 생각해 볼 수 있다. 또한 제3사동에서 중국어 무표지 사동은 '어휘 사동', '겸어문'과 대응되는 용례가 나타났고 '得 구문'과 대응되는 용례는 출현하지 않았다. 다음 예를 통하여 제3사동과 중국어 '어휘 사동', '겸어문'의 대응 양상을 살펴보기로 한다.

(64) ㄱ. 비(非) 경제적인 측면에서도 중국과의 관계를 <u>**긴밀하게 하**</u>려는 기대감이 깔려 있다고 말했다. 〈조선일보 뉴스〉
韓國希望通過FTA与中國<u>**加强**</u>非經濟層面的關系。
ㄴ. 다시 이 집으로 <u>**돌아오게 만들**</u> 거라고요, 제가. 〈착한 남자 17회〉
我會<u>**迫使**</u>他們再<u>**回到**</u>這个房子里。

위의 예문 (64ㄱ-ㄴ)은 한국어 제3사동과 그것의 중국어 무표지 '어휘 사동', '겸어문' 사동을 보여 준다. 예문 (64ㄱ)에서 '긴밀하게 하다'는 중국어 '加强'로 번역되었다. '加强'는 譚景春(1997)의 '兼類詞(겸류사)' 목록에 속하기 때문에 예문 (64ㄱ)은 제3사동에 대응되는 중국어 무표지 '어휘 사동'이다. 예문 (64ㄴ)에서 '돌아오게 만들다'는 '迫使-回到'에 대응되었다. 이 문장의 구조는 겸어문의 구조 'NP1+V1+NP2+V2(我+迫

使+他們+回到)'와 같다. V1(迫使)은 朴美貞(2002)에서 제시한 V1의 목록에 속하므로 중국어 '겸어문'에 대응한다고 할 수 있다.

이처럼 말뭉치에서 제3사동에 대응되는 중국어 무표지 사동의 양상을 분석한 결과는 다음과 같다.

〈그림 39〉 제3사동과 중국어 무표지 사동의 대응 양상

위 그림에서 보듯이 제3사동은 중국어 '겸어문'으로 많이 대응되었다. 그 이유 중의 하나는 제3사동과 중국어 '겸어문'이 모두 '통사적인 특성'을 가지고 있기 때문이다. 더 나아가 글말과 입말에서의 대응 양상에 어떠한 차이점이 있는지 살펴보기로 한다.

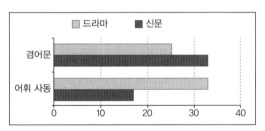

〈그림 40〉 글말과 입말에 나타난 제3사동과 무표지 사동의 대응 양상

위 그림에서 보듯이 글말과 입말에서 제3사동은 중국어 '어휘 사동'과 '겸어문' 사동의 대응 양상의 차이를 보인다. 즉, 입말에서는 '어휘 사동'에 더 많이 대응되며, 글말에서는 '겸어문'으로 더 많이 대응되었다. 따라서 글말과 입말을 구별해서 대조할 필요가 있다. 왜냐하면 '어휘 사동'과 '겸어문'의 총 빈도가 비슷하게 나타났지만 글말과 입말에 출현한 빈도는 서로 다르기 때문이다.

4.3.1.3 제3사동에 대응되는 중국어 피동표현

  말뭉치에서 제3사동에 대응되는 중국어 피동표현은 한 번만 나타났다. 다음은 그 예이다.

(65) ㄱ. 명신대에 다니는 7개 학과 537명(재적생 기준)은 전남·광주
　　　지역의 동신대 등 7개 대학의 동일·유사학과로 **편입할 수 있
　　　게 할** 방침이다. 〈중앙일보 유학〉
　　　明信大學的7个系537名(在籍生)學生將**被編入**全羅南道·光州
　　　地區的東新大學等7所大學的相同·相近學系。
　　ㄱ'. 將**把**明信大學的7个系537名(在籍生)學生**編入**全羅南道·光州
　　　地區的東新大學等7所大學的相同·相近學系。

  위의 예문 (65ㄱ)에서 사동사 '편입할 수 있게 하다'는 중국어 '被-編入'로 번역되었다. 그 가운데 '-게 하다'는 중국어 피동표현의 표지 '被'와 대응되었고, '편입하다'를 번역한 중국어는 '編入'이다. 이 예문의 중국어 피동표현을 다시 중국어 유표지 '把' 사동 예문 (65ㄱ')으로 바꾸어 표현할 수 있는데 이는 앞 절에서 언급한 바와 같이 한국어 사동표현은 그것에 대응되는 중국어 사동표현이 아닌 중국어 '把' 사동과 바꾸어쓸 수 있는 중국어 피동표현으로 표현한 것이다. 그 중간에 전환의 역할을 하는 중국어 사동표현 '把' 사동이 생략된 것으로 이해 가능하다. 이런 현상이 나타나는 경우는 주로 행위의 대상의 선택 의지의 여부와 관련된다. 사동표현의 경우 행위의 대상이 선택 정도와 의지, 어느 정도의 조절 능력을 가진다고 할 수 있다. 반면 피동표현에서 행위의 대상은 이러한 능력이 없다. 그러므로 예문 (65ㄱ')에서 행위의 대상은 '학생'인데 학생은 선택 의지를 나타내지 않으므로 중국어 피동표현으로 표현한 것이다. 이렇게 복잡한 대응 관계를 갖기 때문에 실생활에서는 많이 사용되지 않는다.

4.3.1.4 제3사동에 대응되는 중국어 대응 없음

제3사동과 중국어 '대응 없음'의 대응은 285회로 나타났고 글말과 입말에서는 각각 167회, 118회 출현하였다. 다음 예문을 살펴보도록 한다.

(66) ㄱ. 이 중 해외 팬의 비중은 약 20%에 육박해 그 인기를 **실감케 했다**. 〈조선일보 연예〉

其中海外粉絲占了兩成，足以**証明**其勢不可擋的超高人气。

ㄴ. 모든 죄를 아버지가 **책임지게 했어요**. 〈쾌걸춘향 10회〉

所有罪行都**推到**了父親身上。

ㄷ. 쟤가 많이 **마음 아프게 했어요**. 〈오! 마이 레이디 6회〉

我說了些**打擊**他的話。

예문 (66ㄱ-ㄴ)은 중국어 '어휘'와 대응되는 예문이지만 의미가 다르다. 예문 (66ㄱ)에서는 '실감케 하다'의 중국어 대역어는 '証明'인데 이 중국어 문장은 인과 관계의 의미를 가진다. 또한 예문 (66ㄴ)에서 '책임지게 하다'의 중국어의 대역어는 '推到'인데 이 문장은 인과 관계의 의미가 없지만 서술어 '推到' 뒤에 '了'를 첨가하여 형태 변화의 의미를 추가하였다. 예문 (66ㄷ)에서 '아프게 하다'는 중국어에서 대응 번역할만한 어휘가 없기 때문에 '마음 아프게 하다'를 '說了些打擊他的話'와 같이 다른 표현으로 의역하였다. 이를 통해 한국어 사동표현은 중국어 대응 없음과 일정하게 대응되는 경향이 있음을 알 수 있다.

위와 같이 제3사동에 대응되는 '대응 없음'의 양상에 대해 살펴본 결과는 다음과 같다.

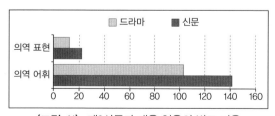

〈그림 41〉 제3사동과 대응 없음의 빈도 비율

분석 결과에 의하면 신문이나 드라마에서 제3사동은 중국어 '의역 어휘'와 많이 대응되었으며 대응되는 빈도도 비슷하게 나타났다. 위 경우에는 중국어 문장은 인과 관계를 나타내는 어휘를 사용하거나 상태 변화를 만드는 조사 '了'를 첨가시킴으로써 문장의 변화나 원인 결과의 의미를 전달하게 된다. 이로 인해 중국어 유표지 사동과 무표지 사동이 아니라도 일반 서술어 문장과 대응되는 것이다.

4.3.2 제3사동 격틀에 대응되는 중국어 표현

전체 말뭉치에서 쓰인 제3사동의 격틀은 'K1(NP1이 NP2가 V-게 하다), K2(NP1이 NP2를 V-게 하다), K3(NP1이 NP2에게 NP3을 V-게 하다), K4(NP1이 NP2가 NP3을 V-게 하다), K5(NP1이 NP2를 NP3을 V-게 하다), K6(NP1이 NP2로 하여금 NP3을 V-게 하다), K7(NP1이 NP2를 NP3에 V-게 하다)' 7가지이다. 여기서는 이 격틀이 어떤 중국어 표현과 대응되는지, 글말과 입말에서의 대응 양상에 어떤 차이점이 있는지를 밝히고자 한다. 또한 분석 결과를 토대로 기존 연구와 본 연구의 결과를 비교할 것이다. 다음은 말뭉치에서 제3사동의 격틀에 대응되는 중국어 표현의 양상이다.

〈표 37〉 제3사동 격틀에 대응되는 중국어 표현의 빈도 비율

제3사동	중국어 유표지 사동		중국어 무표지 사동		중국어 피동표현		대응 없음		합계	
K1	36	59%	0	0%	0	0%	25	41%	61	100%
K2	541	60%	103	12%	0	0%	251	28%	895	100%
K3	36	80%	0	0%	0	0%	9	20%	45	100%
K4	24	100%	0	0%	0	0%	0	0%	24	100%
K5	5	100%	0	0%	0	0%	0	0%	5	100%
K6	2	50%	2	50%	0	0%	0	0%	4	100%
K7	14	82%	2	12%	1	6%	0	0%	17	100%
합계	658	63%	107	10%	1	0%	285	27%	1,051	100%

분석 결과에 의하면 제3사동의 'K2(NP1이 NP2를 V-게 하다)'는 '유표지 사동', '무표지 사동', '대응 없음'과 대응되는 비율이 모두 높다. 그 외의 격틀은 중국어 표현과 저빈도로 대응되었다. 그리고 모든 제3사동의 격틀은 중국어 유표지 사동과 많이 대응되는 경향을 보인다. 더 나아가 각각의 격틀과 중국어 표현과의 대응 양상을 살펴보도록 한다.

4.3.2.1 제3사동 격틀에 대응되는 중국어 유표지 사동

실제 자료에서 제3사동에 대응되는 중국어 유표지 사동의 격틀은 658회 가운데 'K1(NP1이 NP2가 V-게 하다)'는 36회(6%), 'K2(NP1이 NP2를 V-게 하다)'는 541회(82%), 'K3(NP1이 NP2에게 NP3을 V-게 하다)'는 36회(5%), 'K4(NP1이 NP2가 NP3을 V-게 하다)'는 24(4%), 'K5(NP1이 NP2를 NP3을 V-게 하다)'는 5회(1%), 'K6(NP1이 NP2로 하여금 NP3을 V-게 하다)'는 2회(0%), 'K7(NP1이 NP2를 NP3에 V-게 하다)'는 14회(2%)로 나타났다. 그중 'K2(NP1이 NP2를 V-게 하다)' 격틀이 541회(82%)로 대응 빈도가 가장 높았다. 다음은 각 격틀의 예이다.

(67) ㄱ. K1(NP1이 NP2가 V-게 하다)

어떻게 혜미가 여기까지 **쫓아오게 만들**어? 〈개인의 취향 11회〉

怎么**會讓**慧美**找到**這里來的?

ㄴ. K2(NP1이 NP2를 V-게 하다)

이를 **가능케 했**던 게 바로 유통망이다. 〈중앙일보 경제〉

能**使**這**成爲可**能的就是流通網絡。

ㄷ. K3(NP1이 NP2에게 NP3을 V-게 하다)

학생과 교직원에게 변화를 **체감하게 하**자는 서거석(56 · 전국국공립대총장협의회장) 총장의 아이디어다. 〈중앙일보 유학〉

這是校長徐巨錫(56歲, 全國國公立大學校長協會會長)旨在**讓**學生和教職工深刻**体會**變化的構想。

ㄹ. K4(NP1이 NP2가 NP3을 V-게 하다)

해결책은 내수 확대다. 내수를 활성화하려면 일자리를 만들어 사람들이 돈을 **쓰게 해**야 한다. 〈중앙일보 뉴스〉

解決方法只有擴大內需。如果要想拉動內需，必須創造就業崗位，**讓**人們**消費**。

ㅁ. K5(NP1이 NP2를 NP3을 V-게 하다)

오히려 초반엔 앞서나가면서 주도권을 잡아 미국을 진땀 **흘리게 했다.** 〈조선일보 체육〉

比賽剛開場，韓國隊掌握了主導權，**令**美國隊**驚出**冷汗。

ㅂ. K6(NP1이 NP2로 하여금 NP3을 V-게 하다)

어떤 면에서 한국과 일본의 협력 강화는 중국으로 하여금 한국과의 협력 강화를 **서두르게 만들** 수도 있다. 〈중앙일보 뉴스〉

從某种角度來說，韓國与日本加强合作反而會**使**中國**加緊**强化与韓國的合作。

ㅅ. K7(NP1이 NP2를 NP3에 V-게 하다)

그는 또 외국인 환자를 자신이 운영하는 호텔에 **묵게 하고**, 여기서 벌어들인 현금 수입액 3억 원도 신고하지 않았다. 〈조선일보 뉴스〉

他還**讓**外國患者**入住**自己經營的酒店，由此獲得的3亿韓元現金收入也没有申報。

위의 예문 (67ㄱ)의 격틀은 'K1(NP1이 NP2가 V-게 하다)'로서 NP1은 청자이기 때문에 드러나지 않았고 NP2는 '혜미', V는 '쫓아오게 만들다'이다. '쫓아오게 만들다'에 대응되는 중국어 표현은 '讓-找到'로서 그 중 '쫓아오다'는 '找到'이고 '-게 만들다'는 '讓'에 해당하므로 중국어 유표지 '讓' 사동에 대응되었다. NP2는 '讓'와 서술어의 중간에 두기 때문에 여기서는 '讓+慧美+找到'가 되며 중국어 유표지 사동은 모두 이런 형식으로 표현된다. 예문 (67ㄴ)의 격틀은 'K2(NP1이 NP2를 V-게 하다)'인데 NP1은 '유통망', NP2는 '이', V는 '가능케 하다'이다. '가능케 하다'는 중국어의 '使-成爲可能'로 번역되어 이 격틀에 대응되는 중국 어 유표지 사동은 '使' 사동이다. 예문 (67ㄷ)의 격틀은 'K3(NP1이 NP2 에게 NP3을 V-게 하다)'로서 NP1은 '아이디어', NP2는 '학생과 교직 원', NP3은 '변화', V는 '체감하게 하다'이다. '체감하게 하다'는 중국어 의 '讓-体會'로 번역되어 이 격틀에 대응되는 중국어 유표지 사동은 '讓' 사동이다. 예문 (67ㄹ)의 격틀은 'K4(NP1이 NP2가 N3을 V-게 하다)' 인데 NP1은 문장에서 드러나지 않지만 앞뒤 문맥을 통해 '정부'임을 찾 을 수 있다. NP2는 '사람들', NP3은 '돈', V는 '쓰게 하다'이다. '쓰게 하 다'는 중국어의 '讓-消費'로 번역되어 이 격틀에 대응되는 중국어 유표 지 사동은 '讓' 사동이다. 예문 (67ㅁ)의 격틀은 'K5(NP1이 NP2를 NP3 을 V-게 하다)'로서 NP1은 문장에서 드러나지 않지만 앞뒤 문맥을 통 해 '한국'임을 찾을 수 있다. NP2는 '미국', NP3은 '진땀', V는 '흘리게 하 다'이다. '흘리게 하다'는 중국어의 '令-驚出'로 번역되어 이에 대응되는 중국어 유표지 사동은 '令' 사동이다. 예문 (67ㅂ)의 격틀은 'K6(NP1이 NP2로 하여금 NP3을 V-게 하다)'인데 NP1은 '협력 강화', NP2는 '중 국', NP3은 '협력 강화', V는 '서두르게 만들다'이다. '서두르게 만들다' 는 중국어의 '使-加緊'로 번역되어 이 격틀에 대응되는 중국어 유표지 사동은 '使' 사동으로 나타났다. 예문 (67ㅅ)의 격틀은 'K7(NP1이 NP2 를 NP3에 V-게 하다)'인데 NP1은 '그', NP2는 '외국인 환자', NP3은 '호텔', V는 '묵게 하다'이다. '묵게 하다'는 중국어 '讓-入住'로 번역되어 이 격틀에 대응되는 중국어 유표지 사동은 '讓' 사동이다.

　위와 같이 실제 자료에서 제3사동의 격틀에 대응되는 중국어 유표지 사동표현을 분석한 결과는 다음과 같다.

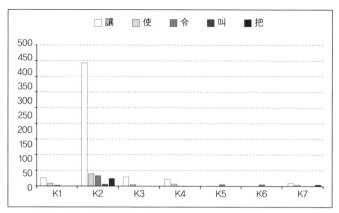

〈그림 42〉 제3사동 격틀과 중국어 유표지 사동의 대응 양상

제3사동의 격틀인 'NP1이 NP2가 V-게 하다, NP1이 NP2를 V-게
하다, NP1이 NP2에게 NP3을 V-게 하다, NP1이 NP2가 NP3을 V-게
하다, NP1이 NP2를 NP3을 V-게 하다, NP1이 NP2로 하여금 NP3
을 V-게 하다, NP1이 NP2를 NP3에 V-게 하다'에 대응되는 각각의
중국어 유표지의 양상은 큰 차이를 보인다. 가장 뚜렷하게 나타난 것은
K2(NP1이 NP2를 V-게 하다) 격틀이 중국어 유표지 '讓' 사동과 주로
대응된 것이다. 더 나아가 글말과 입말에서의 그들 간에 대응 양상의 차
이점이 있는지에 대해 살펴본 결과는 다음과 같다.

〈표 38〉 글말과 입말에 나타난 제3사동 격틀과 중국어 유표지 사동의 대응 양상

제3사동	말뭉치	중국어 유표지 사동										합계	
		讓		使		令		叫		把			
K1	신문	18	62%	10	35%	1	3%	0	0%	0	0%	29	100%
	드라마	7	100%	0	0%	0	0%	0	0%	0	0%	7	100%
K2	신문	141	69%	33	16%	26	13%	0	0%	4	2%	204	100%
	드라마	300	89%	5	1%	2	1%	9	3%	21	6%	337	100%
K3	신문	14	78%	4	22%	0	0%	0	0%	0	0%	18	100%
	드라마	17	94%	0	0%	0	0%	1	6%	0	0%	18	100%
K4	신문	21	87%	3	13%	0	0%	0	0%	0	0%	24	100%

K5	신문	1	50%	0	0%	1	50%	0	0%	0	0%	2	100%
	드라마	3	100%	0	0%	0	0%	0	0%	0	0%	3	100%
K6	신문	1	50%	1	50%	0	0%	0	0%	0	0%	2	100%
K7	신문	6	75%	1	12%	0	0%	0	0%	1	13%	8	100%
	드라마	6	100%	0	0%	0	0%	0	0%	0	0%	6	100%
합계		535	81%	57	9%	30	5%	10	1%	26	4%	658	100%

　분석 결과에 의하면 K2 격틀은 글말보다 입말에서 중국어 유표지 사동과 주로 많이 대응되는 경향이 발견된다. 그 외의 제3사동의 격틀과 대응되는 중국어 유표지 사동의 빈도가 너무 낮아서 대응 경향성을 밝히기 힘들다.

　지금까지 말뭉치에 제3사동의 각각의 격틀과 중국어 유표지 사동의 대응 양상을 살펴보았다. 위의 분석 결과는 몇 가지 항목에서 기존 연구의 결과와 차별화되는데 그 내용을 정리하면 다음과 같다.

　첫째, 기존 연구와 말뭉치에서 'K1(NP1이 NP2가 V-게 하다)'의 격틀과 중국어 유표지 사동과의 대응 관계를 살펴보면 최길림(2007)에서는 KP1에 대응되는 중국어 유표지 사동은 각각의 '讓, 使, 叫' 사동과 대응된다고 하였다. 그러나 말뭉치에서는 K1의 격틀이 중국어 유표지 '讓, 使, 슈' 사동과 대응되었다.

　둘째, 기존 연구와 말뭉치에서 'K2(NP1이 NP2를 V-게 하다)'의 격틀과 중국어 유표지 사동과의 대응 관계를 살펴보면 최길림(2007)에서는 K2의 격틀이 중국어 유표지 사동 중 '讓, 使, 叫' 사동과 각각 대응된다고 하였으나 본 연구에서는 K2의 격틀에 대응되는 중국어 유표지 사동은 '讓, 使, 슈, 叫, 把' 사동으로 다양하게 나타났다.

　셋째, 기존 연구와 말뭉치에서 'K3(NP1이 NP2에게 NP3을 V-게 하다)'의 격틀과 중국어 유표지 사동과의 대응 관계를 살펴보면 최길림(2007)에서는 K3의 격틀이 중국어 유표지 사동 중 '讓, 叫' 사동과 각각 대응된다고 한 반면 본 연구에서는 K3의 격틀이 중국어 유표지 사동 중 '讓, 使, 叫' 사동에 대응된다는 것을 밝힐 수 있었다.

넷째, 기존 연구와 말뭉치에서 'K5(NP1이 NP2를 NP3을 V-게 하다)'의 격틀과 중국어 유표지 사동과의 대응 관계를 살펴보면 최길림(2007)에서는 K5의 격틀이 중국어 유표지 사동 각각의 '讓, 使, 叫' 사동과 대응된다고 하였다. 반면 본 연구에서는 K5의 격틀에 대응되는 중국어 유표지 사동은 '讓' 사동과 '슴' 사동이었다.

다섯째, 기존 연구에서는 'K4(NP1이 NP2가 NP3을 V-게 하다), K6(NP1이 NP2로 하여금 NP3을 V-게 하다), K7(NP1이 NP2를 NP3에 V-게 하다)'의 격틀과 중국어 유표지 사동과의 대응 관계를 언급하지 않았으나 본 연구에서는 K4, K6, K7의 격틀과 중국어 유표지 사동의 대응 양상을 분석할 수 있었다. 이들 각각은 중국어 유표지 사동 중 '讓, 使' 사동, '讓, 使' 사동, '讓, 使, 把' 사동과 각각 대응되었다.

4.3.2.2 제3사동 격틀에 대응되는 중국어 무표지 사동

실제 자료에서 제3사동의 격틀에 대응되는 중국어 무표지 사동은 107회 출현하였으며 그 가운데 'K2(NP1이 NP2를 V-게 하다)'는 103회(96%), 'K6(NP1이 NP2로 하여금 NP3을 V-게 하다)'는 2회(2%), 'K7(NP1이 NP2를 NP3에 V-게 하다)'는 2회(2%)로 나타났다. 다음은 각 격틀의 예이다.

(68) ㄱ. K2(NP1이 NP2를 V-게 하다)

　　　정말 **귀찮게 하**네. 〈꽃보다 남자 17회〉

　　　眞是**煩**死了。

　　ㄴ. K6(NP1이 NP2로 하여금 NP3을 V-게 하다)

　　　시청자들의 감정이입 농도는 시청률로 나타난다. 복수를 소재로 한 최근의 드라마들은 다양한 막장코드를 선보임으로써 시청자로 하여금 "복수극=막장드라마"라는 착각 아닌 착각을 **갖게 만들**기도 한다. 〈조선일보 연예〉

当然，觀衆到底買不買帳，看看收視率就知道了。最近夏仇題材的電視劇展現出各种各樣的荒唐故事，**使得觀衆産生**了不是錯覺的錯覺，認爲"夏仇劇就等于荒唐劇"。

ㄷ. K7(NP1이 NP2를 NP3에 V-게 하다)

세계 최대의 동영상 서비스 유튜브, 스마트폰 운영체제 안드로이드 창업자는 모두 구글에 인수되면서 돈방석에 올랐다. 그런 소프트웨어 창업의 "대박 신화"가 미국의 젊은 인재들을 계속 소프트웨어 창업에 **뛰어들게 만들**고 있다. 〈조선일보 경제〉

世界最大的說頻网站YouTube和智能手机操作系統Android的開創者均被谷歌納至旗下，而這種軟件創業的"神話"，**促使**美國年輕人更加積極地**加入**到軟件創業當中。

위의 예문 (68ㄱ)의 격틀은 'K2(NP1이 NP2를 V-게 하다)'로서 NP1은 청자이며 NP2는 화자이기 때문에 모두 드러나지 않았고 V는 '귀찮게 하다'이다. 그에 대응되는 중국어 표현은 무표지 어휘 사동 '煩(귀찮다)'으로 나타났다. 예문 (68ㄴ)의 격틀은 'K6(NP1이 NP2로 하여금 NP3을 V-게 하다)'로서 NP1은 '드라마들', NP2는 '시청자', NP3은 '착각', V는 '갖게 만들다'이며 그에 대응되는 중국어 표현은 무표지 사동 겸어문 '致使'로 나타났다. 예문 (68ㄷ)의 격틀은 'K7(NP1이 NP2를 NP3에 V-게 하다)'이며, NP1은 '대박 신화', NP2는 '인재들', NP3은 '창업', V는 '뛰어들게 만들다'이다. 그에 대응되는 중국어 어휘는 '促使'이고 이는 무표지 사동 중 '겸어문'에 해당한다.

위와 같이 제3사동의 격틀에 대응되는 중국어 무표지 사동표현의 경향성을 분석한 결과는 다음과 같다.

〈표 39〉 글말과 입말에 나타난 제3사동 격틀과 무표지 사동의 대응 양상

제3사동	말뭉치	어휘 사동		겸어문		합계	
K2	신문	17	38%	28	62%	45	100%
	드라마	32	55%	26	45%	58	100%
K6	신문	0	0%	2	100%	2	100%
K7	신문	0	0%	2	100%	2	100%
합계		49	46%	58	54%	107	100%

분석 결과에 따르면 'K2(NP1이 NP2를 V-게 하다)' 격틀은 중국어 무표지 '어휘 사동', '겸어문'과 비슷하게 대응되는 경향이 나타났다. 또 신문과 드라마에서 'K2(NP1이 NP2를 V-게 하다)' 격틀은 중국어 무표지 '어휘 사동', '겸어문'으로 대응되는 빈도가 비슷한 비율을 나타냈다.

이상으로 제3사동의 격틀과 중국어 '무표지' 사동의 대응 양상을 살펴보았다. 위의 분석 결과는 다음 항목에서 기존 연구의 결과와 차별화되는데 최길림(2007)에서는 제3사동의 격틀이 중국어 '무표지 사동'과 대응되지 않는다고 하였으나 이와 달리 본 연구에서는 K2 격틀은 '어휘 사동'과 '겸어문', K6, K7 격틀은 '겸어문'과 대응되는 현상을 확인할 수 있었다.

4.3.2.3 제3사동 격틀에 대응되는 중국어 피동표현

실제 자료에서 제3사동의 'K7(NP1이 NP2를 NP3에 V-게 하다)' 격틀과 중국어 피동표현이 대응되는 용례는 1회 출현하였다.

(69) ㄱ. K7(NP1이 NP2를 N3에 V-게 하다)

명신대에 다니는 7개 학과 537명(재적생 기준)은 전남·광주 지역의 동신대 등 7개 대학의 동일·유사학과로 **편입할 수 있게 할** 방침이다. 〈중앙일보 유학〉

明信大學的7个系537名(在籍生)學生將**被編入**全羅南道·光州地區的東新大學等7所大學的相同·相近學系。

위의 예문 (69ㄱ)의 격틀은 'K7(NP1이 NP2를 N3에 V-게 하다)'로서 NP1은 문장에서 드러나지 않지만 앞 문맥을 통해 '교과부'임을 찾을 수 있었다. NP2는 '537명', NP3은 '동일·유사학과'이며 V는 '편입할 수 있게 하다'에 해당한다.[34] 여기서는 동사에 대한 중국어 번역을 '被-編入'로 함으로써 중국어 피동표현 '被' 구문을 사용한 것이다.

4.3.2.4 제3사동 격틀에 대응되는 중국어 대응 없음

전체 말뭉치에서 제3사동의 격틀에 대응되는 중국어의 '대응 없음'은 총 285회인데 그의 격틀은 'K1(NP1이 NP2가 V-게 하다)'는 25회(9%), 'K2(NP1이 NP2를 V-게 하다)'는 251회(88%), 'K3(NP1이 NP2에게 NP3을 V-게 하다)'는 9회(3%)'이다. 그중 'K2(NP1이 NP2를 V-게 하다)' 격틀이 주로 많이 대응되었다. 다음은 각 격틀의 예이다.

(70) ㄱ. K1(NP1이 NP2가 V-게 하다)

　　　일본은 한국인이 관광 목적일 경우 90일간 비자 없이 **머물게 하**고 있다. 〈조선일보 연예〉

　　　如果韓國人到日本的目的是旅游，可无簽証**停留**90天。

　　ㄴ. K2(NP1이 NP2를 V-게 하다)

　　　못 **떠들게 했**어? 〈착한 남자 19회〉

　　　制止她了嗎?

　　ㄷ. K3(NP1이 NP2에게 NP3을 V-게 하다)

　　　한편 KAIST 서남표 총장도 2006년부터 부임 8년차 교수를 대상으로 테뉴어 심사를 강화하고 부적격 판정을 받은 교수에겐 3년 안에 재심사를 **받도록 했었다.**

　　　同時，韓國科學技術院(KAIST)的徐南杓校長也從2006年開始

---

34) 『연세 현대 한국어 사전』에서 '편입하다'의 격틀은 '1이 2에//로 편입하다'가 되어 있다. 따라서 예문에의 '로'는 '에'와 같은 격틀에 속한다는 것을 알 수 있다.

采取任職后第8年加强對教授的任期審查，在三年内對被判定爲不够格的教授**進行**再審查的制度。

위의 예문 (70ㄱ)은 '어휘' 표현이고 예문 (70ㄴ-ㄷ)은 '의역' 표현에 해당한다. 예문 (70ㄱ)의 격틀은 'K1(NP1이 NP2가 V-게 하다)'로서 NP1은 '일본', NP2는 '한국인', V는 '머물게 하다'이다. 여기서 '머물게 하다'에 대응되는 중국어 표현은 '停留'로 나타났다. 예문 (70ㄴ)의 격틀은 'K2(NP1이 NP2를 V-게 하다)'이며 NP1은 청자이기 때문에 드러나지 않는다. NP2는 역시 이 문장에서 출현하지 않지만 앞선 문맥에서 나타난 '그녀'로서 화자와 청자가 모두 알고 있는 대상이다. V는 '떠들게 하다'인데 이에 대응되는 중국어 어휘 표현은 찾기 어렵고 이 문장에서는 '못 떠들게 하다'를 '制止(제지하다)'와 같이 다른 표현으로 의역하였다. 예문 (70ㄷ)의 격틀은 'K3(NP1이 NP2에게 NP3을 V-게 하다)'로서 NP1은 'KAIST 서남표 총장', NP2는 '교수', NP3은 '재심사', V는 '받도록 하다'이다. 여기서 사용된 동사 '받도록 하다'에 대응되는 중국어 표현을 찾기 어려운 까닭에 '進行(진행하다)'라는 표현으로 의역하였다.

위와 같이 실제 자료에서 제3사동의 격틀에 대응되는 중국어 '대응 없음'의 경향성을 분석한 결과는 다음과 같다.

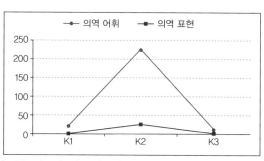

〈**그림 43**〉 제3사동 격틀과 중국어 대응 없음의 대응 양상

위 그림에서 보듯이 제3사동의 'K2(NP1이 NP2를 V-게 하다)' 격틀은 '의역 표현'보다 '의역 어휘'로 대응되는 현상이 분명하게 나타났다.

더 나아가 글말과 입말에서의 대응 양상에 차이점이 있는지 살펴본 결과는 다음과 같다.

〈표 40〉 글말과 입말에 나타난 제3사동 격틀과 중국어 대응 없음의 대응 양상

제3사동	말뭉치	의역 어휘		의역 표현		합계	
K1	신문	19	79%	5	21%	24	100%
	드라마	1	100%	0	0%	1	100%
K2	신문	120	87%	18	13%	138	100%
	드라마	103	91%	10	9%	113	100%
K3	신문	4	80%	1	20%	5	100%
	드라마	3	75%	1	25%	4	100%
합계		250	88%	35	12%	285	100%

분석 결과에 따르면 'K2(NP1이 NP2를 V-게 하다)'의 중국어 '의역 어휘' 표현의 대응 양상은 신문과 드라마에서 비슷하게 나타났다. 다른 격틀의 출현 빈도 자체가 낮기 때문에 구체적인 분석과 이유를 밝히기는 어렵지만 전체적으로 본다면 제3사동의 격틀은 '의역 어휘'와 '의역 표현'이 대체로 글말에서 더 많이 나타난다는 것을 알 수 있다.

4.4 분석의 함의

지금까지 한·중 병렬말뭉치에 쓰인 한국어 사동표현의 유형과 격틀에 따라 그에 대응되는 중국어 표현의 양상에 대해 알아보았다. 4.1에서는 제1사동과 대응되는 중국어 표현, 4.2에서는 제2사동과 대응되는 중국어 표현, 4.3에서는 제3사동과 대응되는 중국어 표현의 양상에 대해 살펴보았다. 이제부터 4장의 논의를 통해 밝혀진 한국어 사동표현과 대응되는 중국어 표현의 전체 양상과 그들 간의 대응 이유에 대해 간단히 정리해 보겠다.

1) 제1사동에 대응되는 중국어 표현

4.1에서는 제1사동의 유형과 격틀에 따라 그에 대응되는 중국어 표현의 양상에 대해 살펴보았다. 다음은 결과를 통하여 전체 대응 양상과 그것의 대응 원인을 정리하고자 한다.

먼저 제1사동의 유형에 따른 중국어의 대응 양상을 살펴보도록 한다.

〈표 41〉 제1사동에 따른 중국어의 대응 양상

한국어 사동표현	말뭉치	중국어 유표지 사동						중국어 무표지 사동			피동 표현	대응 없음
		讓	使	令	叫	把	給	어휘	得구문	겸어문		
제1사동	신문	90	32	4	0	49	7	731	0	0	3	2,578
	드라마	225	0	0	14	104	83	468	1	21	3	1,744
합계		315	32	4	14	153	90	1,199	1	21	6	4,322

제1사동의 유형에 따른 중국어의 대응 양상을 살펴보기 전에 먼저 그들의 특성을 보면 한국어 제1사동은 '형태적인 특성'이 있는 반면 중국어 유표지 사동은 '통사적인 특성'이 있다. 중국어 무표지 사동 가운데 '어휘 사동'은 '형태적인 특성'이 있고 '得 구문'과 '겸어문'은 '통사적인 특성'이 있다. 중국어 '대응 없음'도 대부분이 '형태적인 특성'이 있는 '어휘' 표현이다. 이런 특성이 있기 때문에 같은 '형태적인 특성'이 있는 표현들 간에 대응이 많이 이루어지는 것을 확인할 수 있다. 실제 대응 양상을 보면 제1사동은 '형태적인 특성'이 강한 중국어 '대응 없음'과 무표지 사동의 '어휘 사동'과 많이 대응되는 반면 '통사적 특성'이 있는 중국어 '유표지 사동'과는 많이 대응되지 않았다. 이를 통하여 제1사동이 왜 중국어 사동표현보다 중국어 '대응 없음'과 더 많이 대응되는지 알 수 있다. 또한 글말보다 입말에서 제1사동이 중국어 '유표지 사동'과 많이 대응되는 경향성이 있는 반면 입말보다 글말에서는 제1사동이 '무표지 사동, 대응 없음'과 더 많이 대응되는 경향을 보인다. 이 이유를 살펴보면 '유표지 사동'은 '표지'가 있어서 간단하고 명료하기 때문에 입말의 특성에 맞게 더 많이 사용되는 것으로 분석할 수 있다. 반면 중국어 '무표

지 사동, 대응 없음'은 '사동의 표지'가 없기 때문에 불분명하고 복잡해서 짧은 시간에 판단하기 힘들며 이런 특성으로 인해 입말보다 글말에서 더 많이 사용된다.

　다음으로 제1사동의 격틀에 따른 중국어의 대응 양상을 살펴보도록 한다.

〈표 42〉 제1사동 격틀에 따른 중국어의 대응 양상

제1사동	말뭉치	중국어 유표지 사동						중국어 무표지 사동			피동 표현	대응 없음
		讓	使	令	叫	把	給	어휘	得구문	겸어문		
K1	신문	63	29	3	0	35	6	712	0	0	2	2,327
	드라마	111	0	0	11	86	2	434	1	17	2	1,243
K2	신문	18	0	1	0	0	1	1	0	0	0	73
	드라마	90	0	0	2	1	81	20	0	4	0	396
K3	신문	6	0	0	0	4	0	2	0	0	1	74
	드라마	21	0	0	1	9	0	9	0	0	0	79
K4	신문	3	3	0	0	10	0	16	0	0	1	104
	드라마	3	0	0	0	8	0	5	0	0	1	26
합계		315	32	4	14	153	90	1,199	1	21	6	4,322

　전체 말뭉치에서 제1사동의 격틀에 따른 대응의 중국어의 양상을 살펴보기 전에 제1사동의 격틀 중 대당 주동문에서의 서술어 특성을 살펴보면 다음과 같다. 'K1(NP1이 NP2를 V)' 격틀에서 'V'의 대당 주동문의 서술어는 대부분 자동사나 형용사로 이루어지는 특징이 있다. 'K2(NP1이 NP2에게 NP3을 V)' 격틀에서 'V'의 대당 주동문의 서술어는 대부분 타동사로 이루어지는 특징이 있다. 'K3(NP1이 NP2에 NP3을 V)' 격틀에서 'V'의 대당 주동문의 서술어는 자동사로 이루어지는 특징이 있다. 'K4(NP1이 NP2를 NP3으로 V)' 격틀에서 'V'의 대당 주동문의 서술어는 자동사로 이루어지는 특징이 있다. 본 연구는 3장의 분석 결과 연구에 사용한 병렬말뭉치에서 추출된 사동사 중 대당 주동문을 이룰 때 서술어가 '자동사'로 채워지는 경우가 가장 많은 비율을 차지함을 밝힌 바

있다. 이를 근거로 하면 제1사동에서 'K1(NP1이 NP2를 V)'의 격틀이 중국어로 대응되는 비율이 가장 높게 나타나는 원인 설명이 가능하다. 특히 입말에서 K1, K2의 격틀은 주로 '讓' 사동과 고빈도로 대응되며 많이 사용되는 것을 알 수 있다.

2) 제2사동에 대응되는 중국어 표현

4.2에서는 제2사동의 유형과 격틀에 따라 그에 대응되는 중국어 표현의 양상에 대해 살펴보았다. 다음의 결과를 통하여 전체 대응 양상과 대응 원인을 정리하고자 한다.

먼저 제2사동의 유형에 따른 중국어의 대응 양상을 살펴보기 위해 그것의 특성을 우선적으로 살펴보도록 한다.

〈표 43〉 제2사동에 따른 중국어의 대응 양상

한국어 사동표현	말뭉치	중국어 유표지 사동						중국어 무표지 사동			피동 표현	대응 없음
		讓	使	令	叫	把	給	어휘	得구문	겸어문		
제2사동	신문	76	56	12	0	13	0	137	0	24	6	327
	드라마	112	2	0	17	21	4	35	0	43	1	97
합계		188	58	12	17	34	4	172	0	67	7	424

제2사동은 '어휘적 특성'과 '형태적 특성'으로 인해 '대응 없음'으로 가장 많이 대응되었으며 '통사적 특성'이 강한 '讓' 사동과도 비교적 많이 대응되었다. 그 이유로는 제2사동이 '명령, 지시'의 의미를 가지며 '讓' 사동의 '讓' 역시 자체적으로 '명령, 지시'의 의미를 가지기 때문이라고 할 수 있다. 또 제2사동의 '형태적 특성'으로 인해 중국어 '무표지 어휘' 사동으로 비교적으로 많이 대응되었다.

다음으로 제2사동의 격틀에 따른 중국어의 대응 양상을 살펴보겠다.

〈표 44〉 제2사동 격틀에 따른 중국어의 대응 양상

제2사동	말뭉치	중국어 유표지 사동						중국어 무표지 사동			피동 표현	대응 없음
		讓	使	令	叫	把	給	어휘	得구문	겸어문		
K1	신문	66	53	12	0	10	0	133	0	24	4	263
	드라마	88	2	0	2	14	4	35	0	43	1	38
K2	신문	0	0	0	0	0	0	0	0	0	0	0
	드라마	17	0	0	0	0	0	0	0	0	0	42
K3	신문	5	1	0	0	3	0	0	0	0	1	59
	드라마	7	0	0	0	4	0	0	0	0	0	17
K4	신문	5	2	0	0	0	0	4	0	0	1	5
	드라마	0	0	0	15	3	0	0	0	0	0	0
합계		188	58	12	17	34	4	172	0	67	7	424

전체 말뭉치에서 사용된 제2사동의 격틀은 'K1(NP1이 NP2를 N-시키다), K2(NP1이 NP2에게 NP3을 N-시키다), K3(NP1이 NP2에 NP3을 N-시키다), K4(NP1이 NP2를 NP3으로 N-시키다)'이다. 그중 K1 격틀만 필수 성분인 '부사어'를 가지지 않는다. 다시 말하면 K1 격틀의 생산성이 다른 것들에 비해 더 높다는 의미이다. 따라서 K1 격틀이 다른 격틀보다 중국어 표현과 더 많이 대응되는 원인을 알 수 있다.

3) 제3사동에 대응되는 중국어 표현

4.3에서는 제3사동의 유형과 격틀에 따라 그에 대응되는 중국어 표현의 양상에 대해 살펴보았다. 다음은 결과를 통하여 전체 대응 양상과 그것의 대응 원인을 정리하고자 한다.

먼저 제3사동의 유형에 따른 중국어의 대응 양상을 보도록 한다.

<표 45> 제3사동에 따른 중국어의 대응 양상

한국어 사동표현	말뭉치	중국어 유표지 사동						중국어 무표지 사동			피동 표현	대응 없음
		讓	使	令	叫	把	給	어휘	得구문	겸어문		
제3사동	신문	202	52	28	0	5	0	17	0	32	1	167
	드라마	333	5	2	10	21	0	32	0	26	0	118
합계		535	57	30	10	26	0	49	0	58	1	285

제1사동, 제2사동과 달리 제3사동은 '통사적인 특성'이 있기 때문에 그에 대응되는 중국어 표현의 양상도 다른 사동과 다르다. 제1사동과 제2사동에서는 모두 '대응 없음'과 많이 대응되는 현상을 볼 수 있었던 반면 제3사동은 중국어의 '유표지 사동'과 가장 많이 대응되는 현상이 분명하게 나타났다. 그러한 이유는 바로 제3사동과 중국어 유표지 사동이 모두 '통사적인 특성'을 갖기 때문이라고 할 수 있다. 그중 제3사동과 '讓' 사동의 대응 빈도가 가장 높게 나타났다.

다음으로 제3사동의 격틀에 따른 중국어의 대응 양상을 살펴보도록 한다.

<표 46> 제3사동 격틀에 따른 중국어의 대응 양상

제3사동	말뭉치	중국어 유표지 사동						중국어 무표지 사동			피동 표현	대응 없음
		讓	使	令	叫	把	給	어휘	得구문	겸어문		
K1	신문	18	10	1	0	0	0	0	0	0	0	24
	드라마	7	0	0	0	0	0	0	0	0	0	1
K2	신문	141	33	26	0	4	0	17	0	28	0	138
	드라마	300	5	2	9	21	0	32	0	26	0	113
K3	신문	14	4	0	0	0	0	0	0	0	0	5
	드라마	17	0	0	1	0	0	0	0	0	0	4
K4	신문	21	3	0	0	0	0	0	0	0	0	0
	드라마	0	0	0	0	0	0	0	0	0	0	0
K5	신문	1	0	1	0	0	0	0	0	0	0	0
	드라마	3	0	0	0	0	0	0	0	0	0	0

K6	신문	1	1	0	0	0	0	0	0	2	0	0
	드라마	0	0	0	0	0	0	0	0	0	0	0
K7	신문	6	1	0	0	1	0	0	0	2	1	0
	드라마	6	0	0	0	0	0	0	0	0	0	0
합계		535	57	30	10	26	0	49	0	58	1	285

분석 결과에 의하면 전체 말뭉치에서 제3사동의 격틀은 'K1(NP1이 NP2가 V-게 하다), K2(NP1이 NP2를 V-게 하다), K3(NP1이 NP2에게 NP3을 V-게 하다), K4(NP1이 NP2가 NP3을 V-게 하다), K5(NP1이 NP2를 NP3을 V-게 하다), K6(NP1이 NP2로 하여금 NP3을 V-게 하다), K7(NP1이 NP2를 NP3에 V-게 하다)'로 사용되었으며 그중 K1과 K2 격틀만 필수 성분 '부사어'를 가지지 않았다. 다시 말하면 K1과 K2 격틀의 생산성이 다른 격틀의 생산성에 비해 더 높다는 것을 의미하는데 그중 K2 격틀의 사용 빈도가 가장 높다. 이것은 바로 NP2 자리에 오는 피사동의 조사 차이에 기인한 것이라 할 수 있다. 즉, 제3사동은 NP2(피사동주)에 부가되는 조사에 따라 주격(이), 여격(에게), 대격(을)로 구분되는데 대격보다 여격을 쓰면 피사동주의 조절 능력이 강하고, 여격보다 주격을 쓰면 피사동주의 조절 능력이 강한 것으로 본다. 따라서 피사동주에 주격이 사용된 K1 격틀보다 대격이 사용된 K2 격틀이 제3사동의 대표적인 사동표현으로 사용되며 여러 가지 중국어 대응 표현을 가진다. 특히 입말에서 K2 격틀은 '讓' 사동과 고빈도로 대응되는 경향이 나타난다.

4장에서는 이와 같이 한·중 대조를 통해 제1사동, 제2사동, 제3사동의 유형과 격틀에 따라 각각 중국어와 어떻게 대응되는지 그 양상과 경향을 확인하고 분석해 보았다. 특히 한국어의 사동 유형과 격틀이 중국어와의 대응 표현 간에 어떠한 관련성이 있는지, 그리고 이러한 대응 양상이 나타난 원인이 무엇인지에 대해 심층적으로 토론하였다. 5장에서는 중·한 대조를 통해 중국어 유표지 사동의 유형과 구조에 대응되는 한국어 표현의 양상과 특징에 대해 알아보도록 한다.

5 중국어 사동표현에 대응되는 한국어 표현 분석

본 장에서는 중국어 사동표현을 기준으로 신문과 드라마 병렬말뭉치에서 각각의 중국어 유표지 사동의 유형과 구조에 대응되는 한국어 사동표현의 양상을 밝히고자 한다. 중국어 사동표현은 한국어 사동표현과 피동표현뿐만 아니라 한국어 '대응 없음'으로 대응되기도 한다. 이에 본 장에서는 중국어 유표지 '讓', '使', '令', '叫', '把', '給' 사동이 각각 한국어의 어떤 표현에 대응되는지, 또 일정한 경향성이 발견되는지 살펴볼 뿐 아니라 중국어 사동표현의 한국어 대응 양상에서 글말과 입말의 차이가 있는지, 있다면 어떠한 차이가 발견되는지 분석하고자 한다. 말뭉치 결과를 통해 실제 언어 사용의 양상을 구체적으로 확인할 수 있을 뿐 아니라 이러한 대응 양상이 나타나는 원인을 고찰함으로써 연구 의미를 한 층 더 높일 수 있을 것이다. 이를 위해 본 장에서는 전체 말뭉치에서 쓰인 중국어 유표지 사동의 유형 및 구조에 따라 대응되는 한국어 표현의 전체 현황을 보여 주도록 할 것이다.

먼저 중국어 유표지 사동 유형에 대응되는 한국어 표현은 다음과 같다.

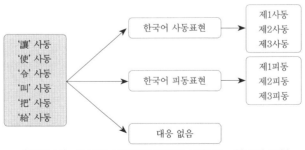

〈그림 44〉 중국어 사동표현 유형에 대응되는 한국어 표현

중국어 사동표현은 한국어 '사동표현, 피동표현, 대응 없음'과 대응되었다. 구체적으로 대응된 비율을 분석하면 다음과 같다.

〈표 47〉 중국어 유표지 사동에 대응되는 한국어 표현의 빈도 비율

유표지 사동	한국어 사동표현		한국어 피동표현		대응 없음		합계	
讓	1,038	21%	49	1%	3,864	78%	4,951	100%
使	147	22%	5	1%	501	77%	653	100%
令	46	8%	0	0%	499	92%	545	100%
叫	41	8%	0	0%	447	92%	488	100%
把	213	48%	0	0%	227	52%	440	100%
給	94	85%	0	0%	17	15%	111	100%
합계	1,579	22%	54	1%	5,555	77%	7,188	100%

분석 결과에 의하면 각각의 중국어 사동표현은 '한국어 사동표현, 한국어 피동표현, 대응 없음'과의 대응 빈도에 차이를 보인다. 한국어 피동표현으로 대응된 것은 중국어의 '讓' 사동, '使' 사동이다. '讓' 사동의 경우에는 한국어 '사동표현, 피동표현, 대응 없음'과 모두 가장 높은 빈도로 대응되었다. 흥미로운 점은 중국어 유표지 사동 가운데 '給' 사동의 경우에만 한국어 '사동표현'으로의 대응이 높게 나타났다는 것이다. 그 외의 사동표현은 모두 한국어 '대응 없음'으로 가장 많이 대응되었다. 이런 대응 현상이 나타난 원인은 무엇인지와 그들 간에 어떤 구체적인 대응 양상이 있는지, 그리고 글말과 입말에서 어떤 대응 차이가 있는지에 대해서는 5.1~5.6에서 살펴보도록 한다.

다음으로는 중국어 유표지 사동의 구조에 대응되는 한국어 표현을 살펴보기로 한다.

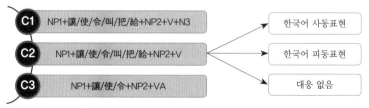

〈그림 45〉 중국어 유표지 사동 구조에 대응되는 한국어 표현

말뭉치에서 중국어 유표지 사동의 구조는 한국어 '사동표현, 피동표현, 대응 없음'과 대응되었다. 이와 같이 말뭉치에서 나타난 각각의 유표지 사동의 구조가 어떤 한국어 표현으로 주로 대응되는지에 대해 분석한 결과는 다음과 같다.

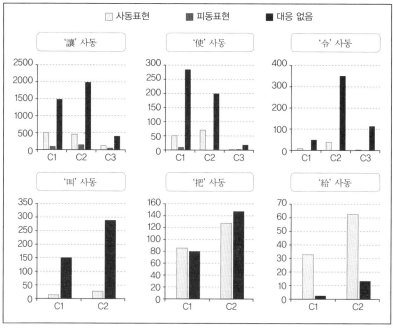

〈그림 46〉 각각의 중국어 유표지 사동 구조와 한국어 표현의 대응 양상

분석 결과에 의하면 각각의 중국어 유표지 사동의 구조에 대응되는 한국어 표현의 양상은 서로 다르다. '讓, 使' 사동의 구조는 한국어 '사동표현, 피동표현, 대응 없음'과 모두 대응되었으며 '讓' 사동의 경우 모든 한국어 표현에서 고빈도로 대응되었다. 그 외에 '令, 叫, 把, 給' 사동의 구조는 '한국어 사동표현, 대응 없음'과 대응되는 빈도가 낮았다. 또한 '讓, 使, 令' 사동에서 3가지 구조는 한국어 표현과 대응되었으며 '叫, 把, 給' 사동에서 2가지 구조는 한국어 표현과 대응되었다. 중국어 유표지 사동은 '통사적인 특성'을 갖는 사동으로 이를 기준하였을 때 한국어 '사동표현, 피동표현, 대응 없음'과 각각 어떤 대응 양상을 보이는지와

글말과 입말에서 어떤 대응 차이가 발견되는지에 대해 다음 5.1~5.6에서 살펴보도록 한다.

5.1 '讓' 사동과 대응되는 한국어 표현

본 연구에서 분석한 약 170만 어절의 신문과 드라마로 구성된 한 · 중 병렬말뭉치에서 '讓' 사동은 4,951회로 나타났다. 앞선 분석 결과 '讓' 사동과 그의 구조는 모두 한국어 '사동표현, 피동표현 그리고 대응 없음'으로 대응되었다. 본 절에서는 '讓' 사동과 '讓' 사동 구조에 따라 대응되는 각각의 한국어 표현의 양상에 대해 살펴보고자 한다.

5.1.1 '讓' 사동에 대응되는 한국어 표현

말뭉치에서 '讓' 사동과 한국어 표현의 대응 양상에 대해 살펴본 결과는 다음과 같다.

〈표 48〉 '讓' 사동에 대응되는 한국어 표현의 빈도 비율

유표지 사동	말뭉치	한국어 사동표현		한국어 피동표현		대응 없음		합계	
'讓' 사동	신문	368	26%	33	2%	1,045	72%	1,446	100%
	드라마	670	19%	16	1%	2,819	80%	3,505	100%
합계		1,038	21%	49	1%	3,864	78%	4,951	100%

분석 결과에 따르면 '讓' 사동은 각각의 '한국어 사동표현', '한국어 피동표현', '대응 없음'과의 대응 빈도에 차이를 보인다. 그 가운데 '대응 없음'과 가장 많이 대응되었다. 글말과 입말에서의 대응 양상에도 차이점이 존재하는데 '讓' 사동은 글말보다 입말에서 '한국어 사동표현, 대응 없음'과 많이 대응되는 경향을 보여 주었다. 이에 대해 5.1.1.1~5.1.1.3에서 자세히 살펴보고자 한다.

5.1.1.1 '讓' 사동에 대응되는 한국어 사동표현

말뭉치에서 쓰인 '讓' 사동과 한국어 사동표현의 대응 표현은 1,038회 출현하였고 그중 신문과 드라마에서는 각각 368회, 670회 나타났다. '讓' 사동은 '통사적인 특성'이 있으며 한국어 제1사동과 제2사동은 '형태적인 특성'을 가지며 제3사동은 '통사적인 특성'을 가진다. 이들의 대응 양상을 다음 예를 통하여 살펴보기로 한다.

(71) ㄱ. 老爸是不會讓女儿看到他的背影。

　　　아빠는 딸한테 뒷모습을 **보이**지 않는다. 〈추적자 1회〉

　　ㄴ. 特別是她們很容易讓人聯想到中世紀的女王，展示了在之前從未看到的多重魅力。

　　　특히 중세시대 여왕을 **연상시키**는 스타일로 이전에 보지 못한 다채로운 매력을 선보였다. 〈중앙일보 음악〉

　　ㄷ. 這讓我再次領悟到世界中的大韓民國。

　　　세계 속의 대한민국을 다시 한번 **깨닫게 해**준 것이다. 〈중앙일보 뉴스〉

예문 (71ㄱ-ㄷ)은 '讓' 사동에 대응되는 각각의 한국어 제1사동, 제2사동, 제3사동의 예문이다. 예문 (71ㄱ)에서 '讓-看'는 '보이다'로 표시되었다. 그중 '看'의 한국어의 뜻은 '보다'이며 '讓'은 한국어 제1사동의 '-이-'에 대응 번역되었다. 이와 같이 예문 (71ㄴ-ㄷ)의 '讓-聯想, 讓-領悟'는 한국어의 '연상시키다, 깨닫게 하다'로 대응 번역되었음을 알 수 있다. 또 예문 (71ㄱ-ㄷ)의 중국어 문장에서 동사 '看, 聯想, 領悟' 뒤에 결과보어 '到'가 첨가되었다. 사동주가 피사동주로 하여금 어떤 동작을 하게 만드는 것이나 사태(事態)의 변화 따위를 일으키는 사동 의미가 있는 문장에서 '결과'의 의미가 나타나는 경우에는 중국어 사동표현에 동작 동사의 결과를 설명하는 '결과보어'를 첨가하기 때문이다.

위와 같이 '讓' 사동과 한국어 사동표현의 대응 양상에 대해 살펴본 결과는 다음과 같다.

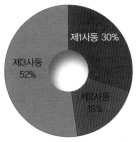

〈그림 47〉 '讓' 사동과 한국어 사동표현의 대응 양상

'讓' 사동에 대응되는 한국어 사동표현 가운데 제3사동으로 대응되는 비율이 가장 높은데 그 이유는 여러 가지의 '讓' 의미 중 '致使(-하게 하다/-하도록 만들다)'의 의미가 강하고 '讓' 사동과 제3사동은 모두 '통사적인 사동'이기 때문인 것을 추리할 수 있다. 제1사동과 제2사동은 '어휘적 사동'이기 때문에 비슷한 대응 빈도로 나타났다. 다음은 글말과 입말에서 사용 양상의 분석 결과이다.

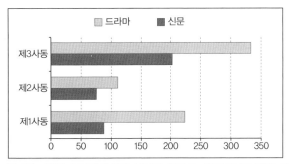

〈그림 48〉 글말과 입말에 '讓' 사동과 한국어 사동표현의 대응 양상

분석 결과에 따르면 글말보다 입말에서 '讓' 사동이 한국어 제1사동, 제2사동, 제3사동과 더 많이 대응되는 양상을 보인다. 그 이유로는 '讓' 사동이 다른 중국어 유표지 사동보다 여러 가지 사동 의미를 갖고 있어 입말에서 더 많이 사용되기 때문이다.

5.1.1.2 '讓' 사동에 대응되는 한국어 피동표현

말뭉치에서 쓰인 '讓' 사동은 낮은 빈도로 한국어 피동표현과 대응됨을 확인하였는데 총 49회로 나타났다. 신문과 드라마에서 각각 33회, 16회로 나타났다. 상대적으로 대응 빈도가 낮지만 동일한 사동 범주가 아닌 피동표현이므로 대응 원인에 대하여 자세히 규명할 필요가 있다고 본다. 이러한 대응이 나타난 원인 중에 본 연구에서 사용한 병렬말뭉치 자체의 한계인지의 여부도 살펴봐야 하기 때문이다.

(72) ㄱ. 因爲組織內部的利害關系會**讓**改革的方向**扭曲**, "刮骨努力"的
決心也可能僅僅止于口頭。
조직 내부의 이해관계에 따라 개혁 방향이 **왜곡되**고, "뼈를 깎
는 노력을 하기로 한다"는다 점 역시 구두선에 그칠 가능성이
크다. 〈중앙일보 뉴스〉

ㄱ'. 因爲組織內部的利害關系,改革的方向會**被扭曲**, "刮骨努力"的
決心也可能僅僅止于口頭。

ㄴ. 明知大學敎授辛文善表示: "北韓隊和日本隊在比賽中都發揮
出了自己的优勢, 韓國隊沒有利用好自己的优点, 反而在比賽中
一味地致力于改善防守的弱点, **讓比賽陷入苦戰**。"
신문선 명지대 교수는 "북한과 일본은 자기 팀의 장기를 최대한
살리는 경기를 했고, 한국은 장점을 살리기보다는 수비의 약점
을 보강하려는 식의 경기를 하다가 **고전하게 된** 것"이라고 평가
했다. 〈중앙일보 체육〉

ㄴ'. 明知人學敎授辛义善表示: "北韓隊和日本隊在比賽中都發揮
出了自己的优勢, 韓國隊沒有利用好自己的优点, 反而在比賽
中一味地致力于改善防守的弱点, **比賽被陷入苦戰**。"

예문 (72ㄱ-ㄴ)에서는 '讓-扭曲, 讓-陷入'는 한국어 '왜곡되다, 고전

하게 되다'로 대응되었다. 그 가운데 중국어 사동의 표지 '讓'는 한국어 피동 '-되다, -게 되다'와 대응되었고 '扭曲, 陷入'가 번역된 한국어는 '왜곡하다, 고전하다'이다. 이와 같이 중국어 사동표현과 한국어 피동표현이 대응되는 이유를 밝히기 위해서는 '중국어 사동과 피동표현'의 문장 특성을 살펴보아야 한다.

예문 (72ㄱ-ㄱ') 사동표현과 피동표현에서 행위자와 행위 그리고 행위의 대상은 같기 때문에 사동과 피동의 호환성을 야기하는 것으로 추측할 수 있다. 즉, 행위자는 '利害關系(이해관계)', 행위는 '扭曲(왜곡하다)', 행위의 대상은 '改革的方向(개혁 방향)'이다. 행위자의 대상인 피사동주는 사동표지 '讓'의 뒤에 오고 피동표지 '被'의 앞에 온다. 이 두 문장은 동일한 성분을 가지고 있기 때문에 사동과 피동의 호환성을 일으키는 것으로 보인다. 朴美貞(2002)에서는 이런 사동과 피동표현의 의미에는 큰 차이가 없으나 표현의 중심이 무엇이냐에는 차이를 보인다고 하였다. 따라서 '讓' 사동에서는 '改革的方向(개혁 방향)'을 강조하는 문장이고 '被' 구문에서는 '利害關系(이해관계)'를 강조하는 문장이다. 즉, 위의 예문에서처럼 같은 문장 성분을 가진 '讓' 사동과 '被' 구문을 모두 한국어 피동표현으로 번역이 가능하기 때문에 이런 동일 범주가 아닌 중·한 대조도 가능하게 됨을 알 수 있다. 예문 (72ㄴ)도 이와 같은 현상이다. 예문 (72ㄴ)과 예문 (72ㄴ')은 같은 성분을 가진 문장이다. 예문 (72ㄴ)에서 피사동주 '比賽(경기)'는 '讓' 뒤에 오고 예문 (72ㄴ')에서는 '比賽(경기)'는 '被'의 앞에 온다.

또 다른 각도에서 살펴보면 예문 (72ㄱ-ㄴ)에서 중국어의 '讓' 사동의 문장은 부정적인 의미나 바람직하지 않는 의미를 나타냈다. 즉, 보통 부정적인 의미나 바람직하지 않은 의미를 나타낼 때에는 중국어에서 '讓' 사동과 '被' 구문의 호환성이 가능하다는 것을 추측할 수 있다.

이와 같이 말뭉치에 쓰인 '讓' 사동과 한국어 피동표현의 대응 양상에 대해 살펴본 결과는 다음과 같다.

〈그림 49〉 '讓' 사동과 한국어 피동표현의 대응 양상

말뭉치에서 '讓' 사동에 대응되는 한국어 피동표현은 모두 49회 출현
하였다. 사용 빈도는 그리 높지 않음에도 한국어 제1피동, 제2피동, 제
3피동과 모두 대응되었다. 그중에서도 제3피동과 조금 더 많이 대응되
었다. 이 경우는 전체 사용 빈도가 낮기 때문에 글말과 입말에서의 사용
양상에 대한 특별한 경향을 파악하기는 어렵다.

5.1.1.3 '讓' 사동에 대응되는 한국어 대응 없음

말뭉치에서 '讓' 사동에 대응되는 한국어 '대응 없음'은 총 3,864회로
나타났다. 그중 신문과 드라마에서는 각각 1,045회, 2,819회가 사용되
었다. 그들 간에 어떠한 대응 경향이 있는지 다음 예를 통하여 살펴보
기로 한다.

(73) ㄱ. 雖然情況很少見, 但法院可以接受异議申請, 做出**讓**陪審員重
新**討論**的決定.
드물기는 하지만 법원이 이 이의신청을 받아들여 배심원들이
다시 **토의하라는** 결정을 내릴 수도 있다. 〈조선일보 경제〉
ㄴ. 剛才**讓妳准備**的准備好了嗎?
아까 **준비하라고** 한 건 어떻게 됐나? 〈달자의 봄 9회〉
ㄷ. 据韓國銀行預測, 此次下調利率會**讓**家庭負債增加0.5%.
한은은 이번 금리 인하로 가계 부채가 0.5%가량 **늘** 것으로 추
정했다. 〈조선일보 경제〉

예문 (73ㄱ-ㄴ)에서 중국어 '讓' 사동에 해당되는 한국어 문장에는 어미 '-라고'를 사용하여 인용 의미가 드러난다. 즉, '讓-討論'는 '토의하라는'에 해당되고 '讓-准備'는 '준비하라고'에 해당된다고 할 수 있다. 이외에 '-라고'의 다른 형태 '-다고, -냐고, -자고, -마고' 등도 나타났다. 이를 통하여 '讓' 사동의 '讓'은 자체적으로 '허락, 청유, 시킴' 등의 의미가 있기 때문에 한국어 인용 표현으로 대응될 수 있음을 알 수 있다. 예문 (73ㄷ)에서 한국어 문장은 '인과 관계' 의미를 나타내므로 중국어 '讓' 사동이 이에 대응되는 것으로 판단된다. 이를 통해 중국어 '讓' 사동이 '대응 없음'으로 대응되는 경우는 보통 문장에서 인용격 조사가 사용된 '인용 의미', '허락, 청유, 명령, 시킴의 의미', '인과 관계와 상태 변화의 의미' 등을 나타내는 경우이다. 이와 같이 '讓' 사동에 대응되는 한국어 '대응 없음'을 두 가지로 구분할 수 있다. 하나는 '인용' 표현이며 또 하나는 '허락, 청유, 명령, 시킴'과 '인과 관계, 상태 변화' 등을 포함한 문장의 '의미' 표현이다.

이어서 말뭉치에서 '讓' 사동에 대응되는 '대응 없음'에 대해 분석한 결과 '인용' 2,026회, '의미' 1,838회로 대응되었다. 더 나아가 글말과 입말에서의 대응 양상에 대해 분석한 결과는 다음과 같다.

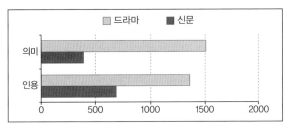

〈그림 50〉 '讓' 사동과 대응 없음의 대응 양상

위 그림에서 보듯이 '의미'나 '인용' 모두 글말보다 입말에서 고빈도로 출현하였다. 즉, 실생활에 의사소통할 때 '명령, 청유, 시킴, 허락' 등 의미와 '인용' 의미가 많이 사용되므로 이러한 대응 현상이 나타난 것이라 해석할 수 있다.

5.1.2 '讓' 사동 구조에 대응되는 한국어 표현

전체 말뭉치에서 사용된 '讓' 사동의 구조는 'C1(NP1+讓+NP2+V+NP3), C2(NP1+讓+NP2+V), C3(NP1+讓+NP2+VA)' 3가지이다. 이들이 어떤 한국어 표현과 대응되는지 말뭉치에서 '讓' 사동 구조에 대응되는 한국어 표현의 양상은 다음과 같다.

〈표 49〉 '讓' 사동 구조에 대응되는 한국어 표현의 빈도 비율

'讓' 사동	한국어 사동표현		한국어 피동표현		대응 없음		합계	
C1	509	25%	17	1%	1,514	74%	2,040	100%
C2	440	18%	32	1%	2,005	81%	2,477	100%
C3	89	21%	0	0%	345	79%	434	100%
합계	1,038	21%	49	1%	3,864	78%	4,951	100%

분석 결과에 의하면 '讓' 사동 구조는 한국어 '사동표현, 피동표현, 대응 없음'과의 대응 빈도에 차이를 보인다. 그중 'C2(NP1+讓+NP2+V), C1(NP1+讓+NP2+V+NP3)' 구조는 '대응 없음'과 많이 대응되었다. '讓' 사동의 각각의 구조와 이에 대응되는 한국어 표현과의 대응 양상과 관계를 5.1.2.1~5.1.2.3에서 살펴보기로 한다.

5.1.2.1 '讓' 사동 구조에 대응되는 한국어 사동표현

말뭉치에서 한국어 사동표현과 대응되는 '讓' 사동 구조에서 'C1(NP1+讓+NP2+V+NP3)' 구조는 509회(49%), 'C2(NP1+讓+NP2+V)' 구조는 440회(42%), 'C3(NP1+讓+NP2+VA)' 구조는 89회(9%)로 나타났다. 이에 대해 다음 예문을 통하여 살펴보기로 한다.

(74) ㄱ. C1: NP1+讓+NP2+V+NP3

經歷建國60年的中國的現狀**讓**人**想起**了這句話。

건국 60년을 지난 중국의 현재가 이 말을 **떠올리게 한다**. 〈중앙일보 뉴스〉

ㄴ. C2: NP1+讓+NP2+V

他在北京奧運會上因中途放弃，**讓**中國人民倍感**遺憾**。時隔2年
的出戰有望再次挑戰金牌。

베이징올림픽에선 중도 포기해 10억 중국인을 **실망시켰**지만, 2
년 만에 고국에서 명예 회복을 노린다. 〈조선일보 체육〉

ㄷ. C3: NP1+讓+NP2+VA

与匯率以及利率相比，股价却仍然是**讓**人**不安**。

환율 · 금리와는 대조적으로 주가는 여전히 **불안한 모습을 보였
다.** 〈중앙일보 경제〉

위의 예문 (74ㄱ)에서 NP1은 '現狀(현재)', NP2는 '人(사람)', V는
'讓-想起(떠올리게 하다)', NP3은 '這句話(이 말)이다. 그중 '讓' 사동은
피사동주가 반드시 있어야 하기 때문에 NP2는 '人(사람)'이 첨가되었다.
이때의 NP2는 구체적인 대상이 아닐 때 '人(사람)'으로 쓰인다. '讓-想
起'는 '떠올리게 하다'와 대응되었기 때문에 제3사동에 대응된 예문인 것
을 알 수 있다. 예문 (74ㄴ)에서 NP1은 '他(그)', NP2는 '中國人民(중국
인)', V는 '讓-遺憾(실망시키다)'로서 그중 NP1인 '他(그)'는 한국어 예
문에서 드러나지 않지만 선행 문장에서 나타났으며 '讓-遺憾'는 '실망시
키다'와 대응되었기 때문에 제2사동에 대응된 것을 알 수 있다. 예문 (74
ㄷ)에서 NP1은 '股价(주가)', NP2는 '人(사람)', V는 '讓-不安(불안한 모
습을 보이다)'이다. 그중 '讓' 사동은 피사동주가 반드시 있어야 하기 때
문에 NP2에 '人(사람)'이 첨가되었다. 여기서도 특정된 대상이 아닐 때
'人(사람)'으로 사용되었다. '讓-不安'는 '불안한 모습을 보이다'와 대응
되었기 때문에 제1사동에 대응된 예문이다. 여기서 형용사인 '不安'의
뜻은 '불안한 모습'에 해당하는데 이런 현상은 한국어와 중국어의 표현
의 차이에 기인하며 때때로 의역 과정에서 발생하는 차이일 수도 있다.
위와 같이 '讓' 사동 구조에 대응되는 한국어 사동표현의 경향에 대해
분석한 결과는 다음과 같다.

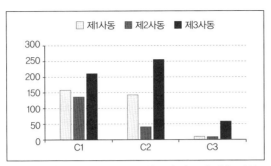

〈그림 51〉 '讓' 사동 구조와 한국어 사동의 대응 양상

'C1(NP1+讓+NP2+V+NP3)' 구조와 'C2(NP1+讓+NP2+V)' 구조에 대응되는 한국어 사동표현(제1사동, 제3사동)의 양상은 비슷하게 나타났다. 다만 제1사동과 제2사동에 대응되는 빈도가 가장 높은 것은 'C1(NP1+讓+NP2+V+NP3)'이었으며 제3사동과 대응되는 빈도가 가장 높은 것은 'C2(NP1+讓+NP2+V)'로 나타났다. 'C3(NP1+讓+NP2+VA)' 구조의 경우에는 제1사동, 제2사동, 제3사동과 대응되는 빈도가 가장 낮았다. 이를 글말과 입말에 따라 분석해 본 결과는 다음과 같다.

〈표 50〉 글말과 입말에 나타난 '讓' 사동 구조와 한국어 사동의 대응 양상

'讓'사동	말뭉치	한국어 사동표현						합계	
		제1사동		제2사동		제3사동			
C1	신문	54	23%	54	23%	124	54%	232	100%
	드라마	105	38%	78	28%	94	34%	277	100%
C2	신문	34	28%	19	16%	69	56%	122	100%
	드라마	107	34%	24	7%	187	59%	318	100%
C3	신문	2	14%	3	22%	9	64%	14	100%
	드라마	13	17%	10	14%	52	69%	75	100%
합계		315	30%	188	18%	535	52%	1,038	100%

분석 결과에 따르면 C1, C2 구조는 신문보다 드라마에서 주로 각각의 한국어 제1사동과 더 많이 대응되었다. 드라마에서는 C2 구조도 제3사동과 많이 대응되었다. 흥미로운 점으로 신문에서 C1 구조가 제3사

동과만 고빈도로 대응되는 현상이 나타난다는 것이다. C3 구조의 빈도
가 낮지만 대체로 글말보다 입말에서 한국어 사동표현과의 대응 빈도
가 높게 나타났다.

5.1.2.2 '讓' 사동 구조에 대응되는 한국어 피동표현

실제 자료에 사용하는 '讓' 사동 구조와 대응되는 한국어 피동표현은
저빈도로 출현하였다. 'C1(NP1+讓+NP2+V+NP3)' 구조는 17회(35%),
'C2(NP1+讓+NP2+V)' 구조는 32회(65%)로 나타났다. 이에 대한 예문
을 살펴보고자 한다.

(75) ㄱ. C1: NP1+讓+NP2+V+NP3

　　　　絕對不會**讓**你**搶走**多美的。

　　　　너한테 다미 절대 안 뺏겨. 〈다섯 손가락 제13회〉

　　ㄴ. C2: NP1+讓+NP2+V

　　　　好, 如果能**讓**你**消气**的話, 打我吧。

　　　　그래. 니 분이 풀린다면 내가 맞을게. 〈아이엠샘 1회〉

위의 예문 (75ㄱ)에서 NP1은 화자이기 때문에 문장에 드러나지 않았
고 NP2는 '你(너)', V는 '讓-搶走(뺏기다)', NP3은 '多美(다미)'이다. 그
중 '讓-搶走'는 '뺏기다'와 대응되었는데 '뺏기다'는 '빼앗기다'의 준말이
며 '빼앗기다'는 '빼앗다'의 피동사이다. 따라서 예문 (75ㄱ)은 '讓' 사동
에 대응되는 한국어 제1피동의 예문이다. 예문 (75ㄴ)에서 N1은 화자이
기 때문에 문장에 드러나지 않았다. NP2는 '你(너)', V는 '讓-消气(풀
리다)'이다. 그중 '讓-消气(풀리다)'는 '풀리다'와 대응되었는데 '풀리다'
는 '풀다'의 피동사이기 때문에 예문 (75ㄴ)은 '讓' 사동에 대응되는 한국
어 제1피동의 예이다.

위와 같이 실제 자료에서 '讓' 사동 구조에 대응되는 한국어 피동표현
에 대해 살펴본 결과는 다음과 같다.

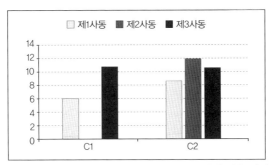

〈그림 52〉 '讓' 사동 구조와 한국어 피동표현의 대응 양상

　'讓' 사동 구조에 대응되는 한국어 피동표현의 빈도는 낮지만 다양하게 대응되었다. 그 가운데 'C2(NP1+讓+NP2+V)' 구조는 제1피동, 제2피동, 제3피동과 비슷한 빈도로 대응되었다.

5.1.2.3 '讓' 사동 구조에 대응되는 한국어 대응 없음

　실제 자료에서 '讓' 사동의 구조에 대응되는 한국어 '대응 없음'은 고빈도로 나타났다. 즉, 'C1(NP1+讓+NP2+V+NP3)' 구조는 1,514회(39%), 'C2(NP1+讓+NP2+V)' 구조는 2,005회(52%), 'C3(NP1+讓+NP2+VA)' 구조는 345회(9%)로 나타났다. 그중 'C2(NP1+讓+NP2+V)' 구조의 빈도가 가장 높았다. 이에 대해 아래 예문을 통하여 살펴보고자 한다.

(76) ㄱ. C1: NP1+讓+NP2+V+NP3

　　　說是知道仁晶交往的人是誰，但是仁晶**讓**她**保守**秘密。

　　　인정이 사귀는 사람 누구인지 아는데 인정이가 비밀로 해달라고 했대. 〈49일 12회〉

　　ㄴ. C2: NP1+讓+NP2+V

　　　讓我**看看**。

　　　어디 좀 봐요. 〈착한 남자 8회〉

　　ㄷ. C3: NP1+讓+NP2+VA

反正早晚都要去，早去這么几周，就那么讓你高興嗎?

어차피 갈 건데 몇 주 일찍 데려가는 게 그렇게 좋냐? 〈내 여자
친구는 구미호 13회〉

위의 예문 (76ㄱ)은 인용 표현으로서 NP1은 '仁晶(인정)', NP2는 '她
(그녀)', V는 '讓-保守(해달라고 하다)', NP3은 '秘密(비밀)'이다. 한국
어 문장에서 NP2에 해당하는 명사는 선행 문맥에서 제시되었으므로 구
체적으로 제시되지 않고 생략되었으며 이 문장에서 '讓-保守'는 '해달라
고 하다'의 표현으로 대응되었다. 예문 (76ㄴ)은 '청유 의미'를 담고 있는
문장으로 NP1은 청자를 지칭하므로 드러나지 않으며 NP2는 '我(나)',
V는 '讓-看看(좀 보다)'이다. 그중 한국 문장의 NP2는 화자이기 때문에
생략되었고 중국어 동사 '讓-看看'는 한국어의 '좀 보다'로 대응되었다.
예문 (76ㄷ)은 '인과 의미'를 담고 있는 문장이며 NP1은 '早去這么几周
(몇 주 일찍 데려가다)', NP2는 '你(너)', V는 '讓-高興 (좋다)'로 분석될
수 있다. 여기서도 마찬가지로 한국어 문장의 NP2는 청자를 지칭하므
로 생략되었으며 '讓-高興'는 '좋다'에 대응되었다. 이를 토대로 한국어
로 의사소통하는 상황에서 NP2의 생략이 빈번히 일어나는 것과 달리 중
국어 '讓' 사동에서 NP2는 반드시 존재한다는 것을 알 수 있다.

이와 같이 '讓' 사동 구조에 대응되는 한국어 '대응 없음'의 대응 양상
을 분석하면 다음과 같다.

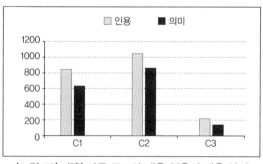

〈그림 53〉 '讓' 사동 구조와 대응 없음의 대응 양상

위 그림에서 보듯이 'C2(NP1+讓+NP2+V)' 구조 대응이 빈번한데 특별히 '인용'이나 '의미'의 문장에서 모두 대응 빈도가 높다. 반면 'C3 (NP1+讓+NP2+VA)' 구조는 다른 구조보다 한국어의 '대응 없음'으로 대응되는 빈도가 낮게 출현하였다. 또한 글말보다 입말에서는 C1, C2 구조가 더 많이 나타났고 그중 '인용' 의미가 가장 많이 출현하였다.

5.2 '使' 사동과 대응되는 한국어 표현

본 연구에서 분석한 약 170만 어절의 신문과 드라마로 구성된 한·중 병렬말뭉치에서 '使' 사동은 653회 출현하였으며 앞의 분석 결과 '使' 사동과 '使' 사동 구조는 모두 한국어 '사동표현, 피동표현, 대응 없음'에 대응되었다. 본 절에서는 '使' 사동과 '使' 사동 구조에 따라 대응되는 각각의 한국어 표현의 양상에 대해 살펴보고자 한다.

5.2.1 '使' 사동에 대응되는 한국어 표현

신문과 드라마 병렬말뭉치에서 '使' 사동과 한국어 표현의 대응 양상에 대해 살펴본 결과는 다음과 같다.

〈표 51〉 '使' 사동에 대응되는 한국어 표현의 빈도 비율

유표지 사동	말뭉치	한국어 사동표현		한국어 피동표현		대응 없음		합계	
'使' 사동	신문	140	23%	5	1%	473	76%	618	100%
	드라마	7	20%	0	0%	28	80%	35	100%
합계		147	22%	5	1%	501	77%	653	100%

분석 결과에 의하면 '使' 사동은 드라마보다는 주로 신문에서 '한국어 사동표현', '한국어 피동표현', '대응 없음'으로 대응되는 경향이 높았으며 한국어 표현 중에서 '대응 없음'으로 고빈도로 대응되었다. 그 결과는 '使'의 사용상 특징과 어느 정도 일치한다고 할 수 있는데 중국어 사용 환경에서 '使'는 그 자체로 주로 신문과 같은 글말에서 사용되기 때문이

다. 비록 출현 빈도가 높지는 않으나 대응 양상을 그대로 분석함으로써 '使'의 사용 양상을 보다 분명하게 밝히고자 한다. 이에 대해서는 5.2.1.1 ~5.2.1.3에서 자세히 다룰 것이다.

5.2.1.1 '使' 사동에 대응되는 한국어 사동표현

말뭉치 분석에서 '使' 사동은 한국어 사동표현과 147회 대응되었으며 그중 신문과 드라마에서는 각각 140회, 7회 출현하였다. 이미 앞 장에서 언급했던 것과 같이 중국어의 '使' 사동은 '통사적인 특성'이 있는 반면 한국어의 제1사동과 제2사동은 '형태적인 특성'을 가지며 제3사동은 '통사적인 특성'을 가진다. 각각의 대응 양상은 어떻게 나타나는지 다음 예를 통하여 살펴보도록 한다.

(77) ㄱ. 女運動明星中，賺錢最多的是俄羅斯网球明星莎拉波娃(23歲)，雖然莎娃僅獲得100万美元的比賽獎金，但各种贊助合同**使她獲得**245万美元(約合288亿韓元)的收入。

여성 스포츠 스타 중 가장 많은 돈을 번 선수는 러시아의 테니스 스타 마리아 샤라포바(23)다. 상금으로는 100만 달러밖에 벌지 못했지만 각종 후원 계약으로 무려 245만 달러(한화 약 288억 원)의 수입을 **올렸다**. 〈중앙일보 체육〉

ㄴ. 當時因爲經濟正在高度增長，因此人們可以凭借自己的努力**使**自己的社會，經濟地位有所**提高**。

당시는 고속 성장기였기 때문에 사람들이 자신의 노력에 따라 사회적, 경제적 지위를 **상승시킬** 수 있는 기회가 있었다. 〈중앙일보 경제〉

ㄷ. 接着，Rain通過抽獎的形式把自己的珍藏品作爲礼物送給粉絲等惊喜活動**使粉絲們非常高興**。

이어 비는 추첨을 통해 자신의 애장품을 팬들에게 선물하는 등 깜짝 이벤트로 팬들을 **기쁘게 했다**. 〈중앙일보 음악〉

예문 (77ㄱ-ㄷ)은 '使' 사동에 대응되는 한국어 제1사동, 제2사동, 제3사동에 해당하는 각각의 예문이다. 예문 (77ㄱ)에서 '使-獲得'는 '올리다'로 번역되었다. 그 가운데 '獲得'는 한국어의 '오르다'와 대응되었고, '使'는 한국어의 제1사동 중 '-리-'로 대응 번역되었음을 알 수 있다. 예문 (77ㄴ-ㄷ) 역시 마찬가지로 중국어 사동표현 '使-提高, 使-高興'은 한국어의 '향상시키다, 기쁘게 하다'로 대응 번역되었다.

위와 같이 '使' 사동과 한국어 사동표현의 대응 양상에 대해 분석한 결과는 다음과 같다.

제1사동 22%
제3사동 39%
제2사동 39%

〈그림 54〉 '使' 사동과 한국어 사동표현의 대응 양상

중국어 '使' 사동은 한국어의 제1사동, 제2사동, 제3사동과 비슷한 대응 양상이 나타났다. '使' 사동이 제3사동과 많이 대응되는 이유는 그들은 모두 '통사적 사동'이기 때문이다. 제1사동, 제2사동과도 많이 대응되는 이유는 '使' 사동은 주로 글말에서 사용하기 때문인 것을 추리할 수 있다. 즉, 글말에서 맥락과 맥락 간에 밀접한 관련성이 있고 문법도 비교적으로 자유롭게 사용할 수 있는 것이다.

5.2.1.2 '使' 사동에 대응되는 한국어 피동표현

말뭉치에서 '使' 사동은 신문에서 5회로 매우 낮은 빈도로 출현하였다. 빈도가 높지 않음에도 불구하고 한국어 피동표현으로 대응된 사례가 있기 때문에 구체적인 분석을 통해 이런 대응이 나타나는 이유와 배경에 대한 고찰이 필요하리라 본다.

(78) ㄱ. 不過如果提高利息，將會**使**業務的盈利性**更糟**。

하지만 금리가 높으면 사업의 수익성이 나빠지게 된다. 〈중앙일보 경제〉

ㄱ'. (직역) 不過如果提高利息，業務的盈利性將會**被**變得**更糟**。

예문 (78ㄱ)은 말뭉치에서 한국어와 병렬적으로 제시되어 있는 중국어 예문이고 예문 (78ㄱ')은 한국어 문장을 보고 직역한 예문이다. 먼저 이 직역 문장에서는 한국어 예문의 '나빠지게 된다'라는 피동표현을 문법 범주까지 동일하게 번역하여 중국어의 피동표현인 '被-變得更糟'로 제시하고 있다. 즉, '나쁘다'는 '糟', '-아/어지다'는 '變得', '-게 되다'는 '被'로 번역되었다. 이런 현상을 야기한 이유는 앞서 봤던 '讓' 사동과 같다. 즉, 예문 (78ㄱ-ㄱ')은 동일한 성분을 가지고 있기 때문에 사동과 피동의 호환성을 일으키는 것으로 보인다. 피사동주인 '業務的盈利性(사업의 수익성)'은 '使' 표지의 뒤에 오고 '被' 표지의 앞에 온다. 또 예문 (78ㄱ)에서 부정적인 의미를 가지는 '使' 사동이다. 따라서 예문 (78ㄱ-ㄱ')은 서로 호환할 수 있어 모두 한국어 피동표현으로 번역이 가능하기 때문에 이런 동일 범주가 아닌 중·한 대조도 가능하게 됨을 알 수 있다.

5.2.1.3 '使' 사동에 대응되는 한국어 대응 없음

말뭉치에서는 '使' 사동에 대응되는 한국어 '대응 없음'이 501회 나타났으며 그중 신문과 드라마에서는 각 473회, 28회 출현하였다. 구체적인 대응 양상은 다음의 예를 통해 살펴보도록 한다.

(79) ㄱ. 外交安全專家紛紛指出，韓中自由貿易協定(FTA)談判必然會**使**韓美關系**出現**不容小覷的緊張局面。

외교·안보 전문가들은 한·중 자유무역협정(FTA) 협상은 한·미 관계에 적잖은 긴장을 가져올 수밖에 없다고 지적한다. 〈조선일보 뉴스〉

ㄴ. 卽便是戰爭題材電視劇，也過分側重于感情戲，**使**電視劇內容
失去平衡，成爲 "華而不實的電視劇" 或 "只有愛情沒有眞實
性的電視劇"。

전쟁 드라마인데도 '멜로'에 지나치게 치중하다 보니 오히려 균
형을 찾지 못하고 '화려하고 내용은 없는 드라마' 혹은 '사랑만 있
고 고증은 엉망인 드라마'가 되고 있는 것이다. 〈조선일보 연예〉

예문 (79ㄱ)에서 중국어 '使' 사동에 해당되는 한국어 문장에는 인용격
조사 '고'를 써서 인용 표현의 의미를 더하고 있다. 즉, '使−出現'는 '−다
고 지적하다'에 해당되는데, 이 '고'의 위치에 '냐고, 자고, 마고' 등 다른
형태들도 출현한 것을 확인할 수 있다. 이를 통해 볼 때 중국어 '使' 사동
은 한국어 인용 표현으로 번역될 수 있는 것을 알 수 있다. 예문 (79ㄴ)
은 중국어 '使' 사동을 통해 인과 관계를 보다 분명하게 부각시킨다. 즉,
'멜로'에 지나치게 치중한 것(也過分側重于感情戲)'이 '균형을 찾지 못한
(使電視劇內容失去平衡)' 상태에 이르게 한 원인으로 작용하고 있음을
나타낸다. 이러한 경우에는 한국어 대응 표현에서 다른 명시적인 표지
를 사용하지는 않았지만 '인과 관계'의 의미가 드러나는 '대응 없음'으로
대응되는 것이다. 다시 말하면 예문 (79ㄱ)은 '대응 없음' 중에서 '인용'
에 속하며 예문 (79ㄴ)은 '의미'로 분류가 가능하다.

말뭉치에서는 '使' 사동의 한국어 '대응 없음' 중 '인용'은 89회, '의미'
는 412회 출현하였다. 이들의 글말과 입말에서의 대응 양상을 분석해
보면 다음과 같다.

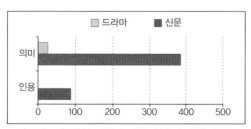

〈그림 55〉 '使' 사동과 대응 없음의 대응 양상

위 그림에서 보듯이 문장에서 의미 관계를 통해 사동표현을 나타내는 방식은 입말보다 글말에서 선호되었다. 즉, 일상생활에서 신문과 같은 글쓰기에서 '인과 관계' 등의 의미 관계를 통해 사동의 표현을 나타내는 경향을 알 수 있다. '허락'이나 '시킴', '청유' 등의 의미가 나타나지 않는 이유 역시 이러한 글의 특성에서 기인하는 것으로 볼 수 있다.

5.2.2 '使' 사동 구조에 대응되는 한국어 표현

전체 말뭉치에서 '使' 사동 구조는 'C1(NP1+使+NP2+V+NP3), C2(NP1+使+NP2+V), C3(NP1+使+NP2+VA)'의 3가지로 출현되었다. '使' 사동의 구조에 대응되는 한국어 표현은 다음과 같다.

〈표 52〉 '使' 사동 구조에 대응되는 한국어 표현의 빈도 비율

'使' 사동	한국어 사동표현		한국어 피동표현		대응 없음		합계	
C1	70	19%	4	1%	300	80%	374	100%
C2	74	31%	0	0%	166	69%	240	100%
C3	3	8%	1	2%	35	90%	39	100%
합계	147	22%	5	1%	501	77%	653	100%

분석 결과에 따르면 '使' 사동의 각 구조는 한국어 표현과의 대응 빈도에 차이를 보인다. 'C1(NP1+使+NP2+V+NP3)' 구조는 '대응 없음'과 가장 많이 대응되었으며, 또 'C1(NP1+使+NP2+V+NP3)' 구조와 'C2(NP1+使+NP2+V)' 구조는 한국어 사동표현으로 대응되는 빈도가 비슷하게 발견된다. C3 구조와 대응되는 한국어 표현은 가장 저빈도로 나타났다. 다음에서는 각각의 구조에 따른 한국어 표현과의 대응 양상을 구체적으로 살펴보도록 한다.

5.2.2.1 '使' 사동 구조에 대응되는 한국어 사동표현

실제 자료에서 '使' 사동 구조에 대응되는 한국어 사동표현은 저빈도로 나타났다. 'C1(NP1+使+NP2+V+NP3)' 구조는 70회(48%), 'C2(NP1+

使+NP2+V)' 구조는 74회(50%), 'C3(NP1+使+NP2+VA)' 구조는 3회(2%)로 출현하였다. 다음 예문을 통하여 살펴보고자 한다.

(80) ㄱ. C1: NP1+使+NP2+V+NP3

中國向全球企業開放門户，**使**外國企業選擇性地**發展**中國的部分産業，從而滿足世界市場的需求。

중국은 글로벌 기업들에 문호를 개방함으로써 외국 기업들이 중국의 일부 산업을 선택적으로 **발전시켜** 세계 시장의 수요를 충족시킬 수 있도록 개편했다. 〈조선일보 문화〉

ㄴ. C2: NP1+使+NP2+V

韓國金融脆弱的競爭力也**使**談判小組討价還价的籌碼**變小**。

한국 금융의 취약한 경쟁력도 협상팀이 운신할 수 있는 폭을 **좁혔다**. 〈중앙일보 경제〉

ㄷ. C3: NP1+使+NP2+VA

接着，Rain通過抽獎的形式把自己的珍藏品作爲礼物送給粉絲等驚喜活動**使**粉絲們非常**高興**。

이어 비는 추첨을 통해 자신의 애장품을 팬들에게 선물하는 등 깜짝 이벤트로 팬들을 **기쁘게 했다**. 〈중앙일보 음악〉

위의 예문 (80ㄱ-ㄷ)은 '使' 사동에 대응되는 한국어 제2사동, 제1사동, 제3사동의 예문이다. 예문 (80ㄱ)에서 NP1은 '中國(중국)'이고 NP2는 '外國企業(외국 기업들)', V는 '使-發展(발전시키다)'인데 '使-發展'는 '발전시키다'와 대응되어 제2사동으로 대응됨을 알 수 있다. 예문 (80ㄴ)의 경우에 NP1은 '競爭力(경쟁력)', NP2는 '籌碼(폭)', V는 '使-變小(좁히다)'로서 V는 '使-變小'는 '좁히다'로 대응되어 제1사동과 대응을 이룬다. 예문 (80ㄷ)의 경우에 NP1은 'Rain(비)', NP2는 '粉絲們(팬들)', V는 '使-高興(기쁘게 하다)'인데 '使-高興'는 한국어에서 '기쁘게 하다'에 대응되기 때문에 제3사동으로 대응되었다고 할 수 있다.

이를 토대로 '使' 사동 구조에 대응되는 한국어 사동표현의 경향에 대해 분석한 결과는 다음과 같다.

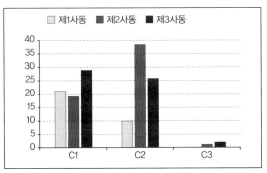

〈그림 56〉 '使' 사동 구조와 한국어 사동의 대응 양상

분석 결과에 의하면 '使' 사동의 각 구조와 한국어 사동표현의 대응 빈도에 차이를 보인다. 'C1(NP1+使+NP2+V+NP3)' 구조는 제1사동, 제2사동, 제3사동과 비슷한 빈도로 대응되었으며 'C2(NP1+使+NP2+V)' 구조는 제2사동과 가장 많이 대응되었다. 'C3(NP1+使+NP2+VA)' 구조는 제2사동과 제3사동으로 대응된 빈도가 가장 낮게 나타났으며 제1사동과는 아예 대응되지도 않았다. '使' 사동 구조와 한국어 사동표현은 저빈도로 대응되기 때문에 글말과 입말을 구별해서 그들 간의 대응 양상을 보기는 힘들다.

5.2.2.2 '使' 사동 구조에 대응되는 한국어 피동표현

실제 자료에서 '使' 사동 구조와 한국어 피동표현은 저빈도로 대응되었다. 글말에서만 'C1(NP1+使+NP2+V+NP3)' 구조는 4회(99%), 'C3(NP1+使+NP2+VA)' 구조는 1회(1%)로 나타났다. 이에 대해 예문을 통해 자세히 살펴보도록 한다.

(81) ㄱ. C1: NP1+使+NP2+V+NP3

　　　除了身高外，科學的体能訓練**使**韓國隊**具備**了全場跑動，壓迫對手的能力。

여기에 과학적 체력 육성 프로그램이 더해지면서 한국은 전후 반 90분을 꾸준히 뛰며 상대를 압박하는 힘을 **갖추게 됐다**. 〈조 선일보 체육〉

ㄴ. C3: NP1+使+NP2+VA

不過如果提高利息，將會**使**業務的盈利性**更糟**。

하지만 금리가 높으면 사업의 수익성이 **나빠지게 된다**. 〈중앙 일보 경제〉

위의 예문 (81ㄱ)에서 NP1은 '体能訓練(체력 육성 프로그램)', NP2는 '韓國隊(한국)', V는 '使-具備(갖추게 되다)', NP3은 '能力(힘)'이다. V '使-具備'는 '갖추게 하다'의 피동 형태인 '갖추게 되다'로서 한국어의 제 3피동으로 대응된 것임을 알 수 있다. 예문 (81ㄴ)에서는 NP1인 '金融公 司(금융회사)'는 선행 문장에 존재하므로 문장에서는 생략되었다. NP2 는 '盈利性(수익성)', VA는 '使-更糟(나빠지게 되다)'로 제시되었는데 '나빠지게 되다'는 '나빠지게 하다'의 피동으로서 예문 (81ㄴ)에서는 '使' 사동이 한국어의 제3피동에 대응한 것임을 알 수 있다.

5.2.2.3 '使' 사동 구조에 대응되는 한국어 대응 없음

실제 자료에서 '使' 사동 구조에 대응되는 한국어 대응 없음은 비교 적으로 고빈도로 나타났다. 즉, 'C1(NP1+使+NP2+V+NP3)' 구조는 300회(60%), 'C2(NP1+使+NP2+V)' 구조는 166회(33%), 'C3(NP1+使 +NP2+VA)' 구조는 35회(7%)로 출현하였다. 전체적으로는 'C1(NP1+ 使+NP2+V+NP3)' 구조가 '使' 사동에서 비교적 많이 사용되는 것을 알 수 있다. 이에 대해 예문을 통해 분석해 보도록 한다.

(82) ㄱ. C1: NP1+使+NP2+V+NP3

國際性的塬材料波動很可能對沒有固定客户和企業内没有自
帶采購部的中小企業産生重大影響，**使**這些企業不能**确保**塬材
料，導致不能開工。

국제적인 원자재 파동이 일어나면 고정 거래처가 없고 기업 내
에 자체 구매부서가 없는 중소기업은 원자재를 확보하지 못해
조업 차질이 생길 가능성이 크다. 〈중앙일보 경제〉

ㄴ. C2: NP1+使+NP2+V

他的身材相對于西方選手更加扁平，因此在水中動作更灵活，
而且他把身体重心放在上身，**使**身体更容易在水中**浮**起來。

그는 서구 선수들보다 몸이 납작해 날렵하게 물살을 가르고 무게
중심을 상체에 두기 때문에 몸이 물에 잘 뜬다. 〈조선일보 체육〉

ㄷ. C3: NP1+使+NP2+VA

受到"小皇帝"待遇成長起來的"八零后"在中國7億經濟人口
中占30%，從而**使**這個問題更**嚴重**。

'소황제'로 대우받으며 자란 '바링허우(八零後·1가구 1자녀 정
책 후인 1980년대 태어난 세대)'가 중국 7억 경제 인구의 30%
를 차지하면서 어려움은 더 심각하다. ＜조선일보 경제＞

위의 예문 (82ㄱ)에서 NP1은 '國際性的塬材料波動(국제적인 원자재
파동)', NP2는 '中小企業(중소기업)', V는 '使－確保(확보하다)', NP3은
'塬材料(원자재)'이다. '使－確保'는 한국어 '확보하다'로 번역된다는 것
을 알 수 있다. 예문 (82ㄴ)에서 NP1은 '他(그)', NP2는 '身体(몸)', V는
'使－浮(뜨다)'이다. '使－浮'에 한국어 '뜨다'에 해당된다는 것을 보인다.
예문 (82ㄷ)에서 NP1은 '八零后(바링허우)', NP2는 '問題(어려움)', VA
는 '使－嚴重(심각하다)'이다.

위와 같이 '使' 사동 구조에 대응되는 한국어 '대응 없음'의 사용 양상
에 대해 분석한 결과는 다음과 같다.

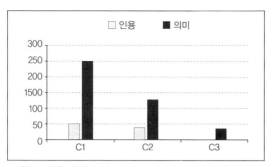

〈그림 57〉 '使' 사동 구조와 대응 없음의 대응 양상

위 그림에서 보듯이 'C1(NP1+使+NP2+V+NP3)' 구조가 '의미' 관계
를 나타내는 방식으로 한국어 표현과 가장 많이 대응된 반면 'C3(NP1+
使+NP2+VA)' 구조는 한국어로 대응된 빈도가 가장 낮다. 이를 통하여
'대응 없음'에서 중국어 '使' 사동 구조에 대응되는 문장은 보통 'C1(NP1+
使+NP2+V+NP3)' 구조를 가진 '使' 사동인 것을 알 수 있다. 또한 글말
에서 '使' 사동의 특성에 맞게 C1 구조는 '의미'로 주로 많이 출현하였다.

5.3 '슈' 사동과 대응되는 한국어 표현

본 연구에서 분석한 약 170만 어절의 신문과 드라마로 구성된 한·중
병렬말뭉치에서 '슈' 사동은 545회 출현하였다. 앞에서 분석한 결과 '슈'
사동과 '슈' 사동의 구조는 '한국어 사동표현, 대응 없음'으로 대응되었
다. 본 절에서는 '슈' 사동과 '슈' 사동의 구조에 따라 대응되는 각각의 한
국어 표현의 양상에 대해 살펴보고자 한다.

5.3.1 '슈' 사동에 대응되는 한국어 표현

말뭉치에서 '슈' 사동과 대응되는 한국어 표현의 사용 양상에 대해 살
펴본 결과는 다음과 같다.

〈표 53〉 '슈' 사동에 대응되는 한국어 표현의 빈도 비율

유표지 사동	말뭉치	한국어 사동표현		대응 없음		합계	
'슈' 사동	신문	44	9%	460	91%	504	100%
	드라마	2	5%	39	95%	41	100%
합계		46	8%	499	92%	545	100%

　분석 결과에 의하면 '슈' 사동은 각각의 '한국어 사동표현', '대응 없음'
으로 대응되었다. 그중 '대응 없음'으로 대응되는 빈도가 훨씬 높았다.
또한 '슈' 사동은 드라마보다 신문에서 그들 간에 많이 대응되는 경향을
보여 주고 있는데 이러한 분석 결과는 '슈'의 특징에 기인한 것으로 볼
수 있다. 즉, '슈'은 중국어 사동표현 중에서도 주로 글말에서 사용되는
특징을 가지고 있기 때문이다. 여기서는 낮은 빈도로 출현한 부분도 대
응 양상을 밝히기 위해 다루고 있는데 이에 대해 5.3.1.1~5.3.1.2에서
자세히 살펴보고자 한다.

5.3.1.1 '슈' 사동에 대응되는 한국어 사동표현

　말뭉치에서 '슈' 사동과 한국어 사동표현의 대응 표현은 46회 발견되
었다. 그중 신문과 드라마에서는 각각 44회, 2회로 출현하였다. 이에 대
한 예문은 다음과 같다.

(83) ㄱ. 歌手Rain即將入伍，這個消息<u>令</u>日本粉絲在其擧行的演唱會中
哭泣。
가수 비가 군 입대를 앞두고 연 콘서트에서 일본 팬들을 **울렸
다**. 〈중앙일보 음악〉

　　ㄴ. 金俊秀出色的現場表現和華麗的舞台表演<u>令</u>当地粉絲**陶醉**其中。
김준수 역시 훌륭한 라이브 실력과 함께 폭발적인 퍼포먼스를
선사하며 대만 팬들을 **매료시켰다**. 〈조선일보 연예〉

　　ㄷ. 公司内外不少人都持怀疑態度，但他却在当年年底如愿實現了

332亿韓元的銷售目標，再次令周圍震惊。

회사 안팎을 막론하고 의구심이 적지 않았지만 그는 그해 연말
에 보란 듯이 매출 332억 원을 달성해 또다시 주위를 **놀라게 만
들었다.** 〈조선일보 경제〉

예문 (83ㄱ-ㄷ)은 '令' 사동에 대응되는 각각의 한국어 제1사동, 제2
사동, 제3사동의 예문이다. 예문 (83ㄱ)에서 '令-哭泣'는 '울리다'로 대
응되었는데 '哭泣'에 해당하는 동사 '울다'에 '令'에 해당하는 한국어의
사동접미사 '-리-'가 붙었기 때문에 제1사동과 대응되는 예문이다. 이
와 같이 예문 (83ㄴ-ㄷ)의 '令-陶醉, 令-震惊'은 한국어의 '매료시키
다, 놀라게 하다'로 대응 번역되었다. 그 가운데 '令-시키다, 令-게 하
다'로 대응되는 것을 알 수 있다. 그래서 예문 (83ㄴ-ㄷ)은 제2사동과
제3사동의 예문이다.

위와 같이 말뭉치에서 '令' 사동과 대응되는 한국어 사동표현의 양상
을 살펴보면 다음과 같다.

〈그림 58〉 '令' 사동과 한국어 사동표현의 대응 양상

위의 그림에서는 '令' 사동에 대응되는 한국어 제3사동의 비율이 비교
적 높다. '令' 자체가 '하게 하다'의 의미가 있기 때문에 제3사동으로의
대응이 보다 빈번하게 이루어짐을 알 수 있다.

5.3.1.2 '令' 사동에 대응되는 한국어 대응 없음

'令' 사동에 대응되는 한국어 '대응 없음'은 499회 출현하였으며 그중 신문과 드라마에서는 각각 460회, 39회의 빈도를 차지한다. 이들 간에 대응되는 양상을 다음의 예를 통해 살펴보도록 한다.

(84) ㄱ. 人口1100万的希腊發生的衝擊**令**世界金融市場**動搖**。

　　　인구 1100만명의 소국(小國) 그리스에서 발생한 쇼크가 세계 금융시장을 뒤흔들고 있다. 〈조선일보 경제〉

　　ㄴ. 現在你在我身邊最**令**我**幸福**。

　　　지금 네가 내 옆에 있는 게 제일 행복한 거야. 〈내 여자 친구는 구미호 16회〉

예문 (84ㄱ-ㄴ)은 '令' 사동에 대응되는 한국어 '대응 없음'의 예로서 '令-動搖, 令-幸福'는 한국어 '뒤흔들다, 행복하다'로 대응되었다. '令' 사동이 이러한 '대응 없음'으로 대응 될 때는 글말이나 입말에서 모두 '인과 관계' 의미가 발견되었다.

5.3.2 '令' 사동 구조에 대응되는 한국어 표현

전체 말뭉치에서 '令' 사동 구조는 'C1(NP1+令+NP2+V+NP3), C2(NP1+令+NP2+V), C3(NP1+令+NP2+VA)'의 3가지로 나타났는데 이들이 대응되는 한국어 표현의 양상은 다음과 같다.

〈표 54〉 '令' 사동 구조에 대응되는 한국어 표현의 빈도 비율

'令' 사동	한국어 사동표현		대응 없음		합계	
C1	14	26%	40	74%	54	100%
C2	31	8%	346	92%	377	100%
C3	1	1%	113	99%	114	100%
합계	46	8%	499	92%	545	100%

분석 결과에 따르면 '令' 사동 구조는 한국어 사동표현으로는 대응되는 비율이 낮으며 주로 '대응 없음'으로 대응되었다. 그 세 가지 구조 가운데 C2 구조가 주로 한국어 '대응 없음'으로 대응되는 비율이 높다. 이들 간의 대응 관계 및 대응 양상을 5.3.2.1~5.3.2.2에서 살펴보도록 한다.

5.3.2.1 '令' 사동 구조에 대응되는 한국어 사동표현

실제 자료에서 '令' 사동 구조는 한국어 사동표현과 저빈도로 대응되었다. 다시 말하면 'C1(NP1+令+NP2+V+NP3)' 구조는 14회, 'C2(NP1+令+NP2+V)' 구조는 31회, 'C3(NP1+令+NP2+VA)' 구조는 1회로 대응되었다. 다음 예를 통하여 살펴보겠다.

(85) ㄱ. C1: NP1+令+NP2+V+NP3

她們變身七公主造型，**令人聯想**到最近的話題之作電影《sunny》里面的一个場面。

그들은 7공주 컨셉트의 하이틴 스타로 변신했다. 최근 화제작 '써니'의 한 장면을 **떠올리게 한다**. 〈중앙일보 음악〉

ㄴ. C2: NP1+令+NP2+V

歌手Rain即將入伍，這个消息**令**日本粉絲在其擧行的演唱會中**哭泣**。

가수 비가 군 입대를 앞두고 연 콘서트에서 일본 팬들을 **울렸다**. 〈중앙일보 음악〉

ㄷ. C3: NP1+令+NP2+VA

忽然，全智賢頗帶挑弄性地問道 "那幺喜歡嗎"？ **令**金秀炫大爲**慌張**。

전지현은 "그렇게 좋니?"라고 도발적인 질문으로 김수현을 **당황하게 만들었다**. 〈중앙일보 음악〉

위의 예문 (85ㄱ)에서 NP1은 '她們(그들)', NP2는 '人(사람)', V는 '令—聯想(떠올리게 하다)'이며 '令—聯想'는 '떠올리게 하다'와 대응되었기 때문에 제3사동에 대응된다. 예문 (85ㄴ)에서 NP1은 'Rain(비)', NP2는 '粉絲(팬들)', V는 '令—哭泣(울리다)'인데 '令—哭泣'는 '울리다'에 대응되었기 때문에 제1사동과 대응된다. 예문 (85ㄷ)에서 NP1은 '全智賢(전지현)', NP2는 '金秀炫(김수현)', VA는 '令—慌張(당황하게 만들다)'이며 '令—慌張'가 제3사동의 형식인 '당황하게 만들다'로 대응되었음을 알 수 있다.

위와 같이 실제 자료에서 '令' 사동 구조에 대응되는 한국어 사동표현의 양상은 다음과 같다.

〈표 55〉 글말과 입말에 '令' 사동 구조와 한국어 사동의 대응 양상

'令' 사동	말뭉치	제1사동		제2사동		제3사동		합계	
C1	신문	0	0%	5	36%	9	64%	14	100%
C2	신문	4	14%	7	24%	18	62%	29	100%
	드라마	0	0%	0	0%	2	100%	2	100%
C3	신문	0	0%	0	0%	1	100%	1	100%
합계		4	9%	12	26%	30	65%	46	100%

말뭉치에서 '令' 사동 구조에 대응되는 각 한국어 사동표현의 빈도가 낮음에도 불구하고 대응 양상의 차이가 발견된다. 글말에서만 C1 구조가 제2사동, 제3사동과 대응되었으며 C2 구조는 제1사동, 제2사동, 제3사동과 모두 대응되었다. C3 구조의 경우에는 제3사동과만 대응되었다. 입말에서는 C2 구조가 제3사동만 대응되었다.

5.3.2.2 '令' 사동 구조에 대응되는 한국어 대응 없음

실제 자료에서 '令' 사동 구조에 대응되는 한국어 '대응 없음'의 빈도를 분석해 보면 'C1(NP1+令+NP2+V+NP3)' 구조는 40회, 'C2(NP1+令+NP2+V)' 구조는 346회, 'C3(NP1+令+NP2+VA)' 구조는 113회로 출현하였다. 그중 'C2(NP1+令+NP2+V)' 구조가 한국어 '대응 없음'으

로 주로 대응되는 경향을 보인다. 이와 관련된 예문을 살펴보도록 한다.

(86) ㄱ. C1: NP1+令+NP2+V+NP3

照片中她一身干練簡洁的打扮，做出了魅惑的造型，挺拔的双腿曲線更是**令**人无法**移開**眼睛。

사진 속 지나는 세련된 스윔수트 패션으로 고혹적인 매력을 뽐냈다. 시원하게 뻗은 다리의 아름다운 선이 절로 눈길을 사로잡는다. 〈중앙일보 음악〉

ㄴ. C2: NP1+令+NP2+V

人口1100万的希腊發生的冲擊**令**世界金融市場**動搖**。

인구 1100만명의 소국(小國) 그리스에서 발생한 쇼크가 세계 금융시장을 뒤흔들고 있다. 〈조선일보 경제〉

ㄷ. C3: NP1+令+NP2+VA

現在你在我身邊，最**令**我**幸福**。

지금 네가 내 옆에 있는 게 제일 행복한 거야. 〈내 여자 친구는 구미호 16회〉

위의 예문 (86ㄱ)에서 NP1은 '双腿曲線(다리의 아름다운 선)', NP2는 '人(사람)', V는 '令-无法移開(사로잡다)', NP3은 '眼睛(눈)'이며 '令-无法移開'에 대응되는 한국어 동사는 '사로잡다'로 사용되었다. NP2는 특정한 사람이 아니기 때문에 '人(사람)'을 첨가했다. 중국어 문장에서 NP2는 반드시 있어야 하기 때문이다. 예문 (86ㄴ)에서 NP1은 '冲擊(쇼크)', NP2는 '世界金融市場(세계 금융시장)', V는 '令-動搖(뒤흔들다)'이며 '令-動搖'에 대응되는 한국어는 '뒤흔들다'이다. 예문 (86ㄷ)에서 NP1은 '你(너)', NP2는 '我(나)', VA는 '令-幸福(행복하다)'이며 '令-幸福'에 대응되는 한국어 표현은 '행복하다'이다. 한국어 문장에서 NP2는 화자이기 때문에 드러나지 않았다. 이와 같이 '令' 사동 구조에 대응되는 한국어 '대응 없음'에서는 모두 '인과 관계' 의미가 드러나며 입말보다 글말에서 'C2(NP1+令+NP2+V)' 구조가 '대응 없음'으로 주로 대응 되는 것을 확인하였다.

5.4 '叫' 사동과 대응되는 한국어 표현

본 연구에서 분석한 약 170만 어절의 신문과 드라마로 구성된 한·중 병렬말뭉치에서 '叫' 사동은 488회 출현하였다. 앞의 분석 결과 '叫' 사동과 '叫' 사동 구조는 '한국어 사동표현, 대응 없음'으로 대응되었으며 본 절에서 '叫' 사동과 '叫' 사동 구조에 대응되는 한국어 표현의 양상에 대해 살펴보고자 한다.

5.4.1 '叫' 사동에 대응되는 한국어 표현

말뭉치에서 '叫' 사동과 한국어 표현의 대응 양상에 대해 살펴본 결과는 다음과 같다.

〈표 56〉 '叫' 사동에 대응되는 한국어 표현의 빈도 비율

유표지 사동	말뭉치	한국어 사동표현		대응 없음		합계	
'叫' 사동	드라마	41	8%	447	92%	488	100%
합계		41	8%	447	92%	488	100%

분석 결과에 따르면 드라마에서만 '叫' 사동이 한국어 표현과 대응되었다. 이런 현상은 '叫'의 사용 특징과 일치하는 부분이 있는데 중국어에서 '叫'는 주로 드라마와 같은 입말에서 자주 사용되며 글말에서는 많이 사용되지 않기 때문이다. 이에 대해서는 5.4.1.1~5.4.1.2에서 자세히 살펴보고자 한다.

5.4.1.1 '叫' 사동에 대응되는 한국어 사동표현

말뭉치에서 쓰인 '叫' 사동과 한국어 사동표현의 대응 표현은 41회로 나타났다. 아래는 해당 예문이다.

(87) ㄱ. **叫你停**車，停車，停車。

　　 차 **세우**라니까. 차 세워. 차 세워. 〈영광의 재인 1회〉

　　 ㄴ. 已經派人打電話**叫**他們**放心**了。

　　 비서 보내서 **안심시켜** 드렸어. 〈꽃보다 남자 5회〉

　　 ㄷ. 反正你趕緊先**叫**她**過來**嘛。

　　 일단 빨리 **오게 해**. 〈49일 14회〉

　　예문 (87ㄱ-ㄷ)은 '叫' 사동에 각각 한국어 제1사동, 제2사동, 제3사동으로 대응되는 예문이다. 예문 (87ㄱ)에서 '停'의 한국어 뜻은 '서다(멈추다)'이고 '叫'의 사동 의미는 한국어 제1사동의 접미사 '-우-'로 나타나 '叫-停'는 '세우다'로 대응되었다. 이와 같이 예문 (87ㄴ-ㄷ)의 '叫-放心, 叫-過來'는 각각 제2사동에 해당하는 '안심시키다'와 제3사동에 해당하는 '오게 하다'로 대응되었다.

　　위와 같이 '叫' 사동의 한국어 사동표현은 비록 대응 빈도가 높지는 않지만 제1사동, 제2사동, 제3사동과 모두 대응되는 경향을 보여 준다. 다음은 실제 대응 비율을 분석한 결과이다.

〈그림 59〉 '叫' 사동과 한국어 사동표현의 대응 양상

　　'叫' 사동에 대응되는 제2사동의 비율은 비교적 높다. 이는 '叫' 자체에 '시키다'의 의미가 함의되어 있기 때문에 한국어에서 제2사동으로 대응되는 경향이 높은 것을 추측할 수 있다.

5.4.1.2 '叫' 사동에 대응되는 한국어 대응 없음

말뭉치에서 '叫' 사동에 대응되는 한국어 '대응 없음'은 447회 출현하였으며 드라마에서만 나타났다. 이의 구체적인 대응 양상은 다음의 예를 통해 살펴보고자 한다.

(88) ㄱ. **叫**你**放手**。　　이거 놓으라고! 〈착한 남자 11회〉
　　ㄴ. **叫**你**别走了**。　　가지 말라니까! 〈환상의 커플 2회〉

예문 (88ㄱ-ㄴ)은 '叫' 사동에 대응되는 한국어 '대응 없음'의 예로서 한국어 문장에서는 모두 '명령이나 시킴'의 의미이다. 주로 어미 '-라고'로 대응되어 사용되는 경우가 많다. '-라고'는 자신의 생각이나 주장을 청자에게 강조하여 일러 주는 뜻을 나타내는 종결 어미로서 '명령, 시킴'의 의미와 함께 사용되는 경우가 많다. 이로 인해 '명령'의 의미가 강한 중국어 유표지 사동인 '叫' 사동의 대응 표현으로 많이 대응된 것임을 이해할 수 있다. 말뭉치에서는 '-라고' 대신 '-라구'로 구어적인 변이가 나타난 현상도 발견되었다.

5.4.2 '叫' 사동 구조에 대응되는 한국어 표현

말뭉치에서 '叫' 사동 구조는 'C1(NP1+叫+NP2+V+NP3), C2(NP1+叫+NP2+V)' 두 가지로 출현하였다. 각 구조에 대응되는 한국어 표현의 양상은 다음과 같다.

〈표 57〉 '叫' 사동 구조에 대응되는 한국어 표현의 빈도 비율

'叫' 사동	한국어 사동표현		대응 없음		합계	
C1	18	11%	153	89%	171	100%
C2	23	7%	294	93%	317	100%
합계	41	8%	447	92%	488	100%

분석 결과에 의하면 '叫' 사동의 구조가 한국어 사동표현으로 대응되는 빈도는 매우 낮으며 '대응 없음'으로 대응되는 빈도는 비교적 높다. 그중 C2 구조가 '대응 없음'으로 대응되는 비율이 높게 나타났는데 각각의 대응 양상을 5.4.2.1~5.4.2.2에서 구체적으로 밝히고자 한다.

5.4.2.1 '叫' 사동 구조에 대응되는 한국어 사동표현

'叫' 사동에 대응되는 한국어 사동표현의 구조 중에서 'C1(NP1+叫 +NP2+V+NP3)' 구조는 18회, 'C2(NP1+叫+NP2+V)' 구조는 23회로 출현하였다. 다음은 해당하는 예이다.

(89) ㄱ. C1: NP1+叫+NP2+V+NP3

保証書? 你**叫**大明星晟敏宇**寫**保証書?

각서? 스타 성민우한테 각서를 **쓰게 해**? 〈오! 마이 레이디 11회〉

ㄴ. C2: NP1+叫+NP2+V

我會追過去, 我追過去**叫**你**相信**。

그럼 따라가 줄게. 따라가서 네가 **믿게 해** 줄게. 〈내 여자 친구 는 구미호 1회〉

위의 예문 (89ㄱ)에서 NP1은 '你(청자)', NP2는 '晟敏宇(성민우)', V는 '叫-寫'(쓰게 하다)이다. '叫-寫'는 '쓰게 하다'와 대응되어 제3사동으로의 대응 양상을 확인할 수 있으며, 한국어 문장에서의 NP1은 화자에 해당하므로 생략되었다. 예문 (89ㄴ)에서 NP1은 '我(화자)', NP2는 '你 (너)', V는 '叫-相信'(믿게 하다)이며 '叫-相信'는 '믿게 하다'로 대응되어 제3사동으로의 대응이 이루어짐을 알 수 있다. 실제 자료에서 '叫' 사동의 구조 중 한국어의 제1사동, 제2사동, 제3사동과 대응되는 C1, C2 구조의 빈도는 각각 '6회, 9회, 3회'와 '8회, 8회, 7회'로 나타났다.

5.4.2.2 '叫' 사동 구조에 대응되는 한국어 대응 없음

실제 자료에서 '叫' 사동 구조 'C1(NP1+叫+NP2+V+NP3), C2(NP1+叫+NP2+V)'는 한국어 대응 없음과 대응되었다. 그들은 각각 153회, 294회로 출현하였다. 그중 'C2(NP1+叫+NP2+V)' 구조가 비교적 많이 사용된 것을 알 수 있다. 이에 대한 예문은 다음과 같다.

(90) ㄱ. C1: NP1+叫+NP2+V+NP3

你叫我分開他們。

둘을 갈라놓으란 말이야. 〈내 여자 친구는 구미호 11회〉

ㄴ. C2: NP1+叫+NP2+V

就叫你不要問了。

묻지 말라구! 〈내 이름은 김삼순 12회〉

위의 예문 (90ㄱ)에서 NP1은 '你(청자)', NP2는 '我(화자)', V는 '叫-分開(갈라놓다)', NP3은 '他們(둘)'이다. '叫-分開'에 대응되는 한국어는 '갈라놓다'인데 한국어 문장에서 NP1과 NP2는 청자와 화자이기 때문에 명시적으로 표현되지 않고 생략된 반면 중국어에서는 '你(너), 我(나)'와 같은 대명사를 통해 구체적으로 실현되었다. 이러한 원인은 중국어 '叫' 사동은 피사동주인 NP2가 반드시 출현해야 하기 때문이며 이때 '叫' 사동의 사동주인 NP1은 한국어의 경우와 같이 생략이 가능하다. '강조, 확인'의 의미일 때 NP1이 나타나며 그 외의 경우에는 생략이 가능하다. 예문 (90ㄴ)에서 NP1은 화자이기 때문에 중국어와 한국어 문장에서 모두 직접적으로 드러나지는 않았다. NP2는 '你(Φ)', V는 '叫-問(묻다)'로서 '叫-問'에 대응되는 한국어 표현은 '묻다'임을 알 수 있다. 또한 C2 구조는 '대응 없음'의 '인용'과 '의미'로 비슷한 빈도로 대응되었다.

5.5 '把' 사동과 대응되는 한국어 표현

본 연구에서 분석한 약 170만 어절의 신문과 드라마로 구성된 한·중 병렬말뭉치에서 '把' 사동은 440회 출현하였다. 앞의 분석에서 '把' 사동과 '把' 사동 구조는 '한국어 사동표현, 대응 없음'으로 대응되었다. 본 절에서는 '把' 사동과 '把' 사동 구조에 따라 대응되는 각각의 한국어 표현의 양상에 대해 살펴보고자 한다.

5.5.1 '把' 사동에 대응되는 한국어 표현

말뭉치에서 '把' 사동과 한국어 표현의 대응 양상에 대해 살펴본 결과는 다음과 같다.

〈표 58〉'把' 사동에 대응되는 한국어 표현의 빈도 비율

유표지 사동	말뭉치	한국어 사동표현		대응 없음		합계	
'把' 사동	신문	67	47%	76	53%	143	100%
	드라마	146	49%	151	51%	297	100%
합계		213	48%	227	52%	440	100%

분석 결과 '把' 사동은 '한국어 사동표현, 대응 없음'과 대응되는 빈도가 비슷하다. 그렇지만 신문과 드라마를 구별해서 살펴볼 때 그 사용상의 차이점을 발견할 수 있다. 즉, 신문보다 드라마에서 '把' 사동과 한국어 대응 표현이 더 많이 출현하였다. 이에 대해서는 5.5.1.1~5.5.1.2에서 자세히 살펴보고자 한다.

5.5.1.1 '把' 사동에 대응되는 한국어 사동표현

말뭉치에서 '把' 사동과 한국어 사동표현의 대응 표현은 213회로 나타났다. 다음은 이에 해당하는 예이다.

(91) ㄱ. 好了, 不要**把**她**嚇哭**了。

놔 둬. 애 **울리**기로 한다. 〈내 이름은 김삼순 15회〉

ㄴ. 江原道政府將對從Alpensia到中峰的43公里區間中蜿蜒曲折的珍
富到中峰的7.5公里道路進行維修，**把**路程**縮短**到30分鐘以內。
강원도 측은 알펜시아에서 중봉까지 약 43㎞ 구간 중 굴곡이 심
했던 진부~중봉 구간 7.5㎞를 정비해 이동 시간을 30분 내로
단축시켜 놓았다. 〈조선일보 체육〉

ㄷ. 不要**把人搞燴塗**了，你要指名道姓啊。
사람 **헷갈리게 하**지 말고 콕 집어서 말해 봐. 〈내 이름은 김삼
순 5회〉

예문 (91ㄱ–ㄷ)은 '把' 사동에 대응되는 한국어 제1사동, 제2사동, 제
3사동의 예문이다. 예문 (91ㄱ)에서 '把–嚇哭'는 '울리다'로 대응되었
는데 '嚇哭'는 한국어의 '울다'에 해당되며 '把'를 통해 한국어 제1사동
의 '–리–'로 대응 번역된 것이다. 여기서의 '울다'에 해당하는 '嚇哭'는
'놀라서 울다'의 의미로서 '哭'는 '嚇'의 결과를 나타내는데 이렇게 동작
의 결과를 명시하는 것이 중국어 '把' 사동의 특징이다. 예문 (91ㄴ–ㄷ)
의 '把–縮短, 把–搞燴塗'의 경우에도 한국어의 제2사동, 제3사동 형식
으로 한국어 '단축시키다, 헷갈리게 하다'로 대응되었음을 알 수 있다.
위와 같이 말뭉치에서 '把' 사동에 대응되는 각 한국어 사동표현의 빈
도 비율에 대해 살펴본 결과는 다음과 같다.

〈그림 60〉 '把' 사동과 한국어 사동표현의 대응 양상

'把' 사동은 제1사동으로 대응되는 비율이 가장 높게 나타났다. 이러한 대응 현상이 나타난 이유는 바로 '把' 사동에서 나타나는 서술어의 특성과 밀접한 관계가 있음을 알 수 있다. 즉, 중국어 '把' 사동을 사용할 때는 동작이나 상태로 인해 나타나는 결과가 반드시 필요한데 이때 서술어는 복합어의 형식으로 나타나게 된다. 앞서 설명한 것과 같이 예문 (91ㄱ)에서의 '嚇哭'는 놀란 이후에 울게 된 결과를 나타내고 있다고 할 수 있다. 이러한 '把' 사동의 특성은 '어휘적 특성'이 강한 제1사동으로의 대응 비율이 비교적 높게 나타났다. 그리고 '把' 사동은 제2사동, 제3사동과 비슷한 대응 빈도로 출현하였다.

5.5.1.2 '把' 사동에 대응되는 한국어 대응 없음

말뭉치에서 '把' 사동에 대응되는 한국어 '대응 없음'은 227회 출현하였으며 그중 신문과 드라마에서 각각 76회, 151회로 나타났다. 이들의 대응 양상을 다음의 예를 통해 살펴보고자 한다.

(92) ㄱ. 我可要**把**盤子都**摔碎**了。

　　　　나 접시 다 **깨먹**을 거야. 〈신사의 품격 3회〉

　　ㄴ. 眞是要**把**人**逼瘋**了。

　　　　미쳐버리겠네. 〈신사의 품격 11회〉

　　ㄷ. 爲了能讓敎授們專心搞硏究, **把**安息年的時間**縮短**爲6个月。

　　　　교수들이 연구에만 집중할 수 있도록 안식년 기간을 6개월로 **단축해** 운영 중이다. 〈중앙일보 유학〉

예문 (92ㄱ-ㄷ)은 각각 드라마와 신문에서 '把' 사동에 대응되는 한국어 '대응 없음'의 예이다. 예문 (92ㄱ-ㄴ)에서 '把' 사동과 한국어의 '대응 없음'은 '把-摔碎(깨먹다), 把-逼瘋(미쳐버리다)'로 대응을 이룬다. 흥미로운 점은 중국어 서술어는 '동사+결과(결과보어)'의 구성을 가지고 한국어 서술어의 경우에는 '동사+조동사'의 구성을 가지는 것이다. 그리고 이와 달리 예문 (92ㄷ)에서 '把' 사동과 한국어 '대응 없음'은 '把-縮短 +爲(-로 단축하다)'로 대응된다. 즉, 중국어 문장에서 '縮短' 뒤에 '爲'가 있고 한국어 문장에서는 조사 '로'로 사용된다는 것이다.

5.5.2 '把' 사동 구조에 대응되는 한국어 표현

말뭉치에서 '把' 사동의 구조는 'C1(NP1+把+NP2+V+NP3), C2(NP1 +把+NP2+V)' 두 가지로 출현하였다. 이들의 한국어 대응 표현이 무엇인지 살펴보겠다. 각 구조에 대응되는 한국어 표현은 다음과 같다.

〈표 59〉 '把' 사동 구조에 대응되는 한국어 표현의 빈도 비율

'把' 사동	한국어 사동표현		대응 없음		합계	
C1	85	52%	79	48%	164	100%
C2	128	46%	148	54%	276	100%
합계	213	49%	227	51%	440	100%

'把' 사동의 C1 구조에 비해 C2 구조가 '한국어 사동표현'이나 '대응 없음'으로 대응되는 비율이 높다. 이들의 구체적인 사용 양상은 5.5.2.1 ~5.5.2.2에서 밝히도록 한다.

5.5.2.1 '把' 사동 구조에 대응되는 한국어 사동표현

말뭉치에서 '把' 사동 구조에 대응되는 한국어 사동표현은 213회 출현하였다. 'C1(NP1+把+NP2+V+NP3)' 구조는 85회, 'C2(NP1+把+NP2 +V)' 구조는 128회로 나타났다. 다음 예를 통해 살펴보겠다.

(93) ㄱ. C1: NP1+把+NP2+V+NP3

　　我**把**他**轉到**別的医院去。

　　나 다른 **병원으로 옮기**겠어요. 〈미안하다 사랑한다 10회〉

　　ㄴ. C2: NP1+把+NP2+V

　　是我們**把**恩彩慢慢**逼瘋**了。

우리가 은채 **미치게 만들었어**. 〈미안하다 사랑한다 14회〉

위의 예문 (93ㄱ)에서 NP1은 '我(나)', NP2는 '他(Φ)', NP3은 '醫院
(병원)', V는 '把−轉到'(옮기다)'인데 '把−轉到'는 '옮기다'와 대응되어 제
1사동 대응을 이루고 한국어 문장에서의 NP2는 선행 문장에서 제시되
었기에 생략된 것이다. 예문 (93ㄴ)에서 NP1은 '我們(우리)', NP2는 '恩
彩(은채)', V는 '把−逼瘋(미치게 만들다)'이며 '把−逼瘋'는 '미치게 만들
다'로 제시되어 제3사동 대응을 보인다.

위와 같이 실제 자료에 쓰인 '把' 사동의 'C1(NP1+把+NP2+V+NP3)'
구조는 한국어 사동표현의 제1사동, 제2사동, 제3사동에 각각 51회, 17
회, 7회 대응되며 'C2(NP1+把+NP2+V)' 구조는 제1사동, 제2사동, 제
3사동과 각각 92회, 17회, 19회로 대응되었다. 따라서 C1, C2 구조는
다른 사동 유형보다 제1사동과 대응되는 경향이 더 많이 발견된다. 글
말과 입말의 구분에 따라 이러한 대응 양상에 차이가 나타나는지 살펴
보도록 한다.

〈표 60〉 글말과 입말에 나타난 '把' 사동 구조와 한국어 사동의 대응 양상

'把' 사동	말뭉치	제1사동		제2사동		제3사동		합계	
C1	신문	38	74%	10	20%	3	6%	51	100%
	드라마	23	68%	7	20%	4	12%	34	100%
C2	신문	11	69%	3	19%	2	12%	16	100%
	드라마	81	72%	14	13%	17	15%	112	100%
합계		153	72%	34	16%	26	12%	213	100%

신문 말뭉치에서 'C1(NP1ㅣ把+NP2+V+NP3)' 구조는 제1사동과 많
이 대응되며 드라마 말뭉치에서 'C2(NP1+把+NP2+V)' 구조는 제1사동
과 더 많이 대응되었다. 글말과 입말에서는 '把' 사동의 구조에 따라 제1
사동의 대응 빈도의 차이를 보인다.

5.5.2.2 '把' 사동 구조에 대응되는 한국어 대응 없음

실제 자료에서 '把' 사동의 'C1(NP1+把+NP2+V+NP3), C2(NP1+把+NP2+V)' 구조는 한국어 '대응 없음'과 대응되었다. 그의 대응 빈도는 각 79회, 148회로 나타났다. 그중 'C2(NP1+把+NP2+V)' 구조의 출현 빈도가 비교적 높았다. 다음 예를 살펴보도록 한다.

(94) ㄱ. C1: NP1+把+NP2+V+NP3

爲了能讓敎授們專心搞硏究, **把**安息年的時間**縮短**爲6个月。

교수들이 연구에만 집중할 수 있도록 안식년 기간을 6개월로 단축해 운영 중이다. 〈중앙일보 유학〉

ㄴ. C2: NP1+把+NP2+V

我可要**把**盤子都**摔碎**了。

나 접시 다 깨먹을 거야. 〈신사의 품격 3회〉

위의 예문 (94ㄱ)에서 NP1은 문장에서 드러나지는 않지만 앞 문맥을 통해 '學校(학교)' 임을 알 수 있다. NP2는 '時間(기간)', V는 '把-縮短(단축하다)', NP3은 '6个月(6개월)'이다. V는 '把-縮短'에 대응되는 한국어는 '단축하다'이다. 예문 (94ㄴ)에서 NP1은 '我(나)', NP2는 '盤子(접시)', V는 '把-摔碎(깨먹다)'이다. '把-摔碎'에 대응되는 한국어는 '깨먹다'로 제시되었다. 그리고 '把' 사동 구조 빈도가 낮지만 그중 C2(NP1+把+NP2+V) 구조는 입말에서 출현한 빈도가 비교적으로 높다.

5.6 '給' 사동과 대응되는 한국어 표현

본 연구에서 분석한 약 170만 어절의 신문과 드라마로 구성된 한·중 병렬말뭉치에서 '給' 사동은 111회 출현하였다. 앞의 분석 결과 '給' 사동과 그의 구조는 '한국어 사동표현, 대응 없음'과 대응되었다. 본 절에서는 '給' 사동과 '給' 사동 구조에 따른 한국어 대응 표현의 양상을 각각 살펴보고자 한다.

5.6.1 '給' 사동에 대응되는 한국어 표현

말뭉치에서 '給' 사동과 한국어 표현의 대응 양상에 대해 살펴본 결과는 다음과 같다.

〈표 61〉 '給' 사동에 대응되는 한국어 표현의 빈도 비율

유표지 사동	말뭉치	한국어 사동표현		대응 없음		합계	
'給' 사동	신문	7	100%	0	0%	7	100%
	드라마	87	84%	17	16%	104	100%
합계		94	85%	17	15%	111	100%

분석 결과에 의하면 '給' 사동은 '한국어 사동표현, 대응 없음'으로 대응되는 빈도가 높지 않았으나 신문보다 드라마에서 더 빈번하게 대응되는 것을 볼 수 있었다. 이에 대해 5.6.1.1~5.6.1.2에서 자세히 살펴보고자 한다.

5.6.1.1 '給' 사동에 대응되는 한국어 사동표현

말뭉치에서 '給' 사동과 한국어 사동표현의 대응 표현은 총 94회 출현하였다. 다음은 해당하는 예이다.

(95) ㄱ. 那就**給**她**吃**面包。

　　　그냥 빵 **먹여요**. 〈오! 마이 레이디 4회〉

　　ㄴ. 一起變老還**給**妳**做**這種事情，所以不高興嗎?

　　　같이 늙어가는 처지에 이런 **일까지 시켜서** 기분 나빠요? 〈달자의 봄 9회〉

예문 (95ㄱ-ㄴ)은 '給' 사동에 대응되는 한국어 제1사동, 제2사동에

해당하는 각각의 예문이다. 예문 (95ㄱ)에서 '給-吃'는 '먹이다'로 표현
되었으며 예문 (95ㄴ)의 '給-做'는 한국어의 '일시키다'로 대응 번역되
었다. '給' 사동과 이에 대한 한국어 사동표현의 대응 양상을 살펴보면
다음과 같다.

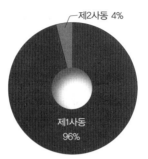

〈그림 61〉 '給' 사동과 한국어 사동표현의 대응 양상

　'給' 사동은 제1사동, 제2사동에 대응되었으며 그중 제1사동과 대응된
빈도가 가장 높게 나타났다. 말뭉치에서는 제1사동의 '먹이다(給-吃),
보이다(給-看)'가 대응 빈도가 높았다.

5.6.1.2 '給' 사동에 대응되는 한국어 '대응 없음'

　말뭉치에서 쓰인 '給' 사동은 입말에서만 사용되며 '대응 없음'으로 17
회 출현하였다. 다음은 해당 예문이다.

(96) ㄱ. 我隨便亂寫了東西所以不能給別人看。
　　　　내가 막 이상한 거 낙서해 놓구. 그래서 누가 보면 쫌 그래. 〈꽃
　　　　보다 남자 4회〉

　예문 (96ㄱ)에서 '給-看'에 해당하는 한국어는 '보다'인데 이런 현상
은 보통 자연스럽게 표현하기 위한 의역 과정에서 분명한 표지로 제시
하지 않아도 문장에 해당 사동 의미를 녹여서 표현하는 방식을 취한다.

5.6.2 '給' 사동 구조에 대응되는 한국어 표현

말뭉치에서 '給' 사동 구조는 'C1(NP1+給+NP2+V+NP3), C2(NP1+給+NP2+V)'의 두 가지로서 이것이 한국어 표현으로 어떻게 대응되는지 살펴보도록 한다. '給' 사동 구조에 대응되는 한국어 표현 양상은 다음과 같다.

〈표 62〉 '給' 사동 구조에 대응되는 한국어 표현의 빈도 비율

'給' 사동	한국어 사동표현		대응 없음		합계	
C1	32	100%	0	0%	32	100%
C2	62	79%	17	21%	79	100%
합계	94	85%	17	15%	111	100%

분석 결과에 의하면 '給' 사동의 C2 구조는 '한국어 사동표현, 대응 없음'과 대응되는 빈도가 조금 더 높다. 이러한 대응 양상에 대해서는 구체적으로 다음에서 밝히도록 한다.

5.6.2.1 '給' 사동 구조에 대응되는 한국어 사동표현

실제 자료에서 '給' 사동 구조는 한국어 사동표현과 저빈도로 대응되었다. 'C1(NP1+給+NP2+V+NP3)' 구조는 32회, 'C2(NP1+給+NP2+V)' 구조는 62회 출현하였다. 다음은 해당 예문이다.

(97) ㄱ. C1: NP1+給+NP2+V+NP3

　　　那就**給**她**吃**面包。

　　　그냥 빵 **먹여**요. 〈오! 마이 레이디 4회〉

　　ㄴ. C2: NP1+給+NP2+V

　　　給我**看**一眼吧。

　　　나 쫌만 보여 주라. 〈아이엠샘 10회〉

위의 예문 (97ㄱ)에서 NP1은 화자이기 때문에 직접적으로 드러나지 않았으며 NP2는 '她(Φ)', NP3은 '面包(빵)', V는 '給-吃(먹이다)'로 대응되어 전체 문장은 제1사동으로 대응을 이룬다. 한국어 문장에서 NP2는 선행 문장에 제시되었고 화자와 청자가 공유하고 있는 대상이기 때문에 생략되었다. 예문 (97ㄴ)에서 NP1은 청자(Φ), NP2는 '我(나)', V는 '看(보이다)'이며 문장의 구조는 '청자(Φ)+給+我(나)+看(보이다)'이다. 중국어 문장과 한국어 문장에서는 사동주가 청자이기 때문에 생략되었다.

위와 같이 실제 자료에서 '給' 사동 구조에 따라 한국어 사동표현의 대응 양상을 분석한 결과는 다음과 같다.

〈표 63〉 글말과 입말에 나타난 '給' 사동 구조와 한국어 사동의 대응 양상

'給' 사동	말뭉치	제1사동		제2사동		합계	
C1	신문	7	100%	0	0%	7	100%
	드라마	24	96%	1	4%	25	100%
C2	드라마	59	95%	3	5%	62	100%
합계		90	96%	4	4%	94	100%

글말보다 입말에서 'C1(NP1+給+NP2+V+NP3)' 구조는 제1사동, 제2사동과의 대응 빈도가 조금 높다. 특히 C2 구조는 입말에서만 비교적 높은 빈도로 나타났다.

5.6.2.2 '給' 사동 구조에 대응되는 한국어 '대응 없음'

실제 자료에서 '給' 사동의 'C2(N1+給+N2+V)' 구조에 대응되는 한국어 '대응 없음'은 17회로 출현하였다. 다음은 해당 예문이다.

(98) ㄱ. C2: NP1+給+NP2+V

我隨便亂寫了東西所以不能<u>給</u>別人<u>看</u>。

내가 막 이상한 거 낙서해 놓구. 그래서 누가 보면 쫌 그래. 〈꽃
보다 남자 4회〉

위의 예문 (98ㄱ)에서 NP1은 '我(나)', NP2는 '別人(누가)', V는 '給-
看(보다)'이다. '給-看'에 대응되는 한국어는 '보다'이다. 따라서 중국어
문장은 사동이지만 그에 대응되는 한국어 문장은 사동이 아님을 알 수
있다. 이를 통하여 이런 대응 현상이 많지 않음을 보여 준다.

5.7 분석의 함의

지금까지 한·중 병렬말뭉치에 쓰인 중국어 유표지 사동(讓, 使, 令,
叫, 把, 給)의 유형과 구조에 따라 그에 대응되는 한국어 표현의 양상에
대해 살펴보았다. 이제부터 5장의 논의를 통해 밝혀진 중국어 유표지 사
동에 대응되는 한국어 표현의 대응 양상을 전체적으로 정리하고 대응 이
유에 대해서도 살펴보고자 한다.

1) 중국어 유표지 유형과 대응되는 한국어 표현

신문과 드라마 병렬말뭉치에서 분석한 중국어 유표지에 대응되는 한
국어 표현의 양상을 정리하면 다음과 같다.

〈표 64〉 중국어 유표지 사동 유형과 대응되는 한국어 표현의 양상

유표지 사동	말뭉치	사동표현		피동표현		대응 없음		합계	
讓	신문	368	26%	33	2%	1,045	72%	1,446	100%
	드라마	670	19%	16	1%	2,819	80%	3,505	100%
使	신문	140	23%	5	1%	473	76%	618	100%
	드라마	7	20%	0	0%	28	80%	35	100%
令	신문	44	9%	0	0%	460	91%	504	100%
	드라마	2	5%	0	0%	39	95%	41	100%
叫	드라마	41	8%	0	0%	447	92%	488	100%

把	신문	67	47%	0	0%	76	53%	143	100%
	드라마	146	49%	0	0%	151	51%	297	100%
給	신문	7	100%	0	0%	0	0%	7	100%
	드라마	87	84%	0	0%	17	16%	104	100%
합계		1,579	22%	54	1%	5,555	77%	7,188	100%

〈표 65〉 중국어 유표지 사동 유형에 대응되는 한국어 사동표현

유표지 사동	말뭉치	제1사동		제2사동		제3사동		합계	
讓	신문	90	24%	76	21%	202	55%	368	100%
	드라마	225	33%	112	17%	333	50%	670	100%
使	신문	32	23%	56	40%	52	37%	140	100%
	드라마	0	0%	2	29%	5	71%	7	100%
令	신문	4	9%	12	27%	28	64%	44	100%
	드라마	0	0%	0	0%	2	100%	2	100%
叫	드라마	14	34%	17	42%	10	24%	41	100%
把	신문	49	73%	13	19%	5	8%	67	100%
	드라마	104	71%	21	15%	21	14%	146	100%
給	신문	7	100%	0	0%	0	0%	7	100%
	드라마	83	95%	4	5%	0	0%	87	100%
합계		608	38%	313	20%	658	42%	1,579	100%

각각의 중국어 유표지 사동과 '한국어 사동표현', '한국어 피동표현', '대응 없음'과의 대응 양상에 대해 정리하면 다음과 같다.

첫째, 중국어 유표지 사동의 유형과 대응되는 한국어 사동표현이다.

중국어 유표지에 대응되는 한국어 사동표현 가운데 '讓' 사동의 대응 빈도가 상당히 높다. 특히 드라마와 같은 입말에서는 대응 빈도가 가장 높다. 이 결과는 어떤 범주로 대응되는지 대응 관계만 밝히려 했던 기존 연구를 보완할 수 있다는 점에 의의가 있다. 그러한 이유 중에 하나는 중국어의 각 유표지 사동은 한국어 사동표현과 모두 대응될 수 있지만 각 사동 유형에 따라 대응 양상의 차이가 너무 크다는 것이다. 즉, 고빈도로 대응되는 사동 유형이 있는 반면 거의 대응되지 않는 사동 유형도 발

견이 된다. 고빈도로 대응되는 사동 유형은 실생활에서 많이 사용되는 경향이 높은 편이나 저빈도로 대응되는 사동 유형은 거의 사용되지 않음을 예측할 수 있다. 따라서 이러한 대응의 경향 및 양상 등을 밝히는 작업은 한국인 중국어 학습자의 의사소통 향상에 도움을 줄 수 있다고 본다. 예를 들어 한국인 중국어 학습자가 한국어 사동표현을 중국어 유표지 사동으로 의사소통함에 있어 '讓' 사동을 먼저 교수하는 것은 오류를 예방하는 데 도움을 줄 수 있을 것이다. 마찬가지로 신문과 같은 글말에서도 '讓' 사동을 정확하게 사용하도록 하는 것이 표현과 습득의 정확도를 향상시킬 수 있다. 또한 중국어의 유표지 사동은 '통사적 특성'이 있기 때문에 한국어 '통사적 특성'이 있는 제3사동으로 대응되는 빈도가 높다. 그러나 '把' 사동은 다른 중국어 유표지 사동과 달리 한국어의 제1사동으로 대응되는 빈도가 높았다. 이는 다른 사동 유형에 비해 서술어의 제한성이 높다는 '把' 사동의 서술어의 특성과 관련된다. '把' 사동의 동사 구성은 '동사+결과동사(결과보어)'이다. '把' 사동에 이러한 서술어의 구성이 존재하지 않는 한국어에서는 사동사 즉, 제1사동을 통해 대응을 이루고 있음을 알 수 있다.

그리고 글말과 입말에서 중국어 유표지 사동의 사용 양상에서도 차이점을 발견할 수 있었다. 글말에서는 '使, 令' 사동이 '한국어 사동표현'과 주로 대응되며 입말에서는 '讓, 叫, 把, 給' 사동이 '한국어 사동표현'과 주로 대응되었다. 이런 대응 양상을 토대로 하면 입말과 글말의 담화 상황에 따라 중국어 유표지 사동을 정확하게 선별하여 사용할 수 있다.

둘째, 중국어 유표지 사동의 유형과 대응되는 한국어 피동표현이다.

중국어 유표지 사동의 '讓' 사동과 '使' 사동은 '한국어 피동표현'과 대응되며 그중 '讓' 사동이 더 고빈도로 대응되는 경향이 발견되었다. 이런 대응 현상이 의역 과정에서 나타났지만 예문을 보면 이런 해석도 가능하다. '讓, 使' 사동과 그의 '被' 구문은 '행위자, 행위, 행위의 대상'과 같은 문장 성분을 가지는 특성이 있을 뿐만 아니라 '讓, 使' 사동은 모두 부정적인 의미를 지니고 있기 때문에 '讓, 使' 사동은 그의 '被' 구문과 호환할 수 있음을 보인다. 따라서 '讓, 使' 사동과 그의 '被' 구문은 모두 한국어 피동표현으로 번역이 가능하다. 그래서 이런 동일 범주가 아닌 경우에도 중·한 대조가 가능함을 알 수 있다.

셋째, 중국어 유표지 사동의 유형에 대응되는 한국어의 '대응 없음'이다. 글말보다 입말에서 중국어 유표지 사동의 대부분은 '대응 없음'과 고빈도로 대응되었다. 그 이유 중의 하나는 한국어의 입말에서 '인용, 명령, 허락, 청유, 시킴' 표현이 많이 사용되며 유표지 '讓' 사동의 경우에도 '인용, 명령, 허락, 청유, 시킴'의 의미가 강하기 때문이라고 할 수 있다. 예를 들어 이러한 '대응 없음'에서는 인용 어미 '-라-'와 인용격 조사 '고' 등이 많이 출현한 바 있으며 '명령, 지시, 시킴'이나 강한 사동 의미도 많이 나타났다. 글말에서의 한국어 문장은 직접적인 대응 어휘나 대응 표현이 없는 반면 '인과 관계나 상태 변화'를 통해 사동 의미를 전달하였다.

2) 중국어 유표지 사동 구조에 대응되는 한국어 표현

앞서 봤듯이 중국어 유표지 사동 구조 각각에 대응되는 한국어 표현의 빈도는 차이가 존재하는 것이 발견된다. 특히 'C2(NP1+讓/使/令/叫/把/給+NP2+V)' 구조가 다른 구조에 비해 고빈도로 사용되며 한국어 표현과 다양하게 대응되었다. 이에 대해 정리해 보면 다음과 같다.

첫 번째로 'C1(NP1+讓/使/令/叫/把/給+NP2+V+NP3)' 구조와 한국어 표현의 대응 양상은 다음과 같다.

〈표 66〉 C1 구조에 따른 유표지 사동과 한국어 표현의 대응 양상

C1 구조	한국어 사동표현		한국어 피동표현		대응 없음		합계	
讓	509	25%	17	1%	1,514	74%	2,040	100%
使	70	19%	4	1%	300	80%	374	100%
令	14	26%	0	0%	40	74%	54	100%
叫	18	11%	0	0%	153	89%	171	100%
把	85	52%	0	0%	79	48%	164	100%
給	32	100%	0	0%	0	0%	32	100%
합계	728	26%	21	1%	2,086	73%	2,835	100%

유표지 사동의 C1 구조 가운데 '讓, 使' 사동은 한국어 사동표현, 피동 표현, 대응 없음과 모두 대응되었다. '令, 叫, 把' 사동은 한국어 사동표 현, 대응 없음과 대응되었으며 '給' 사동은 한국어 사동표현과만 대응되 었다. 이를 통하여 C1 구조의 '讓, 使, 令, 叫' 사동은 한국어 '대응 없음' 과 많이 대응되는 것을 발견하였다. '把, 給' 사동은 한국어 사동표현과 더 많이 대응된다는 현상을 보인다. 더 나아가 글말과 입말에 각 유표지 사동의 C1 구조와 한국어 사동표현의 대응상의 차이점은 다음과 같다.

〈표 67〉 글말과 입말에서 C1 구조에 따른 유표지 사동과 한국어 사동표현의 대응 양상

C1 구조	말뭉치	제1사동		제2사동		제3사동		합계	
讓	신문	54	23%	54	23%	124	54%	232	100%
	드라마	105	38%	78	28%	94	34%	277	100%
使	신문	22	32%	19	27%	28	41%	69	100%
	드라마	0	0%	0	0%	1	100%	1	100%
令	신문	0	0%	5	36%	9	64%	14	100%
叫	드라마	6	33%	9	50%	3	17%	18	100%
把	신문	38	74%	10	20%	3	6%	51	100%
	드라마	23	68%	7	20%	4	12%	34	100%
給	신문	7	100%	0	0%	0	0%	7	100%
	드라마	24	96%	1	4%	0	0%	25	100%
합계		279	38%	183	25%	266	37%	728	100%

분석 결과에 따라 각 유표지 사동 C1 구조와 한국어 사동표현의 대응 상의 차이를 보면 '讓' 사동은 글말과 입말에서는 비슷한 빈도로 나타났 지만 더 자세히 보면 입말에서는 제1사동과의 대응 빈도가 높게 나타났 고 글말에서는 제3사동의 대응 빈도가 높게 나타났다. 그 외의 유표지 사동은 모두 저빈도로 한국어 사동표현과 대응되었다. 그중 '令' 사동은 글말에서만 제2사동, 제3사동과 저빈도로 대응되었고 '叫' 사동은 입말 에서만 제1사동, 제2사동, 제3사동과 저빈도로 대응되었다. 이를 통하 여 같은 C1 구조라도 중국어 사동의 표지가 다르면 한국어 사동표현의

대응 양상이 다를 수 있다는 것을 밝혔다. 이런 현상이 나타난 이유는 바로 각 유표지가 갖고 있는 자체 의미가 다르기 때문인 것으로 해석할 수 있다. 예를 들어 각 유표지의 'N3'의 역할이 다르다는 것을 보면 알 수 있다. 보통 유표지 C1 구조의 'N3'은 목적어 역할을 많이 하는데 이와 달리 '把' 사동의 'N3'은 목적어가 아니라 부사어 역할만 한다.

두 번째로 'C2(NP1+讓/使/令/叫/把/給+NP2+V)' 구조와 한국어 표현의 대응 양상은 다음과 같다.

〈표 68〉 C2 구조에 따른 유표지 사동과 한국어 표현의 대응 양상

C2 구조	한국어 사동표현		한국어 피동표현		대응 없음		합계	
讓	440	18%	32	1%	2,005	81%	2,477	100%
使	74	31%	0	0%	166	69%	240	100%
令	31	8%	0	0%	346	92%	377	100%
叫	23	7%	0	0%	294	93%	317	100%
把	128	46%	0	0%	148	54%	276	100%
給	62	79%	0	0%	17	21%	79	100%
합계	758	23%	32	1%	2,976	76%	3,766	100%

유표지 사동의 C2 구조에서 '讓' 사동은 한국어 사동표현, 피동표현, 대응 없음과 모두 대응되는 경향을 보이며 '使, 令, 叫, 把, 給' 사동은 한국어 사동표현, 대응 없음과 대응되었다. 이를 통하여 C2 구조의 '讓, 使, 令, 叫' 사동은 한국어 '대응 없음'과 많이 대응되는 것을 발견하였다. '把' 사동은 한국어 사동표현, 대응 없음과 비슷한 대응 빈도가 나타났다. '給' 사동은 한국어 사동표현과 더 많이 대응되는 현상을 보인다. 더 나아가 글말과 입말에 각 유표지 사동의 C2 구조와 한국어 사동표현의 대응상의 차이점을 다음과 같다.

〈표 69〉 글말과 입말에서 C2 구조에 따른 유표지 사동과 한국어 사동표현의 대응 양상

C2 구조	말뭉치	제1사동		제2사동		제3사동		합계	
讓	신문	34	28%	19	16%	69	56%	122	100%
	드라마	107	34%	24	7%	187	59%	318	100%

								합계	
使	신문	10	15%	36	53%	22	32%	68	100%
	드라마	0	0%	2	33%	4	67%	6	100%
令	신문	4	14%	7	24%	18	62%	29	100%
	드라마	0	0%	0	0%	2	100%	2	100%
叫	드라마	8	35%	8	35%	7	30%	23	100%
把	신문	11	69%	3	19%	2	12%	16	100%
	드라마	81	72%	14	13%	17	15%	112	100%
給	드라마	59	95%	3	5%	0	0%	62	100%
합계		314	42%	116	15%	328	43%	758	100%

분석 결과에 의하면 각 유표지 사동 C2 구조와 한국어 사동표현의 대응상의 차이를 보면 '讓' 사동은 글말보다 입말에서의 대응 빈도가 높다. 더 자세히 보면 제1사동, 제3사동과 대응될 때만 이런 차이가 뚜렷하게 나타났다. '把' 사동은 각 사동표현과 입말에서의 대응 빈도가 모두 높게 나타났다. 그리고 '叫, 給' 사동은 입말에서만 한국어 사동표현과 대응되는 현상이 나타났다. 이를 통하여 같은 C2 구조라도 중국어 사동의 표지가 다르면 그와 한국어 사동표현의 대응 양상이 다를 수 있다는 것을 알 수 있다. 이런 현상이 나타난 이유는 C1 구조처럼 각 유표지가 갖고 있는 자체 의미가 다르기 때문인 것으로 해석할 수 있다.

세 번째로 'C3(NP1+讓/使/令+NP2+VA)' 구조와 한국어 표현의 대응 양상은 다음과 같다.

〈표 70〉 C3 구조에 따른 유표지 사동과 한국어 표현의 대응 양상

C3 구조	한국어 사동표현		한국어 피동표현		대응 없음		합계	
讓	89	21%	0	0%	345	79%	434	100%
使	3	8%	1	2%	35	90%	39	100%
令	1	1%	0	0%	113	99%	114	100%
합계	93	16%	1	0%	493	84%	587	100%

유표지 사동의 C3 구조 가운데 '使' 사동은 한국어 사동표현, 피동표현, 대응 없음과 모두 대응되었고 '讓, 令' 사동은 한국어 사동표현, 대응

없음으로 대응되었다. 이를 통하여 C3 구조의 '讓, 使, 令' 사동은 한국어 '대응 없음'과 많이 대응되는 것을 발견하였다. 더 나아가 글말과 입말에 있어 각 유표지 사동의 C3 구조와 한국어 사동표현의 대응상의 차이점을 다음과 같다.

〈표 71〉 글말과 입말에서 C3 구조에 따른 유표지 사동과 한국어 사동표현의 대응 양상

C3 구조	말뭉치	제1사동		제2사동		제3사동		합계	
讓	신문	2	14%	3	22%	9	64%	14	100%
	드라마	13	17%	10	14%	52	69%	75	100%
使	신문	0	0%	1	33%	2	67%	3	100%
令	신문	0	0%	0	0%	1	100%	1	100%
합계		15	16%	14	15%	64	69%	93	100%

분석 결과에 의하면 각 유표지 사동 C3 구조는 글말과 입말에서 한국어 사동표현과의 대응 빈도가 낮음에도 불구하고 대응상의 차이점을 보인다. '讓' 사동은 입말에서 주로 한국어 사동표현과 대응되었고 '使, 令' 사동은 글말에서만 저빈도로 한국어 사동표현과 대응되는 것으로 나타났다.

이상의 분석 결과를 통하여 C1, C2, C3 구조에서 중국어 유표지 사동은 모두 한국어 '대응 없음'과 많이 대응되는 것이 아니라는 것을 밝혔다. 그중 '讓, 使, 令, 叫' 사동의 C1, C2 구조, '讓, 使, 令' 사동의 C3 구조는 한국어 '대응 없음'과 고빈도로 대응되는 것을 발견하였다.

5장에서는 이와 같이 중·한 대조를 통해서 중국어 유표지 사동(讓, 使, 令, 叫, 把, 給)의 유형과 구조에 따라 각각의 한국어 대응 표현의 경향이 어떻게 나타나는지를 분석해 보았다. 특히 중국어 사동 유형과 구조에 대응되는 한국어 표현 간의 상관성과 대응 원인에 대해 해석해 보았다. 6장에서는 '한·중, 중·한' 양방향 대조의 결과를 통하여 양 언어 간에 발견되는 사동표현의 대조 양상의 유사점과 차이점을 살펴보고자 한다.

⑥ 한·중, 중·한 대조분석 결과

지금까지 4장(한·중 대조)과 5장(중·한 대조)의 논의를 통해 병렬 말뭉치에 쓰인 한국어 사동표현과 중국어 표현의 대응 양상, 중국어 사동표현과 한국어 표현의 대응 양상에 대해 구체적으로 접근해 보았다. 본 장에서는 4장과 5장에서 각각 한국어 사동표현과 중국어 사동표현을 양방향으로 대조한 결과를 종합하여 양 언어의 사동표현의 대조 양상을 고찰해 보겠다. 4장과 5장에서 제시한 상대 언어와 대응되는 '사동표현', '피동표현', '대응 없음'의 분석 결과를 바탕으로 먼저 사동 유형에 따라 대조분석 결과를 살펴본 후 두 번째로 격틀 구조에 따라 대조분석 결과를 살펴보도록 한다.

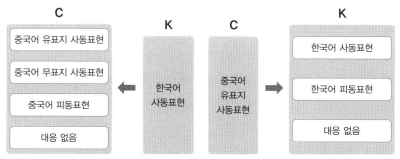

〈그림 62〉 양방향으로 한·중과 중·한의 대응 결과

지금까지 분석한 결과에 따르면 한·중 대조와 중·한 대조 결과 모두 기준 언어의 사동표현은 상대 언어의 '사동표현, 피동표현, 대응 없음'으로 대응되는 양상을 보여 주었다. 또한 글말과 입말에 따라 한·중이

나 중·한 대조에서 양 언어의 대조 양상은 다르게 나타났다. 유형 대조 면에서는 한·중 대조분석 결과, 중국어 사동표현에 유표지 사동표현과 무표지 사동표현의 분류 체계가 있어 더 복잡하고 다양한 양상이 나타났 다. 격틀 구조 대조 면에서도 중·한 구조 대조보다 한·중 격틀 대조가 더 복잡하고 다양한 양상을 보여 주었다. 이에 대해 양 언어의 사동표현 을 양방향으로 분석한 대조 결과를 거시적으로 살펴보면 다음과 같다.

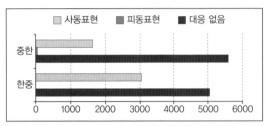

〈그림 63〉 한·중과 중·한의 대응 결과의 함의

위 그림에서 보듯이 한·중 대조분석과 중·한 대조분석에서 유사점과 차이점을 함께 발견할 수 있다. 유사점은 한·중과 중·한 대조에서 '대 응 없음'과 고빈도로 대응되는 경향이 높다는 것이다. 차이점은 한·중 대 조의 경우에 중국어 사동표현과 대응되는 빈도가 보다 높게 나타나고, 중·한 대조의 경우에 한국어 피동표현과 대응되는 빈도가 더 많이 나 타났다는 것이다. 뿐만 아니라 글말과 입말에 따라서도 한·중 대조와 중·한 대조의 대응 양상에서 발견되는 유사점과 차이점이 존재한다. 이 에 대해서는 다음 절에서 구체적으로 살펴보고자 한다.

6.1 대응되는 양 언어 표현의 유형별 대조분석 결과

양 언어에서 대응되는 사동표현의 양상을 살펴보기 전에 먼저 전체 말 뭉치에서 한·중 대조분석과 중·한의 대조분석 결과를 살펴보고자 한 다.

<표 72> 한국어 사동표현과 중국어 표현의 대조분석 결과

한국어 사동표현	말뭉치	중국어 유표지 사동						중국어 무표지 사동			중국어 피동표현	중국어 대응 없음
		讓	使	令	叫	把	給	어휘	得구문	겸어문		
제1사동	신문	90	32	4	0	49	7	731	0	0	3	2,578
	드라마	225	0	0	14	104	83	468	1	21	3	1,744
제2사동	신문	76	56	12	0	13	0	137	0	24	6	327
	드라마	112	2	0	17	21	4	35	0	43	1	97
제3사동	신문	202	52	28	0	5	0	17	0	32	1	167
	드라마	333	5	2	10	21	0	32	0	26	0	118
합계		1,038	147	46	41	213	94	1,420	1	146	14	5,031

<표 73> 중국어 사동표현과 한국어 표현의 대조분석 결과

중국어 유표지 사동	말뭉치	한국어 사동표현			한국어 피동표현	한국어 대응 없음
		제1사동	제2사동	제3사동		
讓	신문	90	76	202	33	1,045
	드라마	225	112	333	16	2,819
使	신문	32	56	52	5	473
	드라마	0	2	5	0	28
令	신문	4	12	28	0	460
	드라마	0	0	2	0	39
叫	신문	0	0	0	0	0
	드라마	14	17	10	0	447
把	신문	49	13	5	0	76
	드라마	104	21	21	0	151
給	신문	7	0	0	0	0
	드라마	83	4	0	0	17
합계		608	313	658	54	5,555

분석 결과에 따르면 한·중과 중·한 대조에서 중국어 유표지 사동과 한국어 사동의 대응 빈도는 동일하지만 대응되는 상대 언어에서 세부 유형이 차지하는 비율은 다르게 나타났다는 차이를 보인다. 더 나아가 글말과 입말에 따라서도 대응 양상은 큰 차이를 보인다. 이런 결과는 상대

언어로 표현하는 데 있어 중요한 요소가 되므로 글말과 입말에 따라 상대 언어로 번역할 때의 대응 양상을 파악해야 한다. 양 언어 사동표현의 대조 비율을 분석한 결과는 6.1.1에서 살펴보기로 한다.

6.1.1 대응되는 사동표현의 유형별 대조분석 결과

전체 말뭉치에서 양 언어 사동표현의 대조 비율에 대해 분석한 결과는 다음과 같다.

〈표 74〉 한·중 대조 결과에 따른 한국어 사동과 중국어 사동의 대조 비율

한국어 사동표현	말뭉치	중국어 유표지 사동											
		讓		使		令		叫		把		給	
제1사동	신문	90	3%	32	1%	4	0%	0	0%	49	1%	7	0%
	드라마	225	8%	0	0%	0	0%	14	1%	104	4%	83	3%
제2사동	신문	76	12%	56	9%	12	2%	0	0%	13	2%	0	0%
	드라마	112	33%	2	1%	0	0%	17	5%	21	6%	4	1%
제3사동	신문	202	40%	52	10%	28	6%	0	0%	5	1%	0	0%
	드라마	333	61%	5	1%	2	0%	10	2%	21	4%	0	0%

〈표 75〉 중·한 대조 결과에 따른 중국어 사동과 한국어 사동의 대조 비율

중국어 유표지 사동	말뭉치	제1사동		제2사동		제3사동	
讓	신문	90	6%	76	5%	202	14%
	드라마	225	6%	112	3%	333	10%
使	신문	32	5%	56	9%	52	8%
	드라마	0	0%	2	6%	5	14%
令	신문	4	1%	12	2%	28	6%
	드라마	0	0%	0	0%	2	5%
叫	신문	0	0%	0	0%	0	0%
	드라마	14	3%	17	3%	10	2%
把	신문	49	34%	13	9%	5	4%
	드라마	104	35%	21	7%	21	7%
給	신문	7	100%	0	0%	0	0%
	드라마	83	80%	4	4%	0	0%

분석 결과에 의하여 양 언어 사동표현의 대조 비율을 비교하면 다음과 같다.

첫째, 한·중 대조 결과 신문과 드라마 말뭉치 전체에서 한국어 사동표현에 대응되는 중국어 유표지 사동 가운데 '讓' 사동이 가장 높은 비율로 대응된다. 그중 드라마 말뭉치에서의 대응 비율이 현저하게 높다. 제1사동, 제2사동, 제3사동을 막론하고 한국어 사동표현 유형은 모두 중국어 '讓' 사동과 잘 대응되는 관계를 보인다.

둘째, 중·한 대조 결과 '讓' 사동에 대응되는 한국어 사동표현 가운데 가장 높은 비율로 대응되는 사동은 제1사동이 아닌 제3사동이었다. 또한 이는 입말보다 글말에서 비교적 높게 대응되는 현상을 보인다. '使' 사동에 대응되는 한국어 사동표현 가운데 높은 비율로 대응되는 사동은 제2사동과 제3사동이었다. '令' 사동에 대응되는 한국어 제3사동의 대응 빈도가 가장 높았으며 '叫' 사동에 대응되는 한국어 제1사동과 제2사동의 대응 빈도가 높았다. 전체 말뭉치에서 '把, 給' 사동은 한국어 사동표현 가운데 제1사동과의 대응 빈도가 가장 높았다.

셋째, 한·중 대조 연구에서 한국어 사동표현은 중국어 유표지 사동과 대응될 뿐 아니라 무표지 사동에도 대응되는 현상이 발견되었다. 그중 '어휘적인 특성'을 가지고 있는 제1사동의 경우에 중국어 무표지 사동 중 '어휘 사동'과 고빈도 대응을 이루는 것이 확인되었다.

이상으로 한·중 대조와 중·한 대조의 전면적인 연구에서 한국어와 중국어의 사동표현과 대조 언어의 사동표현이 높은 대응 관계를 이루는 것을 살펴보았다. 이를 통하여 글말과 입말에서 각 한국어 사동표현을 중국어 유표지 사동으로 전환할 때 대부분 '讓' 사동으로 번역 대응되는 경향을 확인하였다. 반면 중국어 유표지 사동을 한국어 사동으로 표현할 때에는 '讓, 使, 令' 사동은 '제3사동'으로 대응되고 '叫, 把, 給' 사동은 '제1사동'으로 번역 대응되는 경향을 확인할 수 있었다. 한·중 혹은 중·한 대조분석에서 특이한 점은 상호 간에 사동표현으로 대응되기보다 '대응 없음'으로 대응되는 비율도 높게 나타난 것이다. 따라서 양 언어의 사동표현을 상대 언어로 전환할 때에는 일차적으로는 상대 언어의 사동표현을 고려하되 그 세부적인 환경에 따라서 어떤 표현이 더 적절할지를 모색하는 과정이 요구된다. 양 언어는 같은 문법 범주의 비교 혹은 대조를 다루는 이론적 연구에서 벗어나 실제 자료를 통하여 그것들이 일상생활에서 다양하게 사용된 양상과 대응 분포를 보여 주어야 한다. 특히 다른 문법 범주에서 대응되는 양상이 있는 경우에는 왜 그런지 그 이유를 분석하는 작업이 절대적으로 필요하다. 다음 6.1.2에서는 양 언어의 사동 범주가 다른 문법 범주에 대응되는 양상과 원인에 대해 논의하고자 한다.

6.1.2 대응되는 피동표현의 유형별 대조분석 결과

본 연구의 흥미로운 점이라면 한 · 중 대조와 중 · 한 대조에서 모두 상대 언어의 피동표현과 대응되는 현상이 발견된 것이다. 사동표현과 피동표현은 서로 다른 문법 범주임에도 불구하고 양방향 대조에서 모두 대응되는 현상이 나타나므로 말뭉치의 번역 문제라기보다는 언어적 특성으로 이해할 수 있다.

〈표 76〉 양 언어에 대응되는 피동표현의 유형별 대조분석 결과

한 · 중 대조 결과

한국어 사동표현	말뭉치	중국어 '被' 구문
제1사동	신문	3
	드라마	3
제2사동	신문	6
	드라마	1
제3사동	신문	1
	드라마	0
합계		14

중국어 유표지 사동		제1피동	제2피동	제3피동
讓	신문	9	7	17
	드라마	6	5	5
使	신문	0	0	5
	드라마	0	0	0
합계		15	12	27

한 · 중과 중 · 한의 대조분석에서 사동표현은 모두 양 언어의 피동표현에 대응되었지만 자세히 분석해 보면 서로 다른 점이 발견된다.

첫째, 한 · 중 대조보다 중 · 한 대조분석의 경우에 상대 언어의 피동표현으로 대응되는 양상이 더 다양하다. 중국어의 유표지 피동표현에는 '被, 叫, 讓, 給' 구문 등이 다양하게 존재하지만 본 연구에서의 한국어 사동표현은 중국어 피동표현 중 '被' 구문으로만 대응되었다. 반면 중국어의 사동표현 중 '讓, 使' 사동은 한국어의 여러 피동표현에 고르게 대응되는 양상이 발견되었다.

둘째, 한 · 중 대조보다 중 · 한 대조분석에 있어서 상대의 피동표현에 대응되는 빈도가 더 높게 나타났다. 이는 중국어 사동을 한국어로 전환하는 과정에서 피동표현으로 번역하는 경우가 더 빈번하다는 것을 의미한다.

셋째, 한 · 중과 중 · 한 대조에서 상대 언어의 피동표현과 대응되는 과정과 환경이 다르다는 점을 발견하였다. 이는 한 · 중 대조에서 중국어 유표지 사동 중 '把' 사동과 '被' 구문과의 관련성에 기인한 것이다. 한국어 사동표현이 '被' 구문으로 대응되는 과정에서 중간 단계인 의역을 통해 중국어 '把' 사동으로의 전환이 일어난다. 즉, 한국어 사동표현이 '把' 사동을 거쳐서 중국어 '被' 구문으로 전환되는 것이다. 이와 달리 중 · 한 대조에서 중국어 사동표현은 중국어 '被' 구문과 같은 문장의 성분을 가지고 부정적인 의미를 나타낼 때 중국어 사동과 '被' 구문은 호환할 수 있기 때문에 한국어 피동표현으로 대응된다. 다시 말하면 대응의 과정은 중국어 사동표현이 중국어 '被' 구문 전환 과정을 거쳐서 최종적으로 한국어 피동표현으로 나타난다고 볼 수 있다.

이상 한·중과 중·한 대조분석에서 양 언어의 사동표현이 상대 언어의 피동표현과 대응되는 경향을 살펴보았다. 이러한 '把' 사동과 '被' 구문의 높은 호환성 및 전환 관계가 서로 다른 피동과 사동의 범주를 서로 대조할 수 있는 중요한 근거로 작용하는 것이다. 그리고 중·한 대조에서 이러한 경향이 더 빈번하게 나타나는 원인은 근원 언어(source language)가 중국어인 경우에 사동표현과 피동표현 간의 전환이 더 쉽게 나타날 수 있기 때문인데 이는 동일 언어 내 문법 범주끼리의 호환이 더 빈번하게 발생하기 때문이라고 이해할 수 있다.

6.1.3 대응되는 대응 없음의 유형별 대조분석 결과

본 연구에서 또 한 가지 흥미로운 점은 한·중 대조와 중·한 대조분석에서 모두 상대 언어의 '대응 없음'과 높은 대응 양상이 발견됐다는 것이다. 이에 대해 다음에서 구체적으로 살펴보도록 한다.

〈표 77〉 양 언어에 대응되는 대응 없음의 유형별 대조분석 결과

한·중 대조 결과

한국어 사동표현	말뭉치	대응 없음
제1사동	신문	2,578
	드라마	1,744
제2사동	신문	327
	드라마	97
제3사동	신문	167
	드라마	118
합계		5,031

중·한 대조 결과

한국어 사동표현	말뭉치	대응 없음
讓	신문	1,045
	드라마	2,819
使	신문	473
	드라마	28
令	신문	460
	드라마	39
叫	신문	0
	드라마	447
把	신문	76
	드라마	151
給	신문	0
	드라마	17
합계		5,555

한국어와 중국어의 사동표현은 모두 양 언어의 '대응 없음'과 가장 많이 대응되었다. 그들 간에 총 대응 빈도는 각 5,031회, 5,555회로 비슷하게 나타난 것을 밝혔다. 또 한·중 대조와 중·한 대조 접근에서 한국어의 '제1사동'과 중국어 '讓' 사동의 경우에 '대응 없음'과 주로 대응되는 경향이 나타났다. 물론 이런 '대응 없음'은 의역 과정에서 명시적인 표현들이 생략된 것으로 볼 수 있지만 본 연구에서는 귀납적인 분석을 통해 다음과 같이 이유를 제시하였다.

첫째, 한·중 대조에서 제1사동과 '대응 없음'의 대응이 높게 나타난 원인은 '어휘적 특성'과 관련된다고 할 수 있다. 한국어 제1사동은 '어휘적 사동'으로 불리는데 중국어의 '대응 없음'에서도 의미적으로 '사동'을 전달하는 '어휘' 표현들이 주로 사용되었다. '통사적 특성'을 가진 제3사동의 경우에는 '대응 없음'으로의 대응이 활발하지 않은데 이를 통해서도 '어휘적 특성'이 있는 표현들 간의 대응이 좀 더 빈번하게 이루어짐을 확인할 수 있다.

둘째, 중·한 대조에서 중국어 '讓' 사동이 '대응 없음'과 많이 대응되는 이유는 '讓'의 자체에 존재하는 '인용, 명령, 허락, 청유, 지시' 의미가 한국어 '대응 없음'에서 어미 '-라고'와 '-지 말다' 등의 표현으로 실현되었기 때문이다. 또 글말에서는 '讓' 사동이 대응된 '대응 없음'에서 주로 '인과 관계'나 '상태 변화'의 의미를 내포하고 있음을 발견할 수 있었다.

이상 말뭉치 따른 한·중 대조와 중·한 대조분석에서 양 언어의 사동표현은 서로 다른 이유로 상대 언어의 '대응 없음'과 높은 대응 빈도를 이루고 있음을 확인하였다. 한 가지 이유는 한국어의 제1사동의 '어휘적인 특성'과 관련이 있으며 다른 한 가지 이유는 중국어 '讓' 사동이 가지는 자체 의미와 관련된다.

6.2 대응되는 양 언어 표현의 격틀 구조별 대조분석 결과

양 언어의 격틀 구조별 대조분석 결과를 보기 전에 먼저 한·중 사동의 격틀 구조의 특성에 대해 살펴보겠다.

〈그림 64〉 한·중 사동표현의 격틀 구조

<표 78> 한국어 사동표현 격틀과 중국어 표현의 대응 빈도

한국어 사동표현	격틀	말뭉치	중국어 유표지 사동						중국어 무표지 사동			피동 표현	대응 없음
			讓	使	令	叫	把	給	어휘	得구문	겸어문		
제1사동	K1	신문	63	29	3	0	35	6	712	0	0	2	2,327
		드라마	111	0	0	11	86	2	434	1	17	2	1,243
	K2	신문	18	0	1	0	0	1	1	0	0	0	73
		드라마	90	0	0	2	1	81	20	0	4	0	396
	K3	신문	6	0	0	0	4	0	2	0	0	1	74
		드라마	21	0	0	1	9	0	9	0	0	0	79
	K4	신문	3	3	0	0	10	0	16	0	0	0	104
		드라마	3	0	0	0	8	0	5	0	0	1	26
제2사동	K1	신문	66	53	12	0	10	0	133	0	24	4	263
		드라마	88	2	0	2	14	4	35	0	43	1	38
	K2	신문	0	0	0	0	0	0	0	0	0	0	0
		드라마	17	0	0	0	0	0	0	0	0	0	42
	K3	신문	5	1	0	0	3	0	0	0	0	1	59
		드라마	7	0	0	0	4	0	0	0	0	0	17
	K4	신문	5	2	0	0	0	0	4	0	0	1	5
		드라마	0	0	0	15	3	0	0	0	0	0	0
제3사동	K1	신문	18	10	1	0	0	0	0	0	0	0	24
		드라마	7	0	0	0	0	0	0	0	0	0	1
	K2	신문	141	33	26	0	4	0	17	0	28	0	138
		드라마	300	5	2	9	21	0	32	0	26	0	113
	K3	신문	14	4	0	0	0	0	0	0	0	0	5
		드라마	17	0	0	1	0	0	0	0	0	0	4
	K4	신문	21	3	0	0	0	0	0	0	0	0	0
		드라마	0	0	0	0	0	0	0	0	0	0	0
	K5	신문	1	0	1	0	0	0	0	0	0	0	0
		드라마	3	0	0	0	0	0	0	0	0	0	0
	K6	신문	1	1	0	0	0	0	0	0	2	0	0
		드라마	0	0	0	0	0	0	0	0	0	0	0
	K7	신문	6	1	0	0	1	0	0	0	2	0	0
		드라마	6	0	0	0	0	0	0	0	0	0	0
합계			1,038	147	46	41	213	94	1,420	1	146	14	5,031

<표 79> 중국어 사동표현 구조와 한국어 표현의 대응 빈도

중국어 유표지 사동	구조	말뭉치	한국어 사동표현			한국어 피동표현	한국어 대응 없음
			제1사동	제2사동	제3사동		
讓	C1	신문	54	54	124	10	519
		드라마	105	78	94	7	995
	C2	신문	34	19	69	23	392
		드라마	107	24	187	9	1,613
	C3	신문	2	3	9	0	134
		드라마	13	10	52	0	211
使	C1	신문	22	19	28	4	288
		드라마	0	0	1	0	12
	C2	신문	10	36	22	0	155
		드라마	0	2	4	0	11
	C3	신문	0	1	2	1	30
		드라마	0	0	0	0	5
令	C1	신문	0	5	9	0	39
		드라마	0	0	0	0	1
	C2	신문	4	7	18	0	320
		드라마	0	0	2	0	26
	C3	신문	0	0	1	0	101
		드라마	0	0	0	0	12
叫	C1	신문	0	0	0	0	0
		드라마	6	9	3	0	153
	C2	신문	0	0	0	0	0
		드라마	8	8	7	0	294
把	C1	신문	38	10	3	0	46
		드라마	23	7	4	0	33
	C2	신문	11	3	2	0	30
		드라마	81	14	17	0	118
給	C1	신문	7	0	0	0	0
		드라마	24	1	0	0	0
	C2	신문	0	0	0	0	0
		드라마	59	3	0	0	17
합계			608	313	658	54	5,555

한국어 사동 격틀이 중국어 사동 구조보다 더 복잡하고 다양하다. 이런 현상은 한국어에는 격 조사가 발달되어 있는 반면 중국어는 고립어이기 때문에 비교적 구조가 단순하고 간단한 것으로 이해할 수 있다. 양 언어의 사동표현에 모두 나타나는 격틀은 '(NP1이 NP2를 V)/(NP1+讓/使/令/叫/把/給+NP2+V), (NP1이 NP2에게 NP3을 V)/(NP1+讓/使/令/叫/給+NP2+V+NP3)'이다. 'NP1이 NP2를 V'에 해당하는 중국어 구조는 'NP1+讓/使/令/叫/把/給+NP2+V'이며, 'NP1이 NP2에게 NP3을 V'에 해당하는 중국어 구조는 'NP1+讓/使/令/叫/給+NP2+V+NP3'이다. 여기서는 이 네 격틀 간 대조의 편리성을 위해 위의 격틀 구조를 같은 부호와 숫자로 사용하여 다음과 같이 통일하여 기술하도록 한다.

KC1: NP1이 NP2를 V

CK1: NP1+讓/使/令/叫/把/給+NP2+V

KC2: NP1이 NP2에게 NP3을 V

CK2: NP1+讓/使/令/叫/給+NP2+V+NP3

이상의 격틀 구조의 한·중 대조 및 중·한 대조의 분석 결과를 살펴보면 다음과 같다.

〈표 80〉 양방향의 격틀 구조의 대조 결과

한·중 대조 결과

격틀	중국어 유표지 사동	중국어 피동표현	중국어 대응 없음
KC1	1,138	9	4,122
KC2	247	0	520
합계	1,385	9	4,642

중·한 대조 결과

구조	한국어 사동표현	한국어 피동표현	한국어 대응 없음
CK1	758	32	2,976
CK2	643	21	2,007
합계	1,401	53	4,983

한·중과 중·한 대조에서 KC1, CK1, CK2 격틀 구조는 양 언어의 '사동표현', '피동표현', '대응 없음'과 대응되었으며 이 세 격틀은 모두 '대

응 없음'과 가장 빈번하게 대응되었다. 반면 KC2 격틀은 '중국어 사동표현', '대응 없음'과 비슷한 빈도로 대응된다는 것을 알 수 있었다. 이에 대해 다음 6.2.1~6.2.3에서 구체적으로 살펴보고자 한다.

6.2.1 대응되는 사동표현의 격틀 구조별 대조분석 결과

격틀 구조가 동일한 한국어 'KC1(NP1이 NP2를 V)'와 중국어 'CK1(NP1+讓/使/令/叫/把/給+NP2+V)', 한국어 'KC2(NP1이 NP2에게 NP3을 V)'와 중국어 'CK2(NP1+讓/使/令/叫/給+NP2+V+NP3)' 격틀 구조가 상대 언어의 사동표현에 대응되는 양상을 다음과 같이 제시하였다.

〈표 81〉 한 · 중 대조의 격틀과 중국어 유표지 사동의 대응 빈도

격틀	한국어 사동표현	말뭉치	讓	使	令	叫	把	給
KC1	제1사동	신문	63	29	3	0	35	6
		드라마	111	0	0	11	86	2
	제2사동	신문	66	53	12	0	10	0
		드라마	88	2	0	2	14	4
	제3사동	신문	141	33	26	0	4	0
		드라마	300	5	2	9	21	0
KC2	제1사동	신문	18	0	1	0	0	1
		드라마	90	0	0	2	1	81
	제2사동	신문	0	0	0	0	0	0
		드라마	17	0	0	0	0	0
	제3사동	신문	14	4	0	0	0	0
		드라마	17	0	0	1	0	0
합계			925	126	44	25	171	94

<표 82> 중 · 한 대조의 구조와 한국어 사동의 대응 빈도

구조	중국어 사동표현	말뭉치	제1사동	제2사동	제3사동
CK1	讓	신문	34	19	69
		드라마	107	24	187
	使	신문	10	36	22
		드라마	0	2	4
	令	신문	4	7	18
		드라마	0	0	2
	叫	신문	0	0	0
		드라마	8	8	7
	把	신문	11	3	2
		드라마	81	14	17
	給	신문	0	0	0
		드라마	59	3	0
CK2	讓	신문	54	54	124
		드라마	105	78	94
	使	신문	22	19	28
		드라마	0	0	1
	令	신문	0	5	9
		드라마	0	0	0
	叫	신문	0	0	0
		드라마	6	9	3
	給	신문	7	0	0
		드라마	24	1	0
합계			532	282	587

위의 표에서 흥미로운 점은 한 · 중 대조에서 한국어 격틀에 대응되는 '讓' 사동이나 중 · 한 대조에서 '讓' 사동의 구조에 대응되는 한국어 표현의 양상의 유사점과 차이점이 나타난 것이다. 이런 현상이 나타나는 원인에 대해 논의해 보도록 한다.

첫째, 'KC1(NP1이 NP2를 V)'와 'CK1(NP1+讓/使/令/叫/把/給+NP2 +V)'를 비교해 보면 한 · 중 대조에서 제3사동의 KC1 격틀은 '讓' 사동

과 많이 대응되는 반면 중·한 대조에서 '讓' 사동의 CK1 구조는 제3사동과 많이 대응되는 것을 확인할 수 있다. 이런 대조 현상이 일어나는 이유는 제3사동과 '讓' 사동은 모두 '통사적인 특성'을 가지고 있기 때문인 것을 알 수 있다.

둘째, 'KC2(NP1이 NP2에게 NP3을 V)'와 'CK2(NP1+讓/使/令/叫/給+NP2+V+NP3)'을 분석해 보면 한·중 대조에서 제1사동의 KC2 격틀은 '讓' 사동과 많이 대응되었다. 그 이유를 추측해 보면 다른 유표지 사동보다 '讓'이 가지는 자체적인 '명령, 지시, 청유' 등 많은 의미와 관련이 있는 것으로 예상할 수 있다. 반면 중·한 대조에서 CK2 구조의 '讓' 사동은 제3사동과 많이 대응되는 현상을 확인할 수 있다. 이런 대응이 나타나는 원인은 제3사동과 '讓' 사동이 모두 '통사적인 특성'을 가지기 때문인 것으로 파악할 수 있다.

셋째, 양방향 대조에서 격틀에 대응되지 않는 양상들 간에의 차이점과 유사점을 살펴볼 것이다. 먼저 제1사동의 KC2 격틀은 중국어 유표지 사동 중 '使' 사동과 대응되지 않으며 제2사동의 KC2 격틀은 유표지 '使, 令, 叫, 把, 給' 사동과 대응되지 않고 제3사동의 KC2 격틀은 유표지 '令, 把, 給' 사동과 대응되지 않았다. 반면 중·한 대조분석에서 '令' 사동의 CK2 구조는 제1사동과 대응되지 않는 양상을 보여 준다. 따라서 같은 격틀 구조라도 한·중 대조 접근과 중·한 대조 접근에 있어서 대응되는 양상이 다르다는 점을 알 수 있다. 그리고 같은 격틀 구조는 양방향 대조에서 똑같이 서로 대응되지 않는 현상이 나타났다. 제3사동의 KC1 격틀이 중국어 유표지 '給'와 대응되지 않고 '給' 사동의 CK1 구조도 제3사동과 대응되지 않는다. 제3사동의 KC2 격틀과 유표지 '給' 사동도 대응되지 않으며 '給' 사동의 CK2 구조와 제3사동도 대응되지 않는다.

넷째, 글말과 입말에서 양 언어의 격틀 구조에 대응되는 상대 언어의 대응 양상에도 차이가 나타났다. 한·중 대조에서는 제3사동의 KC2 격틀이 글말과 입말에서 중국어 '讓' 사동과 비슷한 저빈도로 대응되었다. 반면 중·한 대조에서는 '讓' 사동의 CK2 구조가 입말보다 글말에서 한국어 제3사동과 가장 많이 대응되었다. 이를 통하여 글말과 입말에서 대조 방향이 다르면 같은 대조 대상이어도 대응되는 경향성이 다를 수 있다는 것을 알 수 있다.

6.2.2 대응되는 피동표현의 격틀 구조별 대조분석 결과

양방향에서 사동표현의 격틀에 대응되는 상대 언어의 피동표현의 결과를 제시해 보면 다음과 같다.

<표 83> 양방향의 피동 대조 결과

한 · 중 대조 결과

격틀	한국어 사동표현	중국어 피동표현
KC1	제1사동	4
	제2사동	5
합계		9

중 · 한 대조 결과

격틀	중국어 사동표현	한국어 피동표현
CK1	讓	32
CK2	讓	17
	使	4
합계		53

피동표현과 대응되는 양상은 적게 나타나지만 양방향의 대응 현상의 함의를 도출해 보면 다음과 같다.

첫째, 'KC1(NP1이 NP2를 V)'와 'CK1(NP1+讓+NP2+V)'의 격틀을 비교해 보면 한 · 중 대조와 중 · 한 대조에서 이 격틀 구조가 상대 언어의 피동표현으로 대응되는 빈도가 높게 나타났다는 공통점이 존재한다.

둘째, 'KC2(NP1이 NP2에게 NP3을 V)'와 'CK2(NP1+讓/使+NP2+V+NP3)'의 격틀을 비교해 보면 중 · 한 대조 접근에서 이 격틀 구조만 한국어 사동표현과 대응되는 것을 알 수 있다.

6.2.3 대응되는 대응 없음의 격틀 구조별 대조분석 결과

다음은 양방향에서 사동표현의 격틀에 대응되는 상대 언어의 대응 없음의 결과를 제시한 결과이다.

<표 84> 양방향의 대응 없음의 대조 결과

한·중 대조 결과

격틀	한국어 사동표현	말뭉치	대응 없음
KC1	제1사동	신문	2,327
		드라마	1,243
	제2사동	신문	263
		드라마	38
	제3사동	신문	138
		드라마	113
KC2	제1사동	신문	73
		드라마	396
	제2사동	신문	0
		드라마	42
	제3사동	신문	5
		드라마	4
합계			4,642

중·한 대조 결과

구조	유표지 사동	말뭉치	대응 없음
CK1	讓	신문	392
		드라마	1,613
	使	신문	155
		드라마	11
	令	신문	320
		드라마	26
	叫	신문	0
		드라마	294
	把	신문	30
		드라마	118
	給	신문	0
		드라마	17
CK2	讓	신문	519
		드라마	995
	使	신문	288
		드라마	12
	令	신문	39
		드라마	1
	叫	신문	0
		드라마	153
	給	신문	0
		드라마	0
합계			4,983

분석 결과에 의하면 한·중 대조와 중·한 대조에서 'KC1(NP1이 NP2 를 V)/CK1(NP1+讓/使/令/叫/把/給+NP2+V)'의 격틀은 모두 상대 언 어에서 '대응 없음'에 대응되었다. 그중 제1사동의 KC1의 격틀과 '讓' 사 동의 CK1 구조는 모두 상대 언어의 '대응 없음'에 고빈도로 대응되는 공

통점을 보인다. 한편, 중·한 대조의 접근에서 'KC2(NP1이 NP2에게 NP3을 V)/CK2(NP1+讓/使/令/叫/給+NP2+V+NP3)'이 상대 언어에서 '대응 없음'에 대응되는 양상을 살펴보면 '給' 사동의 CK2 구조는 '대응 없음'과 대응되지 않았는데 이는 한·중 대조분석에서 다른 항목들과 모두 대응을 이루고 있는 것과 상반되는 결과임을 알 수 있다. 뿐만 아니라 한·중과 중·한 대조분석 결과 양 언어의 격틀 구조에 따른 대조의 양상은 글말과 입말에서 다르게 나타났다. 예를 들면 한·중 대조분석에서는 제1사동, 제2사동, 제3사동의 KC1 격틀에 대응되는 중국어 '대응 없음'의 빈도가 입말보다 글말에서 더 높게 나타났다. 반면 중·한 대조분석에서 '讓, 叫, 把, 給' 사동의 CK1 구조에 대응되는 한국어 '대응 없음'은 글말보다 입말에서 더 많이 출현하였으며 '使, 令' 사동의 경우에만 입말보다 글말에서 한국어 '대응 없음'과 더 많이 대응되는 양상을 보였다.

지금까지 6장에서는 4장과 5장의 분석 결과를 종합하여 사동표현의 유형과 격틀 구조에 따라 대조분석한 상대 언어의 대응 표현의 특성 및 공통점과 차이점을 검토해 보았다. 병렬말뭉치를 기반으로 양방향의 접근을 통해 사동표현을 분석한 결과 한·중 사동표현은 상대 언어와 매우 다양하고 복잡한 대응 양상을 보여 주었다. 그중에서도 양 언어는 각각의 사동 범주로 대응되는 경우보다 '대응 없음'으로 더 많이 대응되었으며 그 외 피동표현으로도 대응되는 현상을 발견할 수 있었다. 6장에서는 이런 복잡한 대응이 나타난 이유를 세부 항목의 대응 사례들을 통해 그 원인을 고찰하고자 하였다. 본 연구의 결과는 말뭉치 분석을 통해 실제적인 언어 사용을 체계적이고 객관적으로 보여 주었기에, 현실에서 사용되고 있는 사동표현의 사용 양상이 반영되었다고 할 수 있다.

7 결론

　본 연구는 한국어와 중국어에서 같은 사동 문법 범주로 대조분석했던 기존의 이론적 연구에서 벗어나 약 170만 어절로 구성된 실제 말뭉치 자료를 통하여 한국어 사동표현과 중국어 사동표현이 일상생활에서 다양하게 사용되고 있는 모습과 대응 양상을 제시하고자 하였으며, 서로 다른 문법 범주에서 대응이 일어난 경우에 대해서도 그 원인과 이유를 분석해 보고자 하였다.

　본 연구의 논의는 한국어 사동표현과 중국어 사동표현이 종류가 많고 복잡하기 때문에 한국어 사동표현을 중국어로 표현할 때와 중국어 사동표현을 한국어로 표현할 때 정확하게 의사소통하기 어렵다는 점에서 출발하였다. 이를 해결하기 위해서 실제 자료를 통해 한국어 사동표현이 중국어로 어떻게 표현되는지, 중국어 사동표현을 한국어로 어떻게 표현하는지를 밝히고자 하였다. 이에 따라 본 연구가 대상 자료로 삼은 것은 언어생활과 밀접하게 닿아 있는 신문과 드라마 말뭉치이며 이를 통해 구어와 문어에서의 사동표현 대응 양상의 실제를 밝히고자 하였다.

　둘째, 양 언어의 사동표현 간의 대응 양상을 살펴보면 모두 상대방 언어의 피동표현과 대응된다. 제1사동, 제2사동, 제3사동은 모두 낮은 비율로 중국어 '被' 구문으로만 대응되었다. 반면 중국어 유표지 '讓, 使' 사동은 좀 더 높은 비율로 한국어 제1피동, 제2피동, 제3피동과 골고루 대응되었는데 '讓' 사동과 대응되는 피동 비율이 더 높음을 밝혔다. 이는 한·중 대조에서 중국어 유표지 사동 중 '把' 사동과 '被' 구문과의 관련성에 기인한 것이다. 한국어 사동표현은 '被' 구문으로 대응되는 과정에서 중간 단계인 의역을 통해 중국어의 '把' 사동으로의 전환이 일어난다. 즉, 한국어 사동표현이 '把' 사동을 거쳐서 중국어 '被' 구문으로 전환되는 것이다. 반면 중·한 대조에서 중국어 사동표현은 중국어 '被' 구문과 같은 문장의 성분을 가지고 부정적인 의미를 지닐 때 중국어 사동과 '被' 구문은 서로 호환할 수 있기 때문에 한국어 피동표현으로 대응된다. 다시 말해 대응 양상 비교를 통해 중국어 사동표현이 중국어 '被' 구문 전환 과정을 거쳐서 한국어 피동표현으로 나타남을 알 수 있었다.

셋째, 양 언어의 사동표현 간의 대응 양상을 살펴보면 '대응 없음'에 있어 제1사동, 제2사동, 제3사동은 모두 중국어 '대응 없음'에 대응되는데 제1사동의 사용 비율이 뚜렷하게 높다. 특히 글말에서의 대응 비율이 가장 높다. 반면 중국어 유표지 '讓, 使, 令, 叫, 把, 給' 사동은 모두 한국어 '대응 없음'에 대응되며, '讓' 사동의 사용 비율이 뚜렷하게 높다. 특이 입말에서의 사용 비율이 가장 높다. 그리고 '叫, 給' 사동은 입말에서만 낮은 비율로 대응되었다. 이를 통하여 한·중 대조에 '제1사동', 중·한 대조에 '讓' 사동은 가장 높은 비율로 상대 언어 '대응 없음'과 대응된다는 경향성이 발견할 수 있었다. 이때 중국어 '대응 없음'에서 대부분은 어휘 표현으로 나타남을 확인할 수 있었다. 반면 중·한 대조에서 '讓' 사동에 대응되는 한국어 '대응 없음'으로 세부적 대응 형태는 주로 인용어미 '-라-'와 인용격 조사 '고' 등이었는데, 이는 '讓'이 그 자체로 '인용, 명령, 허락, 청유' 등의 의미를 가지고 있기 때문임을 알 수 있다. 따라서 한·중과 중·한 대조에서 상대 언어의 '대응 없음'으로 드러나지만 구체적인 대응 양상은 서로 다름을 확인할 수 있었다.

다음으로는 양 언어의 사동표현 격틀 구조에 따른 대응 양상을 살펴보았다. 첫째, 유표지 사동에 있어 제1사동, 제2사동, 제3사동의 'NP1이 NP2를 V' 격틀은 모두 가장 높은 비율로 중국어 '讓' 사동에 대응되는데, 입말에서는 제3사동의 사용 비율이 더 높다. 반면 중국어 '讓' 사동의 'NP1+讓+NP2+V' 구조는 높은 비율로 한국어 제3사동에 대응되는데 입말에서 사용 비율이 더 높았다. 이를 통하여 대조 방향이 다르지만 대조 대상의 특성이 서로 같으면 대응되는 양상도 같음을 알 수 있었다. 그리고 제1사동, 제2사동, 제3사동의 'NP1이 NP2에게 NP3을 V' 격틀은 모두 가장 높은 비율로 중국어 '讓' 사동에 대응되는데 입말에서는 제1사동의 사용 비율이 더 높음을 확인할 수 있었다. 반면 중국어 '讓' 사동의 'NP1+讓+NP2+V+NP3' 구조는 높은 비율로 한국어 제3사동에 대응되는데, 글말에서 사용 비율이 더 높았다. 이를 통하여 대조 방향이 다르면 대조 결과가 다를 수 있을 뿐만 아니라 글말과 입말에 따라서도 그 대조 결과가 다르다는 점을 발견할 수 있었다.

둘째, 피동표현에 있어 제1사동, 제2사동의 'NP1이 NP2를 V' 격틀은 중국어 피동표현과 대응되었다. 반면 중국어 '讓' 사동의 'NP1+讓+NP2+V', '讓, 使' 사동의 'NP1+讓+NP2+V+NP3' 구조는 한국어 피동표현과 대응되었다.

셋째, 양 언어의 사동표현의 격틀 구조 간의 대응 양상을 살펴보면 '대응 없음'에 있어 제1사동의 'NP1이 NP2를 V' 격틀이 가장 높은 비율로 중국어 '대응 없음'과 대응되는데 글말에서의 사용 비율이 더 높음을 알 수 있다. 반면 중국어 '讓' 사동의 'NP1+讓+NP2+V' 구조는 높은 비율로 한국어 '대응 없음'에 대응되는데 입말에서의 사용 비율이 더 높다. 그리고 제1사동의 'NP1이 NP2에게 NP3을 V' 격틀은 가장 높은 비율로 중국어 '대응 없음'에 대응되는데 입말에서의 사용 비율이 더 높다. 반면 중국어 '讓' 사동의 'NP1+讓+NP2+V+NP3' 구조는 높은 비율로 한국어 '대응 없음'에 대응되는데 입말에서의 사용 비율이 더 높다.

이상의 한 · 중과 중 · 한 대조 결과에서 사동표현은 양 언어 모두 상대 언어의 '사동표현, 피동표현, 대응 없음'과 대응됨을 알 수 있었다. 이는 사동표현은 사동표현으로만 대응되리라는 예상과는 다른 결과이다. 또한 한 · 중과 중 · 한의 대조 방향이 다른 경우, 대응의 양상이 달라진다는 점도 확인할 수 있었는데, 이는 기준 언어가 무엇이냐에 따라 대응의 결과가 판이할 수 있음을 설명하는 것이다. 아울러 본 연구의 대상 자료를 구어와 문어로 구분하여 분석하였을 때, 양 언어의 대응 양상 역시 현저히 다르다는 것 또한 발견할 수 있었다. 이는 담화의 유형에 따라 대조분석의 결과가 달라질 수 있음을 의미하는 것이다. 이러한 차이는 대조분석의 방향성과 대조에 있어 분석 자료의 실제성이 중요함을 보이는 것이다. 이러한 본 연구의 결과는 기존 연구와 몇 가지 차이점을 보인다.

첫째, 글말과 입말에서의 사용 양상을 실제 자료로 규명하였다. 양일(2010)에서 '使' 사동의 경우 글말과 입말에서 모두 많이 사용되는 것과 달리 실제 자료를 분석한 결과, 입말보다 글말에서 더 많이 사용되는 경향이 있다는 것이다.

둘째, 기존 연구에서 미처 밝히지 못한 대응 양상을 분석하였다. 혁미평(2013)에서는 제1사동과 중국어 유표지 사동의 대응 여부 가운데 '把, 叫, 讓' 사동의 대응관계를 확실히 제시하지 못하고 각각 '*, ?, ?'로 표시했으나, 본 연구는 실제 자료의 분석을 통해 제1사동은 '讓, 使, 令, 叫, 把, 給' 사동과 대응의 경향성을 가지고 있음을 밝혔다. 또한 제2사동과 중국어 유표지 사동의 대응 여부 가운데 '把, 給' 사동의 대응관계를 확실히 제시하지 못하고 각각 '*'로 표시했으나, 본 연구에서 제2사동은 '讓, 使, 叫, 令, 把, 給' 사동과 모두 대응 가능하며 일정한 대응 경향성을 가진다는 것을 밝혔다. 제3사동과 중국어 유표지 사동의 대응 여부 가운데 '把, 給' 사동의 대응관계를 확실히 제시하지 못했고 각각 '?, *'로 표시했으나, 본 연구에서는 제3사동이 '讓, 使, 叫, 令, 把' 사동과 대응되는 것을 밝혔다.

셋째, 사동표현의 세부 유형 간의 대조 관계에 대한 새로운 관점을 제시하였다. 이론적 연구인 朴連玉(2012)에서는 '讓, 使, 叫, 令, 給' 사동은 한국어 제1사동, 제2사동, 제3사동과 대응된다고 하였고, 徐愛英(2011)에서 '把' 사동은 한국어 제1사동, 제2사동, 제3사동과 대응되고, '讓, 使, 叫, 令' 사동은 제1사동, 제3사동만 대응된다고 하였다. 그러나 본 연구가 실제 자료를 기반으로 분석한 결과, 중국어 유표지 '讓, 使, 令, 叫, 把, 給' 사동은 한국어 제1사동, 제2사동, 제3사동과 대응됐을

뿐만 아니라 한국어 피동표현 그리고 '대응 없음'과도 대응된다는 것을 밝힐 수 있었다.

넷째, 한·중 사동표현의 격틀 대조에 대해서도 새로운 결과를 제시했다. 최길림(2007), 왕례량(2009), 전전령(2011)에서는 제1사동의 'NP1이 NP2를 V' 격틀에 대응되는 중국어 유표지 사동이 각각 '給', '把', '把' 사동으로만 대응되는 것과 달리 실제 자료를 분석한 결과 'NP1이 NP2를 V' 격틀은 중국어 유표지 '讓, 使, 令, 叫, 把, 給' 사동과 모두 대응되었으며, 글말과 입말의 차이에서 오는 대응 양상의 차이도 있었다. 또한 최길림(2007)에서는 제1사동의 'NP1이 NP2에게 NP3을 V' 격틀은 중국어 유표지 '讓, 使, 叫, 把, 給' 사동과 대응되고, 왕례량(2009)에서는 '讓' 사동과 대응되며, 전전령(2011)에서는 '讓, 叫' 사동과 대응된다고 하였다. 이와 달리 본 연구의 분석 결과는 'NP1이 NP2에게 NP3을 V' 격틀에 대응되는 중국어 유표지 사동은 '讓, 令, 叫, 把, 給' 사동으로, '使' 사동과는 대응되지 않음을 확인하였다. 또한 최길림(2007), 전전령(2011)에서는 제1사동의 'NP1이 NP2에 NP3을 V' 격틀에 대응되는 중국어 유표지 사동은 모두 '讓, 使, 叫, 把, 給' 사동으로, 왕례량(2009)에서는 '把' 사동과 대응된다고 하였다. 그러나 실제 자료로 연구한 결과는 'NP1이 NP2에 NP3을 V' 격틀은 중국어 유표지 '讓, 叫, 把' 사동과 모두 대응되었다. 그리고 최길림(2007)에서는 제1사동의 'NP1이 NP2를 NP3으로 V' 격틀은 '把, 給' 사동과 대응되고, 왕례량(2009)에서는 '把' 사동, 전전령(2011)에서는 '把' 사동과 대응된다고 하였다. 그러나 실제 자료를 분석해봤을 때에는 'NP1이 NP2를 NP3으로 V' 격틀은 중국어 유표지 '讓, 使, 把' 사동과 대응되었다. 또 최길림(2007)에서는 제1사동의 'NP1이 NP2를 V' 격틀만 중국어 '무표지' 사동과 대응된다고 하였으나, 이와 달리 본 연구에서는 제1사동의 모든 격틀이 모두 중국어 '무표지'와 대응된다는 것을 밝혔다. 최길림(2007)에서 제2사동의 'NP1이 NP2를 N-시키다' 격틀에 대응되는 중국어 유표지 사동은 '讓, 使, 叫' 사동과 대응되고, '把' 사동과의 대응 관계에는 확실하지 않은 '?'로 제시하였다. 그러나 실제 자료를 분석해 본 결과에서는 'NP1이 NP2를 N-시키다' 격틀은 중국어 유표지 '讓, 使, 令, 叫, 把, 給' 사동과 모두 대응되었다. 그리고 최길림(2007), 왕례량(2009)에서는 'NP1이 NP2에게 NP3을 N-시키다' 격틀이 각각 '讓, 叫' 사동과 '讓, 使' 사동에 대응된다고 하였다. 이와 달리 실제 자료를 분석한 결과는 'NP1이 NP2에게 NP3을 N-시키다' 격틀에 대응되는 중국어 유표지 사동은 '讓' 사동뿐이었다. 최길림(2007)은 제3사동의 'NP1이 NP2가 V-게 하다' 격틀에 대응되는 중국어 유표지 사동이 각각 '讓, 使, 叫' 사동과 대응된다고 하였다. 그러나 실제 자료로 연구한 결과는 'NP1이 NP2가 V-게 하다' 격틀은 중국어 유표지 '讓, 使, 令' 사동과 대응되었다. 또 최길림(2007)에서 'NP1이 NP2를 V-게 하다' 격틀은 중국어 유표지 사동 중 '讓, 使, 叫' 사동과 각각 대응된다고 하였으나 본 연구에서는 중국어 유표지 '讓, 使, 令, 叫, 把' 사동과 다양하게 대응되었음을 확인하였다. 그리고 최길림(2007)에서는 'NP1이 NP2에게 NP3을 V-게 하다' 격틀은 중국어 유표지 사동 중 '讓, 叫' 사동과 각각 대응된다고 한 반면, 본 연구에서는 중국어 유표지 사동 중 '讓, 使, 叫' 사동과 대응된다는 것을 밝혔다. 최길림(2007)에서는 제3사동의 'NP1이 NP2를 NP3을 V-게 하다' 격틀은 중국어 유표지 사동 각각의 '讓, 使, 叫' 사동과 대응된다고 하였으나 실제 자료로 분석한 결과에서는 중국어 유표지 '讓' 사동, '令' 사동과 대응된다는 것을 밝혔다. 기존 연구에서는 제2사동의 'NP1이 NP2에 NP3을 N-시키다, NP1이 NP2를 NP3으로 N-시키다', 제3사동의 'NP1이 NP2가 NP3을 V-게 하다, NP1이 NP2로 하여금 NP3을 V-게 하다, NP1이 NP2를 NP3에 V-게 하다' 격틀과 중국어 사동 표현이 대응된다는 것은 언급되지 않았다. 그러나 본 연구에서 'NP1이 NP2에 NP3을 N-시키다' 격틀은 '讓, 使, 把' 사동과 대응되었고, 'NP1이 NP2를 NP3으로 N-시키다' 격틀은 중국어 유표지 '讓, 使, 叫, 把' 사동과 대응되었다. 제3사동의 'NP1이 NP2가 NP3을 V-게 하다' 격틀은 중국어 유표지 '讓, 使' 사동과 대응되었고, 'NP1이 NP2로 하여금 NP3

을 V-게 하다' 격틀은 중국어 유표지 '讓, 使' 사동과 대응되었고, 'NP1이 NP2를 NP3에 V-게 하다' 격틀은 중국어 유표지 '讓, 使, 把' 사동과 대응된다는 것을 밝혔다.

본 연구의 결과는 실제 자료를 기반으로 하여, 기존 연구에서 대조 관계가 아니었거나 대조 여부가 확실하지 않았던 부분을 명확히 규명하고, 전반적이고 체계적인 대조의 양상을 제시하였다는 점에서 의미가 있다. 분석의 결과, 양 언어의 사동표현이 기존의 연구 결과처럼 단순한 일대일의 대응관계가 아니라 다대다의 복잡한 대응관계를 이루고 있음을 논증할 수 있었다. 뿐만 아니라 본 연구는 양방향의 분석 결과를 종합해서 사동표현의 유형과 격틀에 따라 대조되는 상대 언어의 표현의 특성, 유사점과 차이점을 검토한 결과, 사동 범주 간의 대응보다 '대응 없음'으로 대응되는 경향이 가장 높음을 발견할 수 있었고, 이 외에 피동표현으로도 대응되는 양상과 그 원인을 고찰해 볼 수 있었다.

본 연구의 분석 결과를 토대로 번역과 언어의 교육 · 교수 분야에 있어서 몇 가지 함의를 도출해 볼 수 있다. 첫째, 한국어와 중국어의 번역에 있어서 사동 범주에서의 제한적 접근을 확장하여 다양한 범주로의 대응이 가능함을 주지할 필요가 있다. 둘째, 한 · 중 대조와 중 · 한 대조 접근에서 고빈도로 대응이 이루어진 목록과 대응이 이루어지지 않은 목록을 추출하여 교수 · 학습에 필요한 실제적 자료로 가공할 수 있다. 특히 고빈도로 나타난 한국어 사동표현의 유형과 격틀을 같이 교육하면 교육 효과를 한층 더 높일 수 있으리라 생각한다. 그리고 본 연구의 분석 결과는 입말과 글말에서의 실제 의사소통의 상황을 반영하고 있으므로, 글말과 입말에 따른 사동표현의 교수 항목을 달리 설계할 수 있으리라 생각한다. 이 외에도 중국인 한국어 학습자와 한국인 중국어 학습자를 위한 효율적인 교수 · 학습 방법을 제시하며 교재 및 이중사전을 편찬할 때 말뭉치를 토대로 한 객관적인 기초 자료를 제공할 수 있을 것으로 기대한다.

참고 문헌

강범모(1999), 『한국어의 텍스트 장르와 언어 특성』, 고려대학교 출판부.

강범모·김흥규·허명회(2000), 『한국어의 텍스트장르, 문체, 유형』, 태학사.

강범일(2011), "코퍼스의 대표성 측정 방안 연구-텍스트 장르별 언어학적 자질의 분포를 중심으로-", 연세대학교 대학원 석사학위논문.

강현화(2000ㄱ), "외국인을 위한 교육용 한국어사전의 표제어에 대한 고찰", 『어문학』 70, 한국어문학회, pp. 1-21.

강현화(2000ㄴ), "외국인을 위한 한국어사전과 말뭉치", 『응용언어학』 16, 한국응용언어학회, pp. 99-117.

강현화(2001), "한국어 학습용 이중어사전 역할에 대한 논의", 『제2차아시아 사전학회국제 학술대회』, 연세대학교 언어정보연구원, pp. 44-49.

강현화(2003), "한국어학습사전의 가표제어 선정에 관한 논의", 『언어정보와 사전편찬』 12, 연세대학교 언어정보연구원, pp. 157-179.

강현화(2006), "한국어 문법 교수학습 방법의 새로운 방향", 『국어교육연구』 18, 서울대학교 국어교육연구소, pp. 31-60.

강현화·신자영·이재성·임효상(2003), 『대조분석론-한국어·스페인어 문형 대조를 바탕으로-』, 역락.

강현화·이미혜(2011), 『한국어교육론』, 한국방송통신대학교출판부.

검성주(1999), "한국어 사동문의 유형론적 위치", 『동국어문론집』 8, 동국대학교 인문과학대학 국어국문학과, pp. 129-153.

고영근(1973), "現代國語의 接尾辭에 대한 構造的 研究(Ⅲ)", 『語學研究』 9, 서울대학교 언어교육원, pp. 64-74.

곽연(2013), "한·중 사동문 대조 연구: 어휘사동을 중심으로", 부산대학교 대학원 석사학위논문.

국립국어원(2005ㄱ), 『외국인을 위한 한국어 문법 1』, 커뮤니케이션북스.

국립국어원(2005ㄴ), 『외국인을 위한 한국어 문법 2』, 커뮤니케이션북스.

권재일(1991), "사동법 실현 방법의 역사", 『한글』 211, 한글학회, pp. 99-124.

권재일(1992), 『한국어 통사론』, 민음사.

권재일(2001), "한국어 격틀 구조의 역사적 변화", 『어학연구』 37(1), 서울대학교 언어교육원, pp. 135-155.

김건희(1999), "일본어와 한국어의 사동법 대조 연구: 언어 유형론적 특징을 중심으로", 『언어연구』 20, 서울대학교 언어연구회, pp. 1-18.

김기혁(2009), "사동구성의 긴밀성과 피사동자 격 표시", 『한글』 283, 한글학회, pp. 93-126.

김명관(2007), "불-한 병렬코퍼스 구축과 활용", 『한국프랑스학논집』 58, 한국프랑스학회, pp. 1-18.

김명권(2009), "한국어 파생 사동사 교수 방안 연구: 교재 분석을 중심으로", 선문대학교 교육대학원 석사학위논문.

김미혜(2010), "일본인 한국어 학습자의 사동문 습득 연구: 장·단형 사동문에 대한 생산과 이해를 중심으로", 이화여자대학교 국제대학원 석사학위논문.

김봉민(2012), "한국어와 중국어의 사동사 대조 연구", 경희대학교 대학원 박사학위논문.

김봉민(2012), "한국어와 중국어의 사동사대조연구", 경희대학교 대학원 박사학위논문.

김석득(1971), 『국어구조론』, 연세대출판부.

김성란(2012), 『한국어교육을 위한 한중언어대조연구』, 역락.

김성주(1997), "현대 국어 사동사의 유형", 『동악어문논집』 12, 동악어문학회, pp. 161-179.

김성주(2003), 『한국어의 사동』, 한국문화사.

김운·김영길(2008), "병렬 코퍼스를 이용한 한중 기계번역 오류 탐지 방법", 『제20회 한글 및 한국어정보처리 학술대회 발표논문집』, 한글 및 한국어 정보처리학회.

김재윤(1983), "'-도록'의 통사적 제약 및 의미 분석", 『국어교육』 46, 한국어교육연구회, pp. 255-271.

김제열(1995), "'-게 하다' 사동문의 성격과 구조", 『외국어로서의 한국어교육』 20, 연세대학교 한국어학당, pp. 129-160.

김종록(1991), 『대비언어학』, 청록.

김지영(2013), "현대중국어 把자문과 使자문의 사동의미 비교 연구", 서울대학교 대학원 석사학위논문.

김진호 외(2010), 『외국인을 위한 한국어 문법 I』, 박이정.

김진호 외(2010), 『외국인을 위한 한국어 문법 II』, 박이정.

김충실(2006), 『중한문법대조연구』, 부산외국어대학교 출판부.

김형배(1995), "한국어 사동사의 범주와 사동사 파생법의 변천", 『한말연구학회 학회 발표집』 4, 한말연구학회, pp. 48-68.

김형배(2005), "파생 사동사의 범주", 『한민족문화 연구』 17, 한민족문화학회, pp. 287-306.

김형복(2011), "한국어 문법 '-게 하다'와 '-도록 하다'의 교수, 학습 방안 연구", 『우리말연구』 29, 우리말학회, pp. 345-366.

나찬연(2009), 『현대 국어 문법의 이해』, 월인.

남기심·고영근(1985/1993), 『표준국어문법론』, 탑출판사.

노금송(2014), "한중 사동문 구조 유형과 의미 대조 분석", 『우리말연구』 39, 우리말 학회, pp. 117-139.

노용균(2008), "병렬 코퍼스로부터의 대역 표현쌍 추출: 과정, 원리 및 교훈", 『학술 대회 논문집』 2008, 한국언어정보학회, pp. 147-165.

니콜라프라스키니(2009), "한국어 사동문과 이탈리아어 사동문 비교: 사동의 유형 과 피사동주의 격을 중심으로", 『이탈리아어문학』 27, 한국이탈리아어문학 회, pp. 255-278.

류성기(1998), 『한국어 사동사 연구』, 홍문각.

말하리 꿔꿀러(2011), "한국어와 스리랑카어의 사동법 대조분석 연구", 경희대학교 대학원 석사학위논문.

민경모(2010), "병렬말뭉치의 개념 및 구조에 관한 몇 문제", 『언어정보와 사전편찬』 25, 연세대학교 언어정보연구원, pp. 41-70.

박기성 역(2009), 『대조 언어학과 번역학의 코퍼스기반 방법론 연구』, 동인.

朴美貞(2002), "現代中國語의 使動表現 研究", 연세대학교 대학원 박사학위논문.

박민수(2002), "現代中國語 使動文 研究", 경희대학교 대학원 석사학위논문.

박소은(2011), "국어 장형사동 구문의 의미 유형 연구", 서강대학교 대학원 석사학 위논문.

박양규(1978), "사동과 피동", 『국어학』 7, 국어학회, pp. 47-70.

朴連玉(2012), "중·한 사동문 대조 연구", 경희대학교 대학원 박사학위논문.

박연옥·박동호(2008), "한국어 교육을 위한 한중 사동문 대조 연구", 『언어와 문화』 4, 한국언어문화교육학회, pp. 127-149.

박철우(2004), "'N+시키-' 구성의 유형 고찰을 통한 사동 현상의 재해석", 『한국언 학』, 한국어학회, pp. 155-182.

방성원(2003), "고급 교재의 문법 내용 구성 방안", 『한국어 교육』 14, 국제한국어 교육학회, pp. 143-168.

백봉자(2001), "외국어로서의 한국어 교육문법", 『한국어 교육』 12, 국제한국어교육 학회, pp. 415-445.

백봉자(2007), 『한국어 문법 사전』, 하우출판사.

상문훤(2015), "한국어 사동 표현 교육 방안 연구", 부산대학교 대학원 석사학위 논문.

서민원(2015), "영-한 병렬 코퍼스를 활용한 DDL 교수·학습 모형 개발 및 적용", 한국교원대학교 대학원 박사학위논문.

서상규·한영균(1999), 『국어정보학 입문』, 태학사.

서정수(1975), 『동사 "하-"의 문법』, 형설출판사.

서정수(1987), "'게'와 '도록'에 관하여", 『인문논총』 14, 한양대인문과학대학, pp. 41-67.

서정수(1988), "어미 '게'와 '도록'의 대비 연구", 『외국어로서의 한국어교육』 13, 연세대학교 한국어학당, pp. 23-51.

서정수(1996), 『현대국어문법론』, 한양대학교출판원.

서종학·강수경(2013), "한국어 교재의 사동 표현 구성에 대하여", 『인문과학연구』 20, 대구가톨릭대학교 인문과학연구소, pp. 199-221.

석주연(2006), "'-도록'의 의미와 문법에 대한 통시적 고찰", 『한국어 의미학』 19, 한국어 의미학회, pp. 37-62.

孫穎(2012), "한중 사동표현의 대조 연구", 명지대학교 대학원 석사학위논문.

손정(2007), "한국어 '가다'의 중국어 대응 형식에 대한 연구", 연세대학교 대학원 석사학위논문.

송석중(1978), "使動文의 두 形式", 『언어』 3, 한국언어학회, pp. 1-13.

신자영(2010), "병렬 코퍼스 및 학습자 코퍼스를 이용한 중간언어 연구 방법론", 『언어정보와 사전 편찬』 25, 연세대학교 언어정보연구원, pp. 71-87.

안동환 역(2008), 『코퍼스기반 번역학』, 동인.

안성철·최인철(2006), 『영한대조분석』, 한국문화사.

안의정·황은하(2010), "『연세 현대한국어사전』의 표제어 목록 구성의 이론과 실제", 『한국사전학』 15, 한국사전학회, pp. 165-193.

안인경·강병창·최병진(2007), "병렬코퍼스를 이용한 한-독 번역 실험과 번역 교육", 『독어교육』 38, 한국독어독문학교육학회, pp. 55-79.

양단희·송만석(1998), "말뭉치로부터 격틀 구축에 필요한 학습 데이터 추출", 『한국 정보화학회 언어공학연구회 학술발표 논문집』, 한국정보과학회 언어공학연구회, pp. 287-292.

양동휘(1979), "국어의 피·사동", 『한글』 166, 한글학회, pp. 189-206.

양정석(1992), "한국어 동사의 어휘구조 연구", 연세대학교 대학원 박사학위논문.

왕례량(2009), "한국어 사동 표현과 중국어와의 대조 연구", 『중국학연구』 50, 중국
　　　학연구회, pp. 131-154.

유명희(1982), "타동접미형과 '-게' 형의 의미 비교", 연세대학교 석사학위논문.

유양(2012), "한국어 사동문의 교육 방안에 관한 연구", 중앙대학교 대학원 석사학
　　　위논문.

유장옥(2004), "韓國語의 使動研究에 관한 考察", 『일본어문학』 27, 일본어문학회,
　　　pp. 132-151.

유현경(2001), "한국어 사전 편찬(Korean Lexicography) : 한국어 관용구 사전의
　　　편찬에 대한 연구 -격틀 및 논항 정보와 관련된 문제를 중심으로-", 『연세
　　　대학교 언어정보연구원 학술발표논문집』 2001, 연세대학교 언어정보연구
　　　원, pp. 354-360.

유현경·황은하(2010), "병렬말뭉치 구축과 응용", 『언어정보와 사전편찬』 25, 연세
　　　대학교 언어정보연구원, pp. 5-40.

윤평현(1981), "'-도록'의 의미와 문법", 『한국언어문학』 20, 한국언어문학회, pp.
　　　27-50.

이관희(2010), "문법으로 텍스트 읽기의 가능성 탐색-신문텍스트에 쓰인 '-도록
　　　하-'와 '-게 하-'를 중심으로", 『국어교육연구』 25, 서울대학교 국어교육연
　　　구소, pp. 119-161.

이문화(2013), "중국어 '被'구문과 대응되는 한국어 표현 연구", 연세대학교 대학원
　　　석사학위논문.

이문화(2014), "중국어 '叫, 讓, 給' 피사동표현에 대응되는 한국어 표현 연구", 『반
　　　교어문연구』 37, 반교어문학회, pp. 140-171.

이문화(2015), "신문기사 병렬말뭉치에서 한·중 사동표현의 대조 연구", 『인문과학
　　　연구』 47, 인문과학연구소, pp. 397-418.

이미혜(2007), "한국어 문법 교수 방법론의 재고찰", 『한국어 교육』 18, 국제한국어
　　　교육학회, pp. 285-310.

이상억(1999), 『국어의 사동·피동 구문 연구』, 집문당.

이승희(2004), "명령형 종결어미 '-게'의 형성에 대한 관견", 『국어학』 44, 국어학
　　　회, pp. 109-130.

이익섭·임홍빈(1983), 『국어문법론』, 학연사.

이재술(2002), "독일어와 한국어의 사동사 형태구조 비교", 『독일어문학』 19, 독일
　　　어문학회, pp. 443-469.

이정규(2010), "병렬말뭉치 구축을 위한 문장단위 수동 정렬 도구", 『언어정보와 사

전편찬』 25, 연세대학교 언어정보연구원, pp. 115-138.

이정택(1996), "형용사의 사동형-'-게 하-'를 중심으로-", 『한국어 교육』 7, 국제 한국어교육학회, pp. 243-261.

이탁군(2012), "중국어인 학습자를 위한 한국어 사동 교육 연구", 연세대학교 대학 원 석사학위논문.

이현주 · 김계성 · 이상조(1996), "한국어 구문분석에서의 '-게 하-' 사동문 처리", 『 한국 정보과학회 학술발표논문집』 23, 한국정보과학회, pp. 561-564.

임유종(1990), "단형 사동과 장형 사동의 의미 차이와 원인 분석", 『한국언어문화』 8, pp. 145-169, 한국언어문화학회.

장내천(2015), "한 · 중 사동 표현의 대조 연구", 단국대학교 대학원 석사학위논문.

장효만(2013), "試論漢語表致使義的 "讓" 字結構及其對應的韓語表達", 『중국언어연 구』 46, 한국중국언어학회, pp. 451-468.

전은희 · 이성욱 · 서정언(2001), "한국어 동사의 격틀 정보를 이용한 구문분석 후처 리기", 『한국정보화학회 언어공학연구회 학술발표 논문집』, 한국정보과학회 언어 공학연구회, pp. 445-449.

전전령(2011), "한국어 파생적 사동문의 교육에 관한 연구-중급 단계의 중국인 학 습자를 대상으로- ", 인제대학교 대학원석사학위논문.

정환승(2004), "한국어와 태국어의 사동표현 대조분석", 『동남아시아연구』 14, 한국 동남아학회, pp. 191-228.

조용(2015), "한국어 사동 표현의 오류 분석 연구: 한 · 중 사동 표현의 대조를 바탕 으로", 영남대학교 대학원 석사학위논문.

주원사(2014), "중국인을 위한 한국어 사동 표현 교육 연구", 한성대학교 대학원 석 사 학위논문.

초곤(2012), "외국인을 위한 한국어 사동법 교육 방안 연구: 형태 초점 교수법을 기 반으로", 동국대학교 대학원 석사학위논문.

최규발 · 김은주(2014), "한 · 중 사동법의 대조", 『한국한문학연구』 56, 한국한문학 회, pp. 499-548.

최길림(2007), "한국어와 중국어 사동문의 대조 연구", 연세대학교 대학원 석사학 위논문.

최용석 · 이주호 · 최기선(1999), "격틀 자동구축과 격틀 평가 방법에 관한 연구", 『 한국정보과학회 언어공학연구회 학술발표 논문집』, 한국정보과학회언어공 학연구회, pp. 272-279.

최현배(1937/1961), 『우리말본』, 정음문화사.

한동진(2008), "'시키-' 사동 구문 연구", 연세대학교 대학원 석사학위논문.

한봉(2010), "중국어권 학습자를 위한 한국어 사동표현 교수방안", 서울여자대학교 대 학원 석사학위논문.

한송화(2000), 『현대 국어 자동사 연구』, 한국문화사.

한영균(2009), "코퍼스에 기반한 한·일 기본어휘의 연어 구성 대조 분석 연구", 『국어학』 55, 국어학회, pp. 55-103.

허용·강현화·고명균·김미옥·김선정·김재욱·바동호(2005), 『외국어로서의 한국어교육학개론』, 박이정.

허용·김선정(2013), 『대조언어학』, 소통.

혁미평(2013), "중국인 학습자를 위한 한국어 사동 표현 교육 연구", 고려대학교 대학원 석사학위논문.

홍기선(2003), "영어와 한국어의 사동구문:인지의미론적 분석", 『언어』 28, 한국언어학회, pp. 141-162.

홍사만(2009), 『한국어와 외국어 대조 분석론』, 역락.

황은하·홍문표·최승권(2002), "동사 패턴에 기반한 한중 기계번역", 『한국중국언어학회 2002 춘계 학술대회 발표논문집』, 한국중국언어학회.

Donna Burhan(2010), "한국어와 인도네시아어의 사동법 대조 연구", 이화여자대학교대학원 석사학위논문.

德力格爾瑪(2009), "蒙漢使動句的對比", 『內蒙古民族大學學報』 35-6, pp. 32-36。

丁崇明(2010), 『現代漢語語法教程』, 北京大學出版社。

范曉(2000), "論'致使'結構", 中國語文雜志社編《語法研究和探索》(十), 北京 商務印 書館。

馮春田(2000), 『近代漢語語法研究』, 山東教育出版社。

馮文賀·姬東鴻(2011), "把/被及其相關句式的依存分析", 『外國語』 34-5, pp. 21-31。

郭姝慧(2004), "現代漢語致使句式研究", 北京語言大學 博士學位論文。

韓銳華(2007), "韓國語接尾使動的特徵以及与漢語的對應", 延邊大學 碩士學位論文。

黃伯榮·廖序東(2007), 『現代漢語』, 高等教育出版社。

黃月圓(1996), "把/被結构与動詞重复結構的互補分布現象", 『中國語文』 2, pp. 92-99。

金海月(2007), "朝漢致使范疇對比研究", 中央民族大學 博士學位論文。

李華維(2015), "漢泰語顯性使動句的對比", 『持州學院學報』29-2, pp. 102-104。

李臨定(1986), 『現代漢語句型』, 北京商務印書館。

李艷嬌(2014), "現代漢語使動義動詞研究", 遼寧大學 碩士學位論文。

劉永耕(2000), "使令度和使令類動詞的再分類", 『語文研究』, pp. 8-13。

陸劍明(2003), 『現代漢語語法研究教程』, 北京大學出版社。

呂叔湘(1980), 『現代漢語八百詞』, 商務印書館。

呂叔湘(1982), 『中國文法要略』, 商務印書館。

南美花(2010), "漢韓致事, 使事對比", 延邊大學 碩士學位論文。

朴恩石(2010), "漢韓分析型致使結構比較研究", 北京大學 博士學位論文。

石毓智(2010), 『漢語語法』, 商務印書館。

譚景春(1997), "致使動詞及其相關句型", 中國語文雜志社編 《語法研究和探索》(八), 北京商務印書館。

王還(1984), 『把字句和被字句』, 上海教育出版社。

王克菲(2004), 『双語對應語料庫研制与應用』, 外語教學与研究出版社。

宛新政(2004), "現代漢語致使句研究", 復旦大學, 博士學位論文。

郗得才(2014), "基于漢英對比的使動句多角度研究", 沈陽師范大學 碩士學位論文。

刑福義(1996), 『漢語語法學』, 東北師范大學出版社。

徐春蘭(2009), "韓國語形態致使句与漢語"使"字句對比", 上海外國語大學 碩士學位 論文。

徐文君(2014), ""把", "被"套用构式研究", 上海師范大學 碩士學位論文。

徐英愛(2011), "現代漢語致使句与韓語相關句式比較", 復旦大學 碩士學位論文。

楊一(2010), "韓漢使動句對比分析", 遼宁師范大學 碩士學位論文。

袁金亮(2007), "漢英致使句對比研究", 南昌大學 碩士學位論文。

張靜(1980), 『新編現代漢語』, 上海教育出版社。

張誼生(2013), 『現代漢語』, 中國人民大學出版社。

中國社會科學院語言研究所詞典編輯室(2005), 『現代漢語詞典』, 商務印書館。

周紅(2004), "現代漢語致使范疇研究", 華東師范大學 博士學位論文。

朱張毓洋(2012), "中韓使動句對比研究", 黑龍江大學 碩士學位論文。

Gerdts, D.(1986), Causatives and Passives in Korean: evidence for Clause Union without Revaluation, In: *Relational Studies in Korean*, edited by Soon Ae Chum, Buffalo Working Papers in Linguistics, Dept. of Linguistics, SUNY Buffalo.

Gerdts, D.(1990), Revaluation and inheritance in Korean Causative Union, in Postal and Joseph(ed.)(1990) *Studies in Relational Grammar 3*, Chicago: The University of Chicago Press.

Kemmer and Verhagen.(1994), Suzanne Kemmer, Arie Verhagen, The grammar of causatives and the conceptual structure of events, *Cognitive Linguistics 5*.

Kemmer, S.(2001), Causative Constructions and Cognitive Models: The English Make-Causatives, The First Seoul International Conference on Discourse and Cognitive Linguistics: Perspective for the 21st Century, *Discourse and Cognitive Linguistic Society of Korea*.

Li, Charles N. & Thompson, Sandra A.(1976), *Development of the causative in Mandarin Chinese: Interaction of diachronic processes in syntax*, In Shibatani, Masayoshi(ed.)(1976a).

Patterson, B.(1974), *A study of Korean Causatives*, MA thesis, Working Papers in linguists 6.2, University of Hawaii.

〈대학교 교재〉

- 경희대학교 국제교육원(2007), 『한국어 고급 2』, 경희대학교 출판국.
- 고려대학교 한국어문화교육센터(2010), 『재미있는 한국어 4』, 교보문고.
- 서강대학교 한국어교육원(2007), 『서강 한국어 5A』, 도서출판 하우.
- 서울대학교 어학연구소(2000), 『한국어 3』, 문진미디어.
- 성균관대학교 성균어학원(2006), 『배우기 쉬운 한국어 3』, 성균관대학교 출판부.
- 연세대학교 한국어학당(2007), 『연세 한국어 3-2』, 연세대학교 출판부.
- 이화여자대학교 언어교육원(2011), 『이화 한국어 3-1』, 이화여자대학교 출판부.

한국어 교육용 기본 한 · 중 사동표현 어휘 목록

〈글말에서의 한 · 중 사동표현 어휘 목록〉

제1사동과 중국어 사동의 대응 표현	
죽이다 → 讓-死	보이다 → 給-看
속을 썩이다 → 讓-操心	보이다 → 讓-看到/表現
앉히다 → 讓-坐上/讓-坐在	먹이다 → 讓-吃飽
울리다 → 讓-哭泣/流泪	화상을 입히다 → 讓-燙傷
들리다 → 讓-听到	살리다 → 讓-救
알리다 → 讓-知道/了解	웃기다 → 讓-笑/歡笑
맡기다 → 讓-担任/負責	올리다 → 讓-達到
남기다 → 讓-留下	없애다 → 讓-消除
재우다 → 讓-睡覺	감동을 안기다 → 讓-感動不已
낮추다 → 讓-下調	웃음을 안기다 → 讓-忍俊不禁
누이다 → 讓-躺在	채우다 → 讓-達到
피해를 입히다 → 讓-受損	마음을 채우다 → 讓-心灵感到充實
주저앉히다 → 讓-坐上	선보이다 → 讓-大跌眼鏡/大飽眼福
불리다 → 讓-鼓起來	낮추다 → 使-下降/降低
돌리다 → 讓-轉到	좁히다 → 使-變小/最小化
늘리다 → 使-增加/擴大/增至	울리다 → 令-哭泣
높이다 → 使-提高/高于	괴롭히다 → 令-難受
채우다 → 把-塡滿/添滿	비우다 → 把-淸空
제2사동과 중국어 사동의 대응 표현	
참여시키다 → 讓-參与	귀국시키다 → 讓-回國
연상시키다 → 讓-聯想(到)	탑승시키다 → 讓-搭乘
감동시키다 → 讓-感動	실망시키다 → 讓-失望
희생시키다 → 讓-犧牲	출전시키다 → 讓-參加

포함시키다 → 讓-加入	정지시키다 → 讓-停下
참여시키다 → 讓-參与	취직시키다 → 讓-就職
통과시키다 → 讓-通過	합류시키다 → 讓-加入
위축시키다 → 使-萎縮/退縮	고조시키다 → 使-高漲
연상시키다 → 使-聯想	임신시키다 → 使-怀孕
유행시키다 → 使-流行	후퇴시키다 → 使-后退
변화시키다 → 使-改變	타락시키다 → 使-墮落
최소화시키다 → 使-最小	등장시키다 → 使-登場
경쟁시키다 → 使-競爭	성장시키다 → 使-增長
발전시키다 → 使-發展	참여시키다 → 使-參与
실망시키다 → 令-失望	감동시키다 → 令-感動
열광시키다 → 令-瘋狂不已	좌절시키다 → 令-受挫
증폭시키다 → 讓-加深	부활시키다 → 使-复活
상승시키다 → 讓-升高	개방시키다 → 使-開放
긴장시키다 → 讓-緊張	탈락시키다 → 使-淘汰
대피시키다 → 讓-躲避	낙마시키다 → 使-落馬
유행시키다 → 讓-流行	흥분시키다 → 使-興奮
이해시키다 → 讓-理解	실망시키다 → 使-失望
가중시키다 → 使-加重	연상시키다 → 令-聯想
단축시키다 → 把-縮短	
제3사동과 중국어 사동의 대응 표현	
연상하게 하다 → 讓-聯想	즐겁게 하다 → 讓-開心
놀랍게 하다 → 讓-吃惊/震惊	기다리게 하다 → 讓-等
흘리게 하다 → 讓-流下	그만두게 하다 → 讓-放弃
신경 쓰게 하다 → 讓-操心	후회하게 하다 → 讓-后悔
힘들게 하다 → 讓-受苦	송금하도록 하다 → 讓-轉賬
결혼하도록 하다 → 讓-結婚	쌓도록 하다 → 讓-積累
알게 하다 → 讓-明白	(돈을) 쓰게 하다 → 讓-消費
놀라게 하다 → 讓-目瞪口呆	깨닫게 하다 → 讓-領悟
떠올리게 하다 → 讓-想起	그만두게 하다 → 讓-放弃

멈추게 하다 → 讓-停下	(가슴을) 뛰게 하다 → 讓-怦然心動
돌리게 만들다 → 讓-轉到	불안하게 만들다 → 讓-倍感不安
몰두하게 하다 → 讓-埋頭	느끼도록 하다 → 讓-感受
내도록 하다 → 讓-支付	편안하게 하다 → 讓-舒服
평가하도록 하다 → 讓-評价	지급하게 하다 → 讓-付出
얘기하도록 하다 → 讓-說	설레게 하다 → 讓-心神蕩漾
갖도록 하다 → 讓-擁有	마음을 돌리도록 하다 → 使-回心轉意
놀랍게 하다 → 使-震惊	갖게 하다 → 使-具備
떠올리게 하다 → 使-浮現	기쁘게 하다 → 使-高興
기대하게 하다 → 令-期待	설레게 하다 → 令-心動
떠올리게 하다 → 令-聯想	즐겁게 만들다 → 令-歡欣不已
놀라게 만들다 → 令-大吃一惊	당황하게 만들다 → 令-慌張
안타깝게 하다 → 令-倍感心痛	

〈입말에서의 한 · 중 사동표현 어휘 목록〉

제1사동과 중국어 사동의 대응 표현	
보이다 → 讓-看到/看看	썩이다 → 讓-傷心/操心
괴롭히다 → 讓-欺負/折磨	입히다 → 讓-受損/受傷
머리 식히다 → 讓-散散心	살리다 → 讓-救/起死回生
올리다 → 讓-提高	울리다 → 讓-哭泣/流泪
맡기다 → 讓-負責	옮기다 → 讓-搬
웃기다 → 讓-笑	숨기다 → 讓-躲一躲
세우다 → 讓-停下	씌우다 → 讓-背上(黑鍋)
태우다 → 讓-坐	깨우다 → 讓-醒醒
속이다 → 讓-欺騙	죽이다 → 讓-殺/死
먹이다 → 讓-吃	굶기다 → 讓-挨餓
앉히다 → 讓-坐到	재우다 → 讓-睡
알리다 → 讓-知道/告訴	없애다 → 讓-毀掉

남기다 → 讓-留下	안기다 → 讓-抱
돌리다 → 叫-掉頭	속 썩이다 → 叫-生气
세우다 → 叫-停車	죽이다 → 叫-殺
죽이다 → 把-殺光	늘리다 → 把-增加
살리다 → 把-救活/激活	높이다 → 把-調高
채우다 → 把-加滿	울리다 → 把-弄哭/嚇哭
줄이다 → 把-關小	태우다 → 把-燒掉/燒坏
먹이다 → 給-吃	보이다 → 給-看
채우다 → 給-填滿	

제2사동과 중국어 사동의 대응 표현	
걱정시키다 → 讓-担心	호강시키다 → 讓-享受/享清福
외박시키다 → 讓-外宿	망신시키다 → 讓-難堪
진정시키다 → 讓-平靜	자수시키다 → 讓-自首
매장시키다 → 讓-埋没	임신시키다 → 讓-怀孕
결혼시키다 → 讓-結婚	이혼시키다 → 讓-离婚
확인시키다 → 讓-確認	복직시키다 → 讓-復職
접근시키다 → 讓-接近	청소시키다 → 讓-打掃
포기시키다 → 讓-放棄	졸업시키다 → 讓-畢業
퇴근시키다 → 讓-下班	노출시키다 → 讓-暴露
안심시키다 → 讓-安心//放心	심부름시키다 → 讓-跑腿
배달시키다 → 讓-送	감동시키다 → 讓-感動
고생시키다 → 讓-受苦/辛苦/受累	성공시키다 → 讓-成功
실망시키다 → 讓-失望	추락시키다 → 讓-墜落
복귀시키다 → 讓-复職	퇴원시키다 → 讓-出院

제3사동과 중국어 사동의 대응 표현	
외롭게 하다 → 讓-孤單	힘들게 하다 → 讓-難過/辛苦/煎熬/難過/痛苦
알게 하다 → 讓-知道	모르게 하다 → 讓-不知道
후회하게 하다 → 讓-后悔	찍게 하다 → 讓-拍
그만두게 하다 → 讓-退出	기다리게 하다 → 讓-等
설레게 하다 → 讓-心潮澎湃	망하게 하다 → 讓-垮掉

보게 하다 → 讓-見到	들어오게 하다 → 讓-進來
질리게 하다 → 讓-厭倦	서운하게 하다 → 讓-失望
두렵게 하다 → 讓-害怕	열 받게 하다 → 讓-受气
사랑하게 하다 → 讓-愛	죽게 하다 → 讓-死亡/死
찾게 하다 → 讓-找	불안하게 하다 → 讓-不安
곤란하게 하다 → 讓-尷尬	행복하게 하다 → 讓-幸福
기분 상하게 하다 → 讓-生气	무섭게 하다 → 讓-害怕
불편하게 하다 → 讓-尷尬	치르게 하다 → 讓-付出
피곤하게 하다 → 讓-累	비참하게 만들다 → 讓-悲慘
마음 아프게 만들다 → 讓-傷心	불행하게 만들다 → 讓-不幸
좋아하게 만들다 → 讓-喜歡	싫어하게 만들다 → 讓-討厭
신경 쓰게 만들다 → 讓-操心	아프게 하다 → 讓-痛苦/傷心
힘들게 만들다 → 讓-麻煩	놀라게 하다 → 讓-受惊
먹게 하다 → 讓-吃	다치게 하다 → 讓-受傷
귀찮게 하다 → 讓-很煩	울게 하다 → 讓-哭
미치게 하다 → 讓-瘋狂	헷갈리게 하다 → 讓-有錯覺
미워하게 만들다 → 讓-討厭	오게 하다 → 讓-來/過來
외롭게 만들다 → 讓-寂寞	건강하게 하다 → 讓-恢复健康
인정하도록 만들다 → 讓-認可	후회하게 만들다 → 讓-後悔
의심하게 만들다 → 讓-怀疑	상상하게 만들다 → 讓-想像
답답하게 만들다 → 讓-郁悶	웃게 만들다 → 使-笑
흔들리게 만들다 → 使-動搖	설레게 하다 → 令-怦然心動
쓰게 하다 → 叫-寫	믿게 하다 → 叫-相信
그만 두게 하다 → 叫-停止	크게 만들다 → 把-鬧大
미치게 만들다 → 把-逼瘋	터지게 만들다 → 把-唱破

한·중 사동표현의 대조 연구

초판인쇄	2019년 6월 10일
초판발행	2019년 6월 25일
저자	이문화
책임편집	김효은, 양승주
펴낸이	엄태상
디자인	권진희, 이건화
조판	박자연
콘텐츠 제작	김선웅
마케팅	이승욱, 오원택, 전한나, 왕성석
온라인 마케팅	김마선, 김제이
경영기획	마정인, 조성근, 김다미, 전태준, 오희연
물류	유종선, 정종진, 최진희, 윤덕현, 신승진
펴낸곳	한글파크
주소	서울시 종로구 자하문로 300 시사빌딩
주문 및 교재 문의	1588-1582
팩스	(02)3671-0500
홈페이지	www.sisabooks.com
이메일	book_korean@sisadream.com
등록일자	2000년 8월 17일
등록번호	1-2718호

ISBN 978-89-5518-631-4 (93700)